5 simple pieces of music for four part concert band
Volume 2

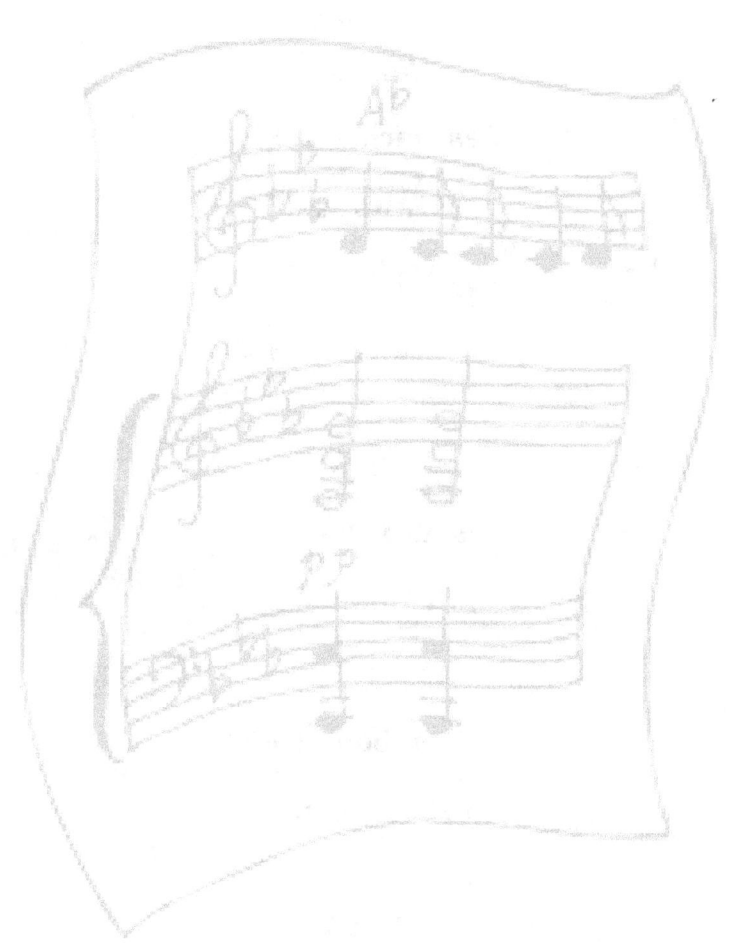

ISBN 978-90-78808-05-3
© 2008 Uitgeverij Muz
www.uitgeverijmuz.com

Part 1

C Flute

C Oboe

Bes Clarinet 1

Es Alto Sax.

Bes Trumpet 1

Part 2

Bes Clarinet 2 + 3

Es Alto Sax.

F Horn 1 + 2

Bes Trumpet 2 + 3

Part 3

Es Alto Clarinet

Bes Tenor Sax.

F Horn 3 + 4

C Trombone 1 + 2

C/Bes Bariton

Part 4

C Bassoon

Bes Bass Clarinet

Es Bariton Sax.

C Bass Trombone

C/Bes/Es Bass Tuba

VI

Joost de Groot

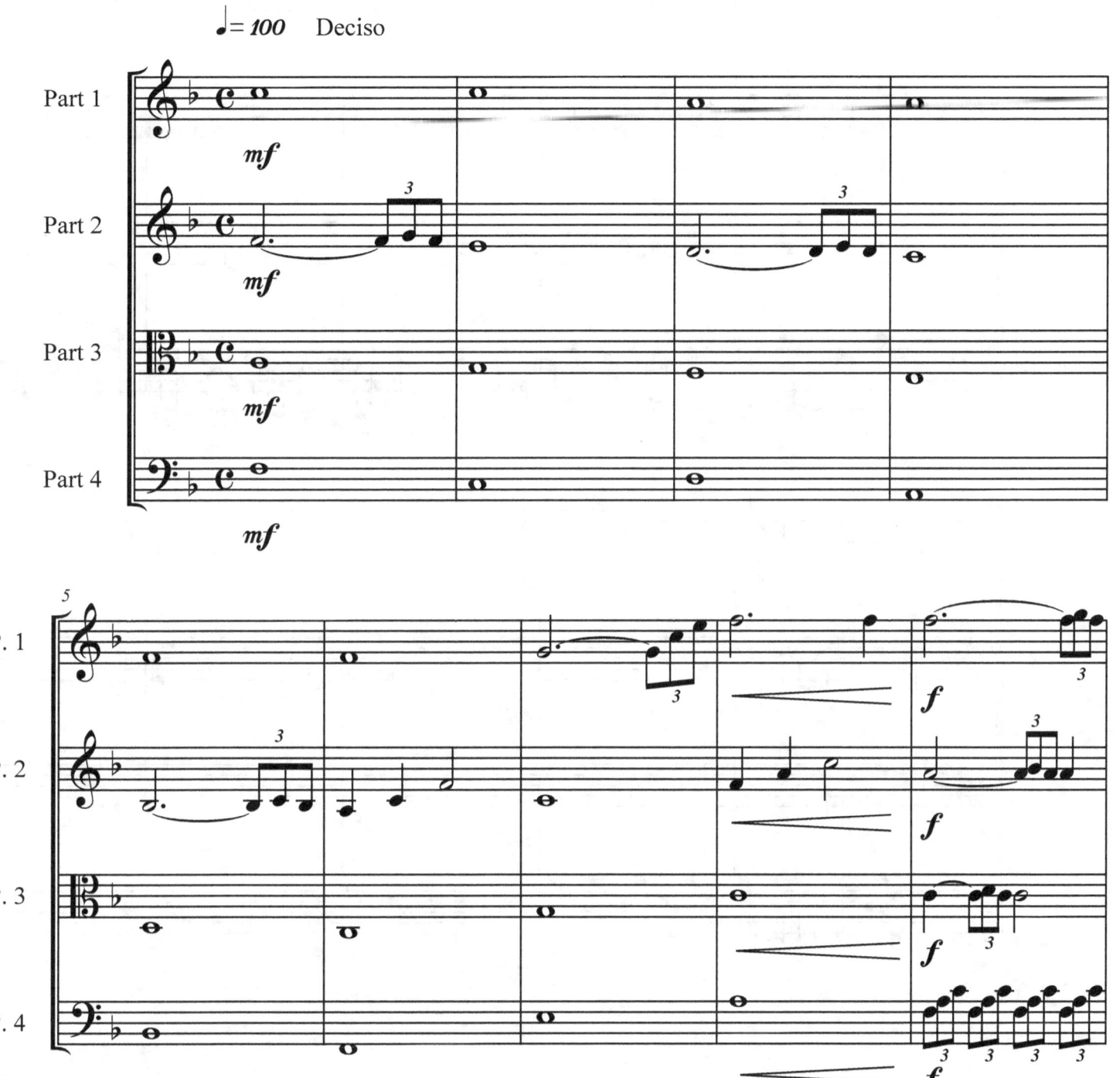

VI

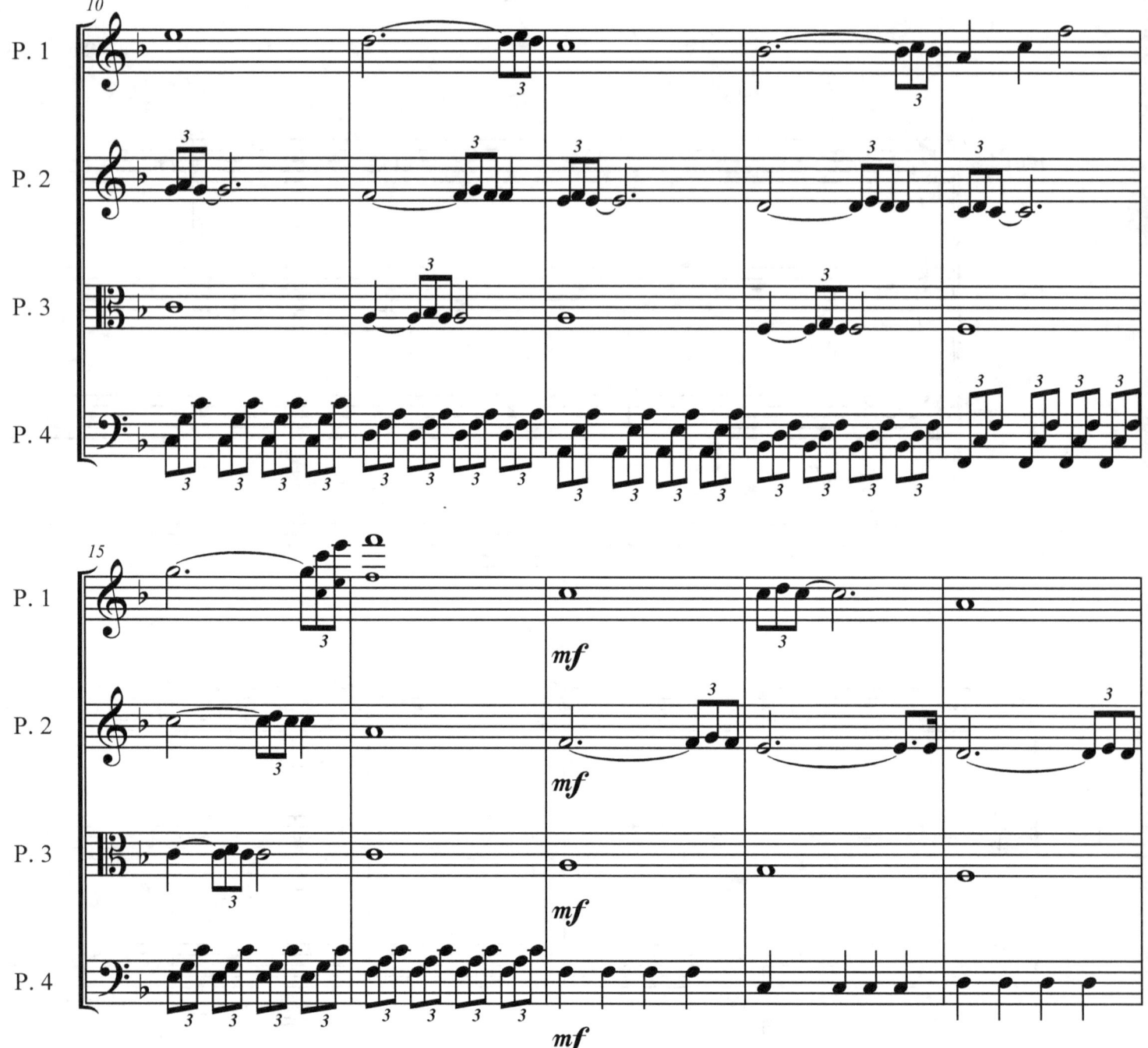

VI

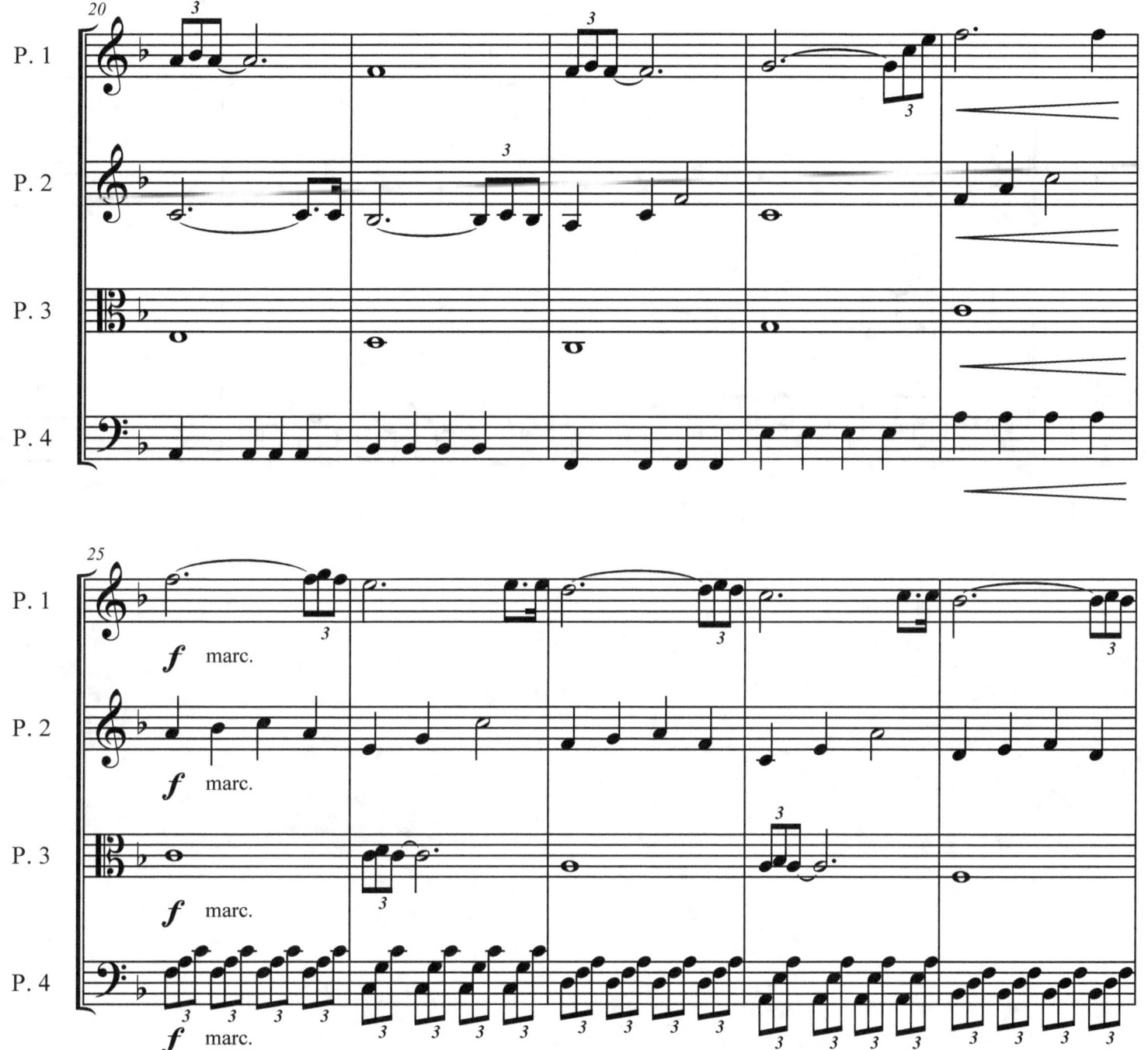

VI

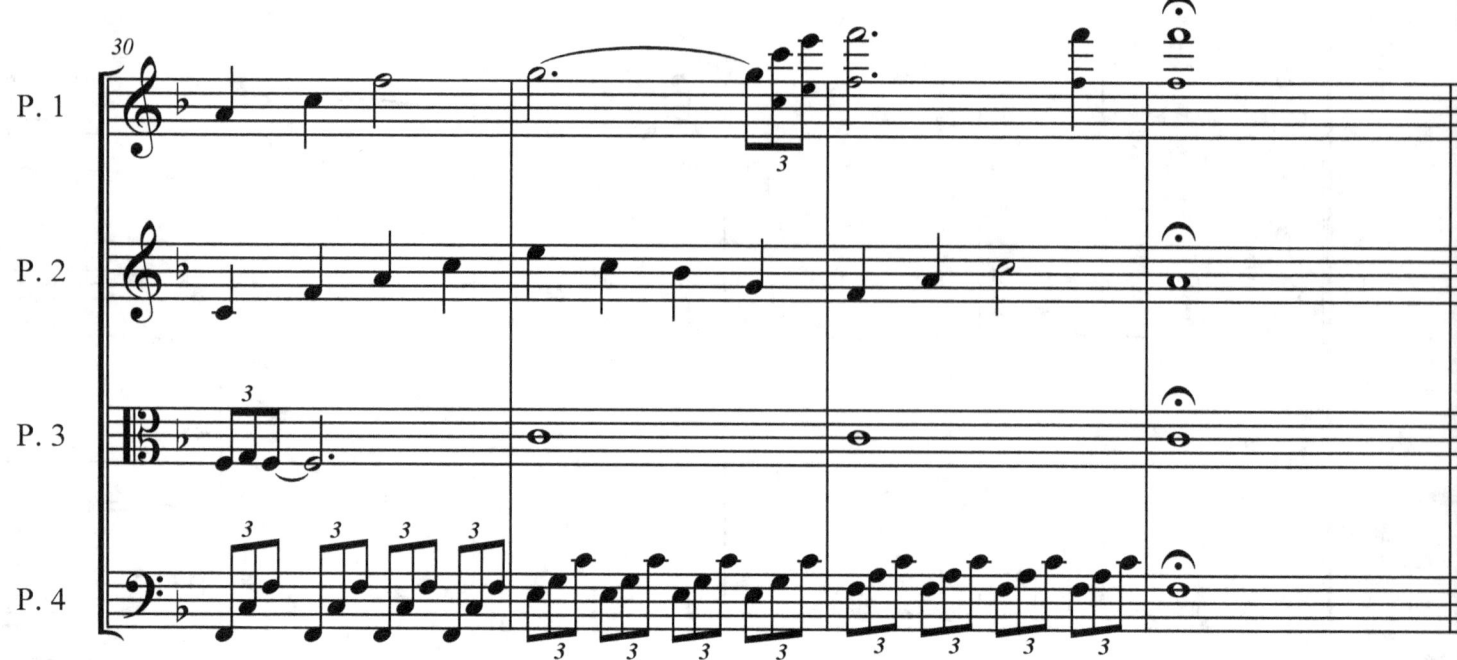

VII

Joost de Groot

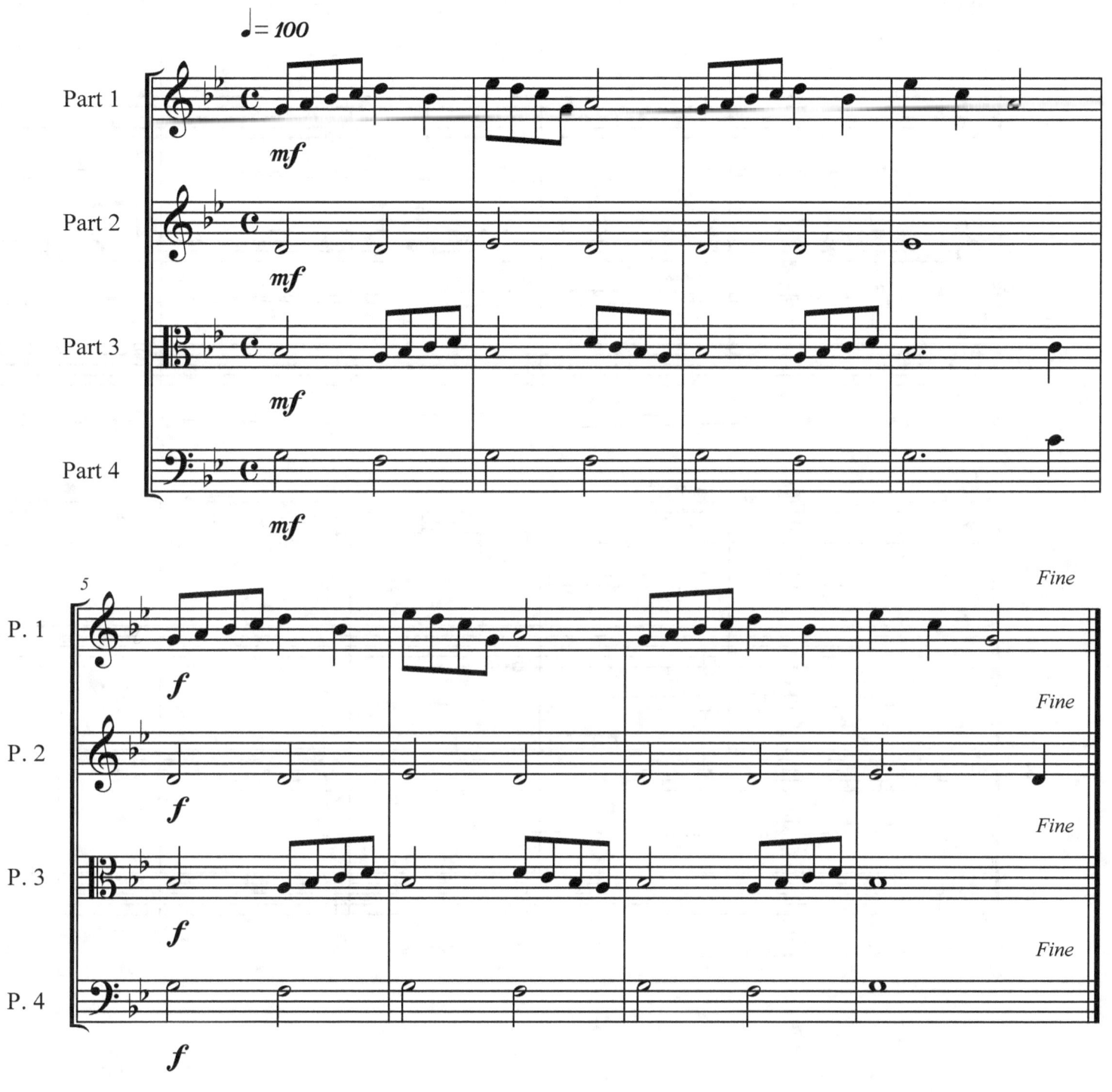

VII

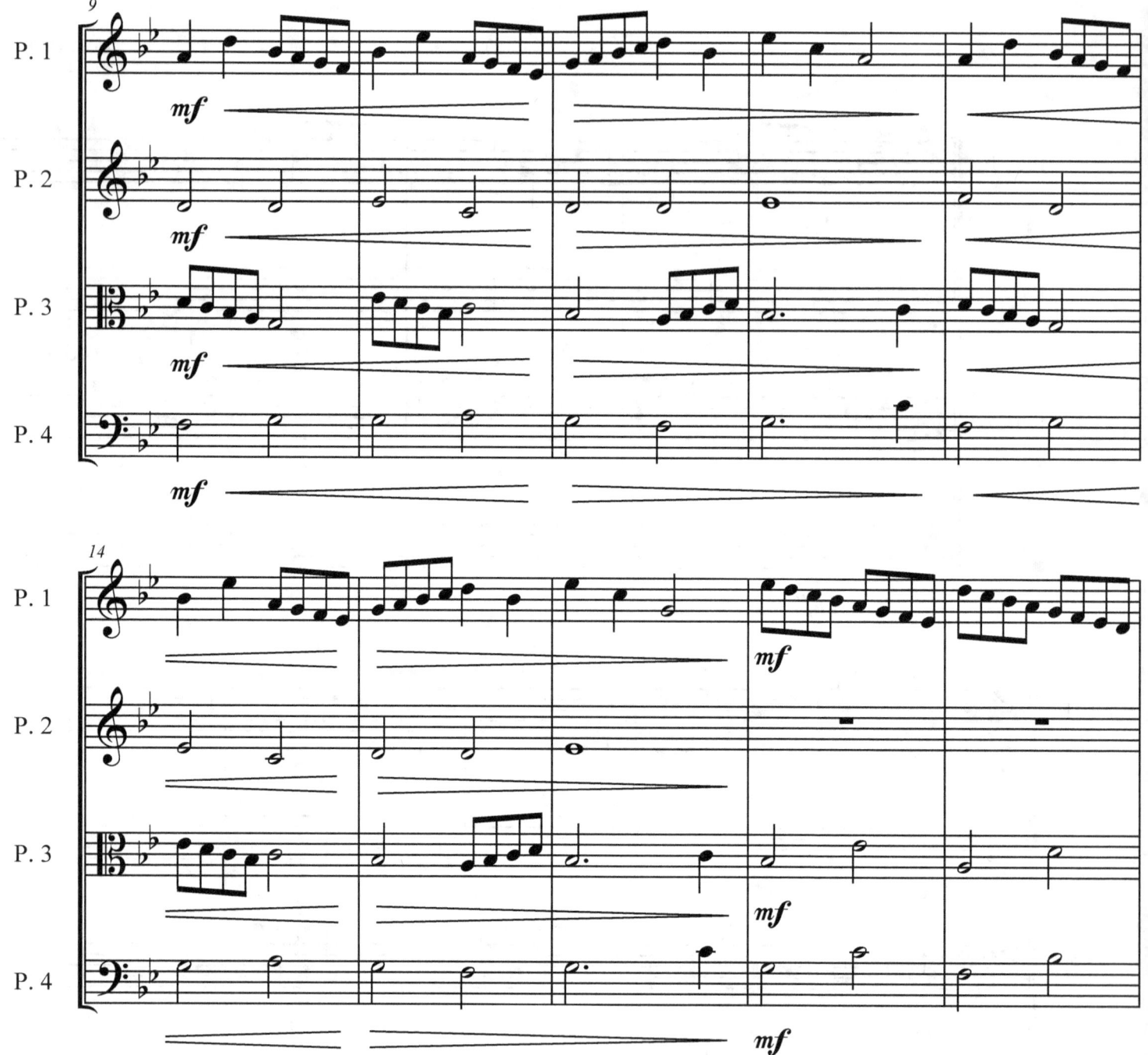

VII

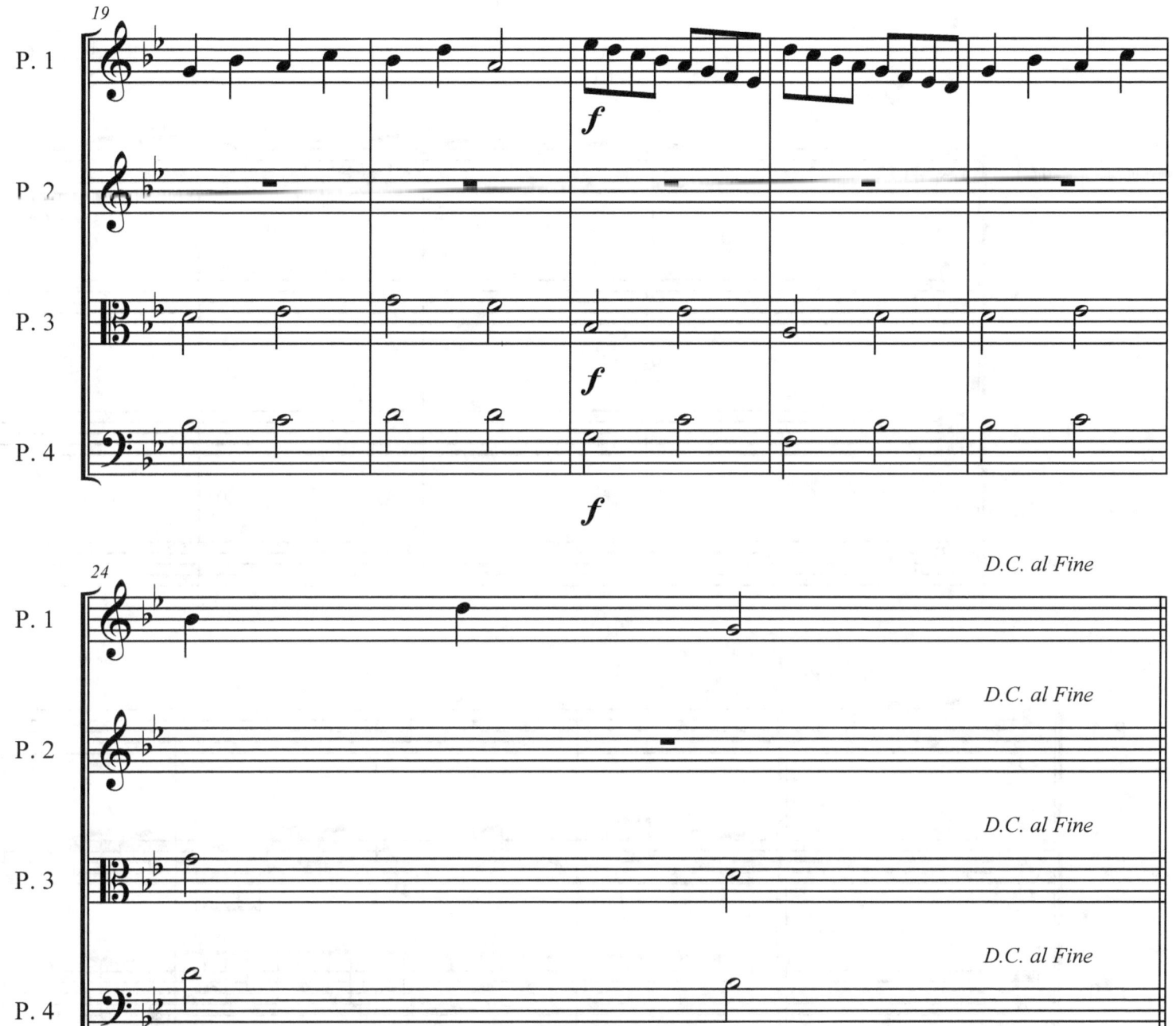

VIII

Joost de Groot

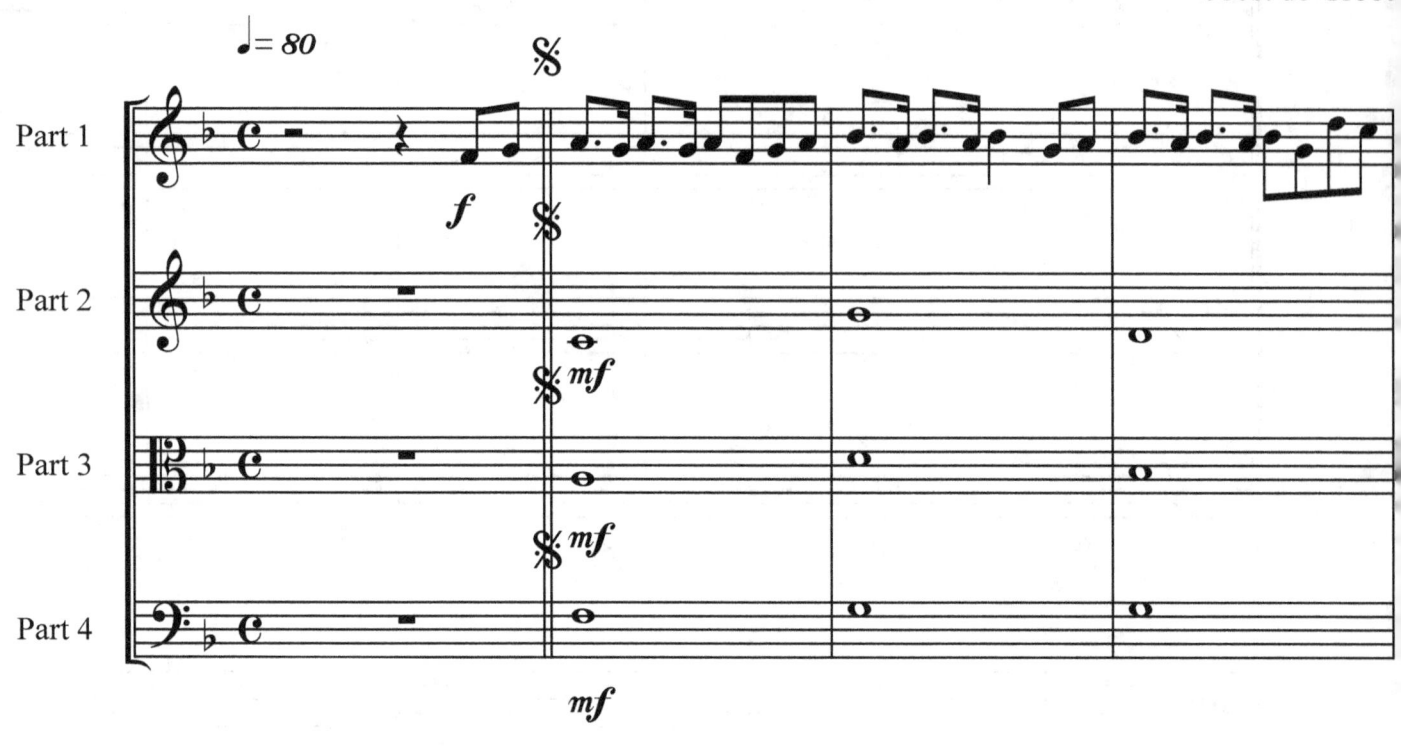
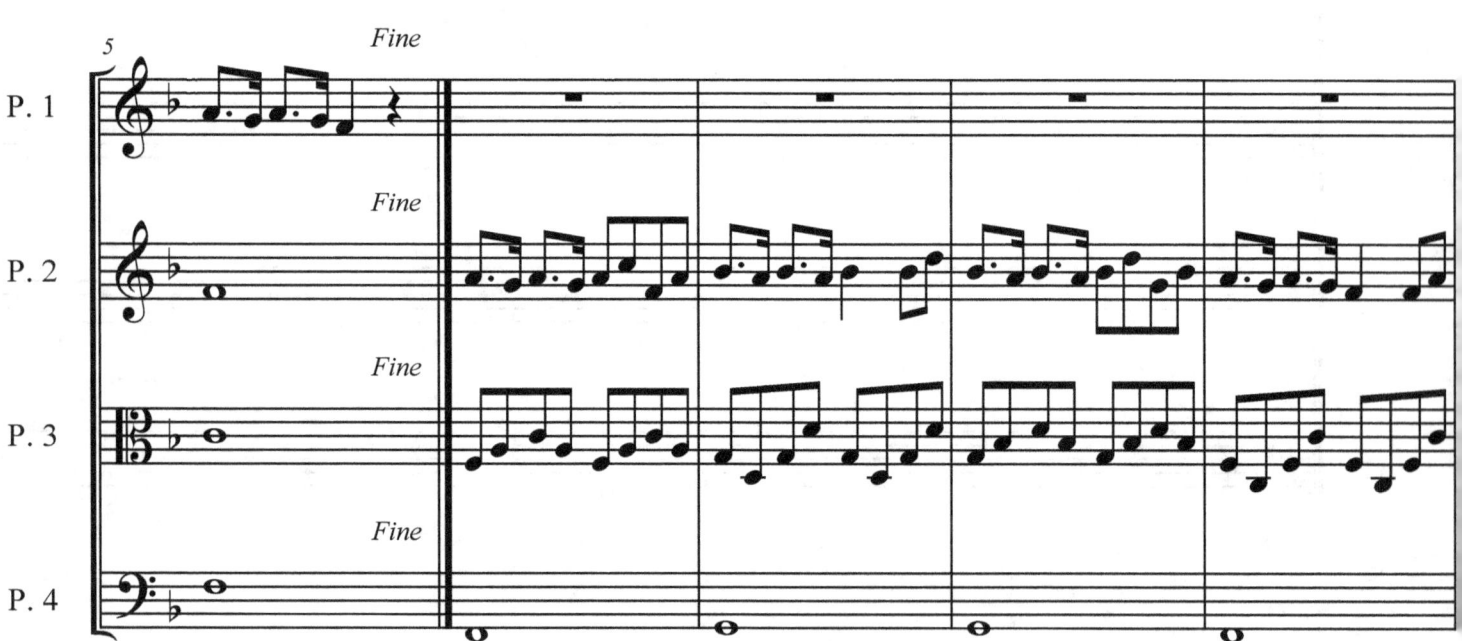

© 2008

VIII

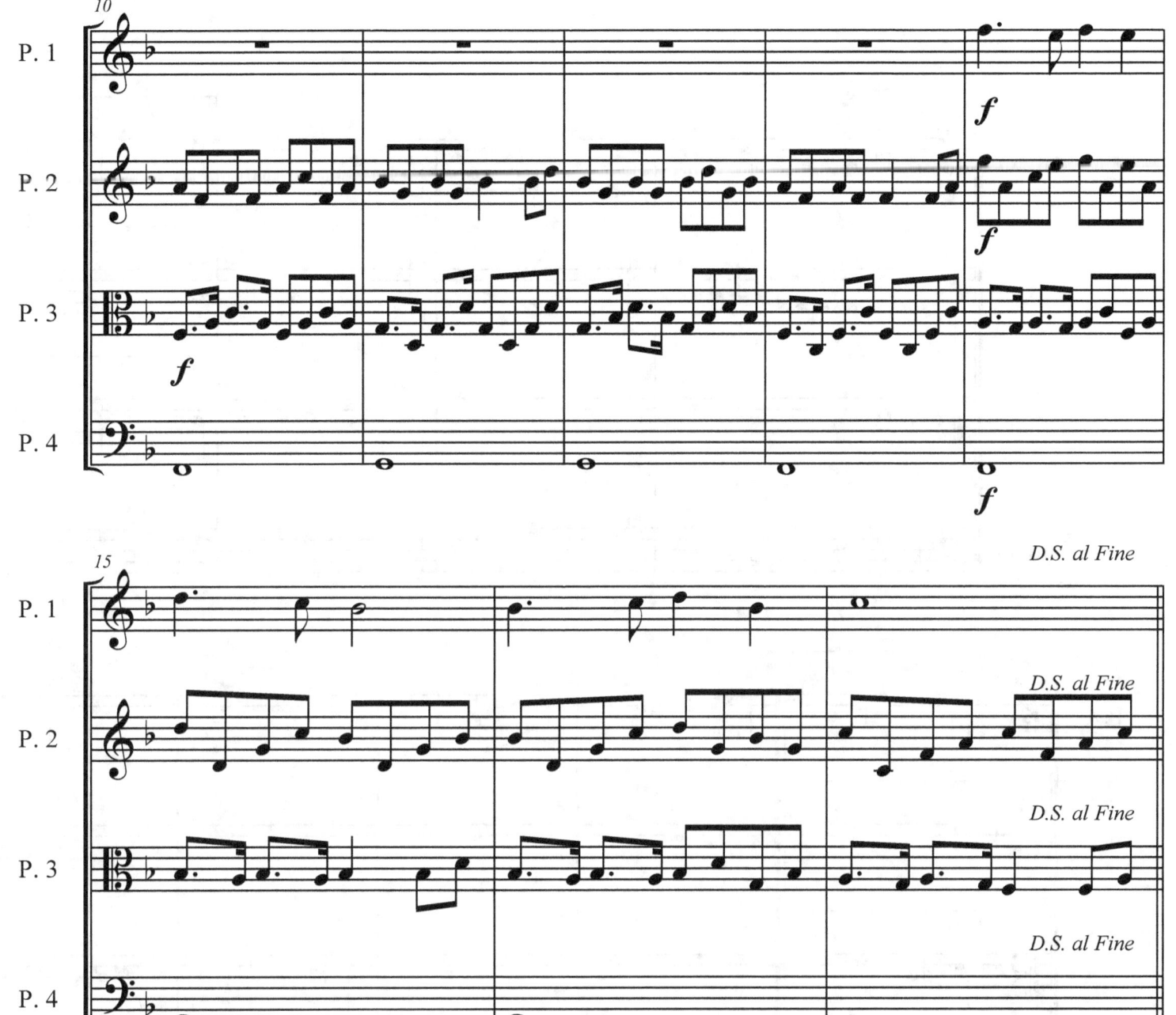

IX

Joost de Groot

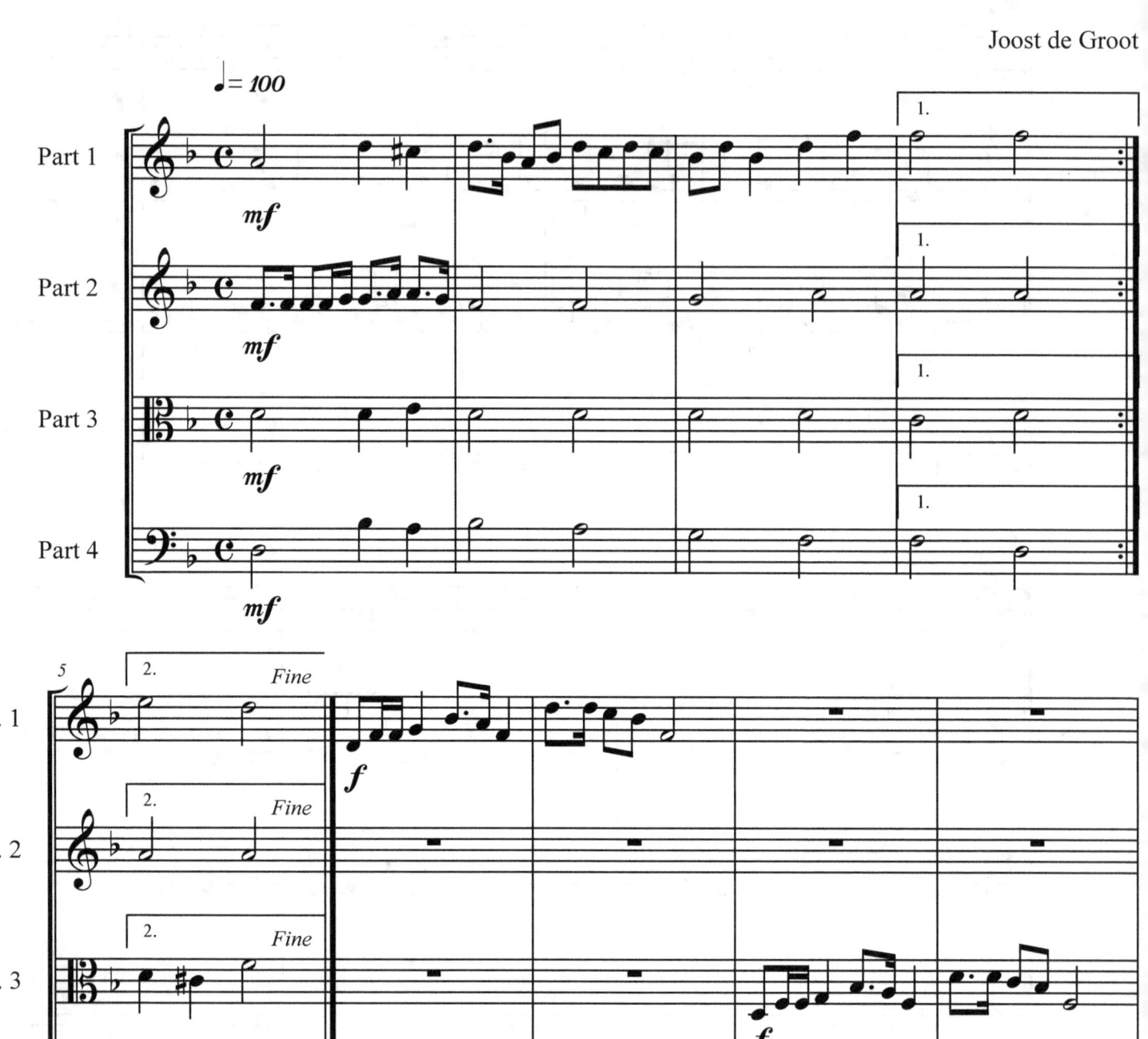

IX

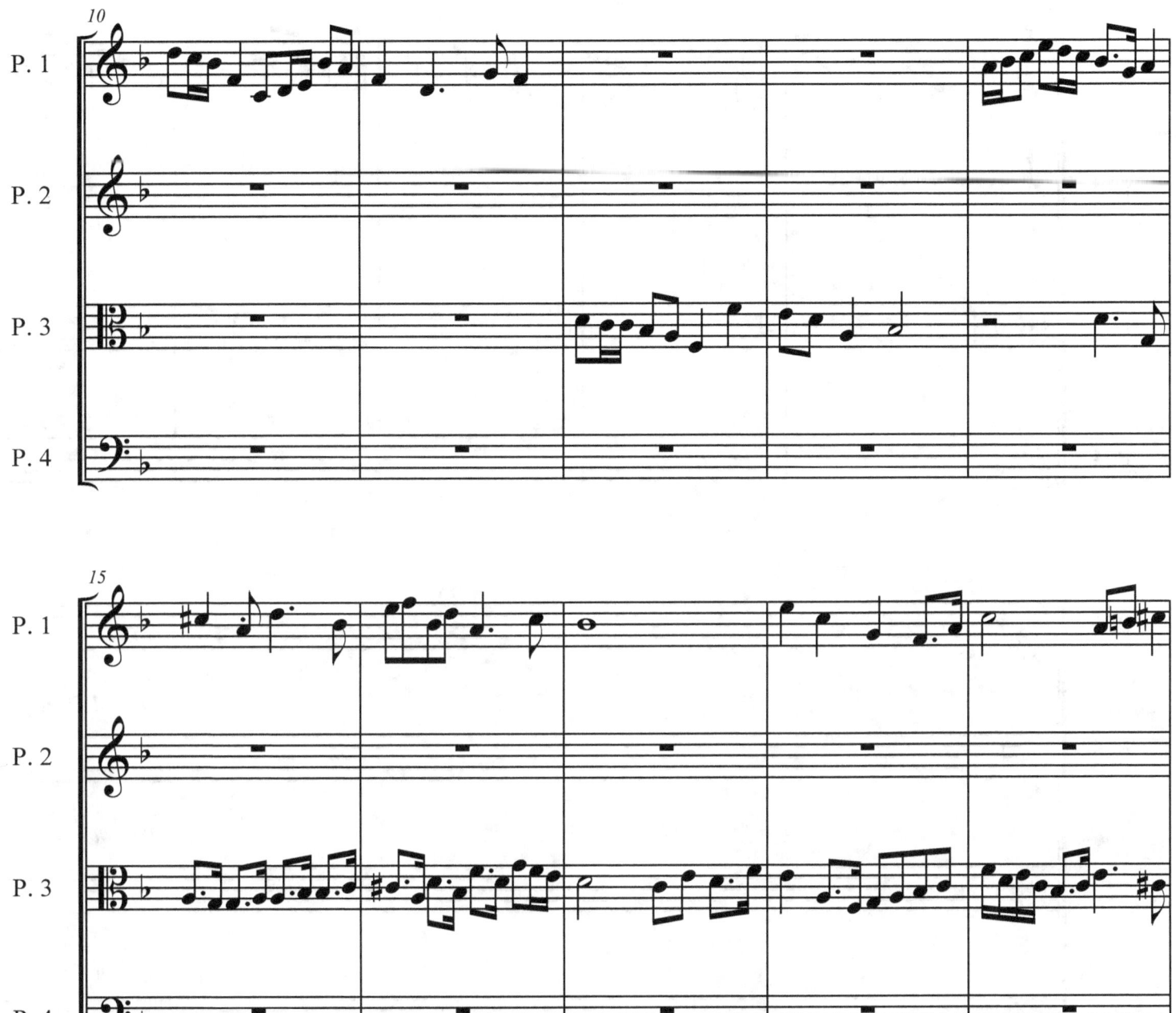

13

IX

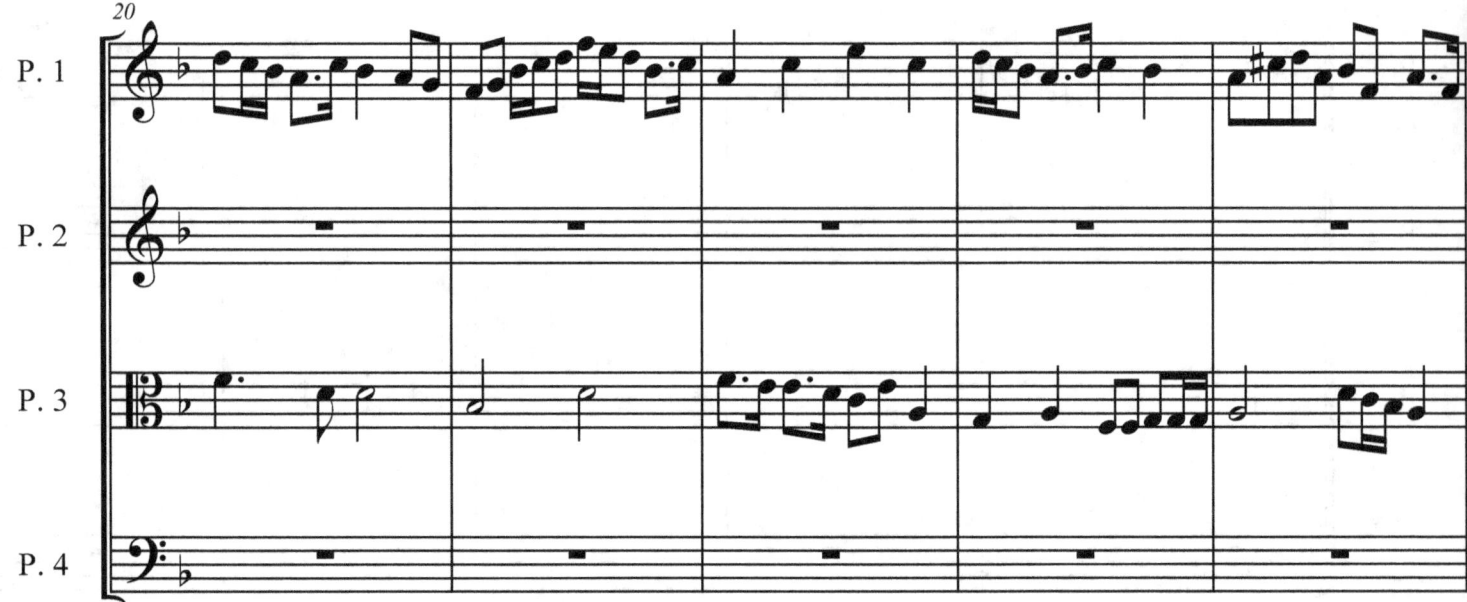

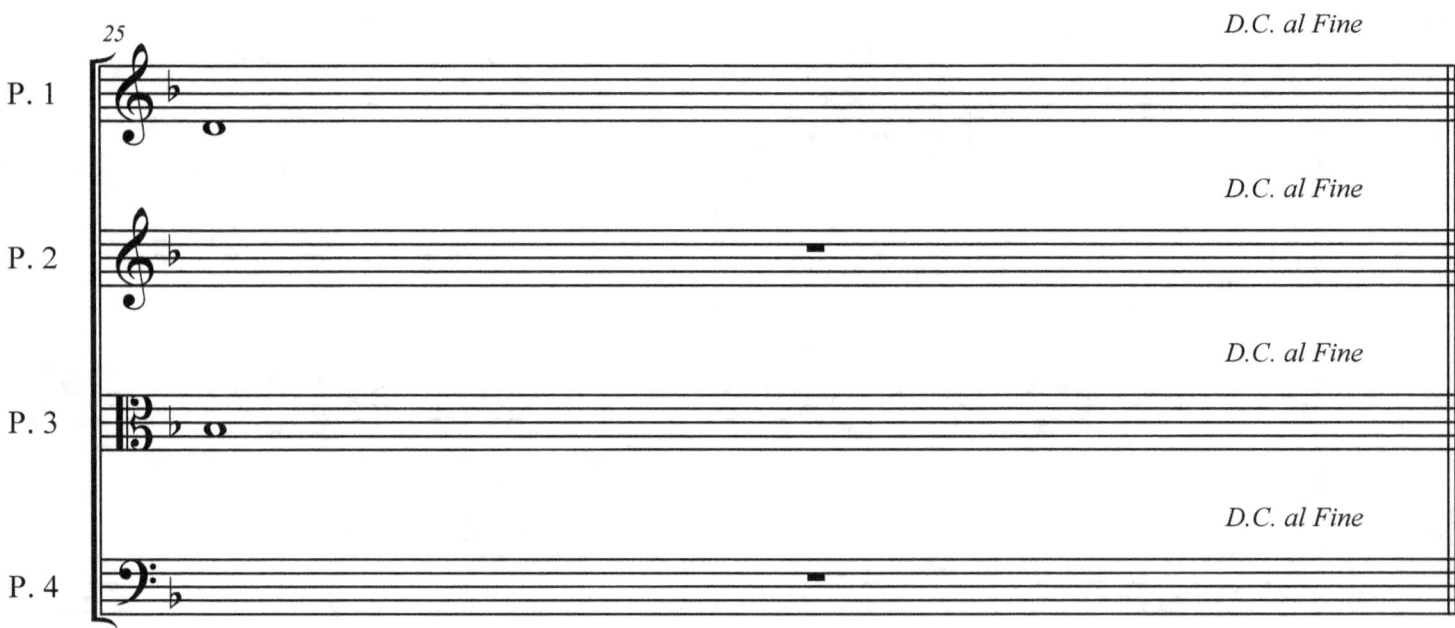

X

Joost de Groot

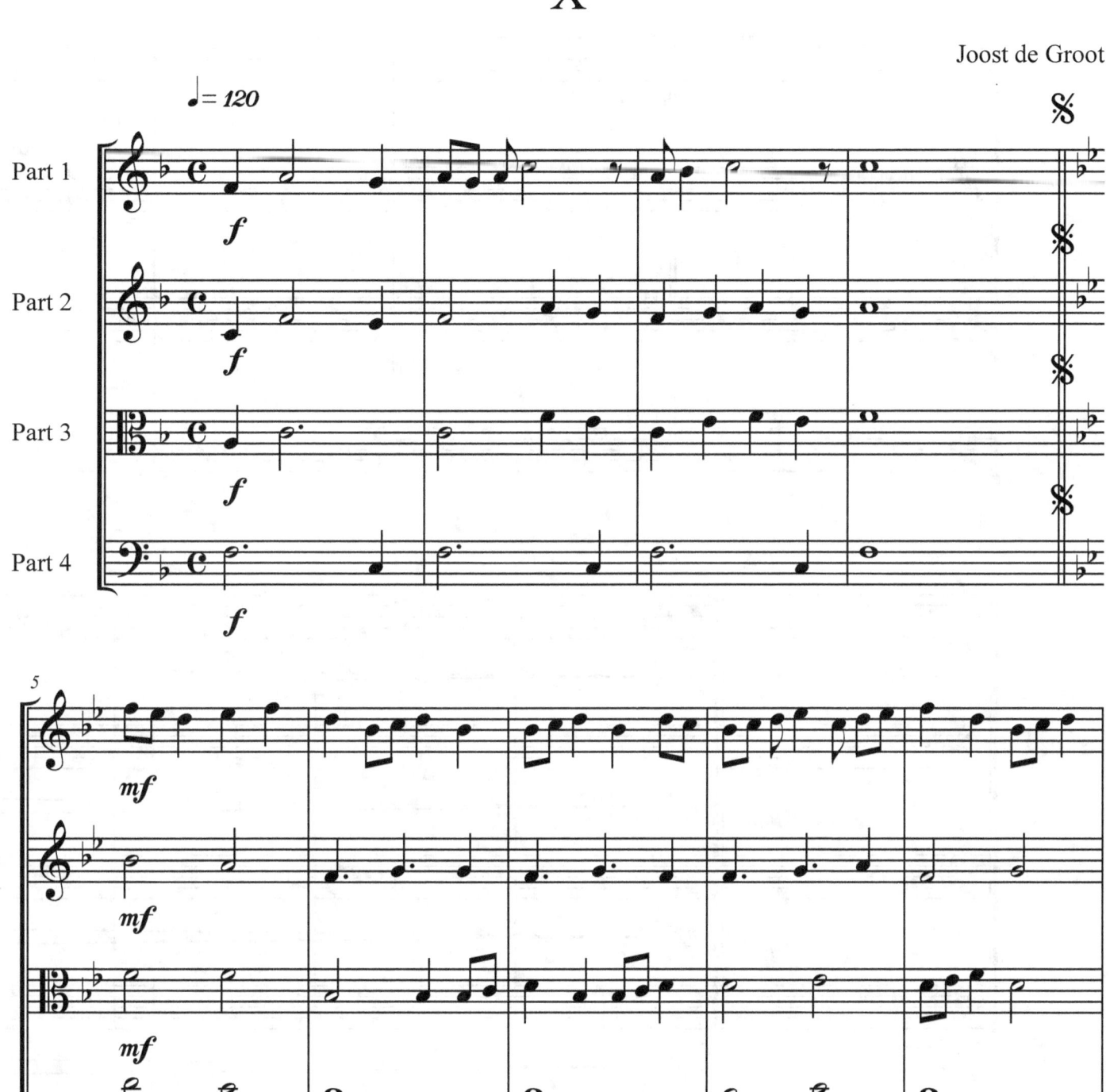

X

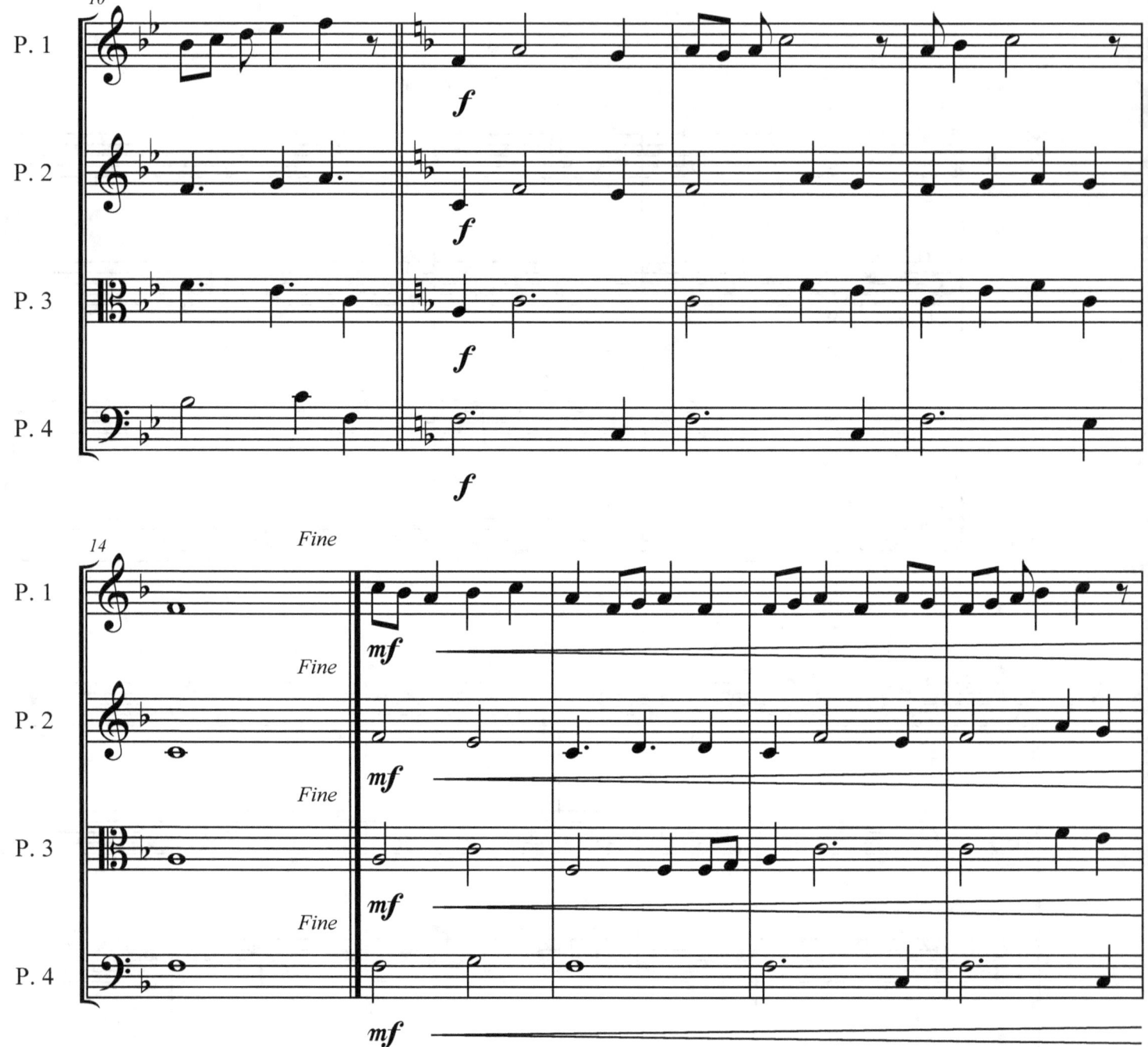

X

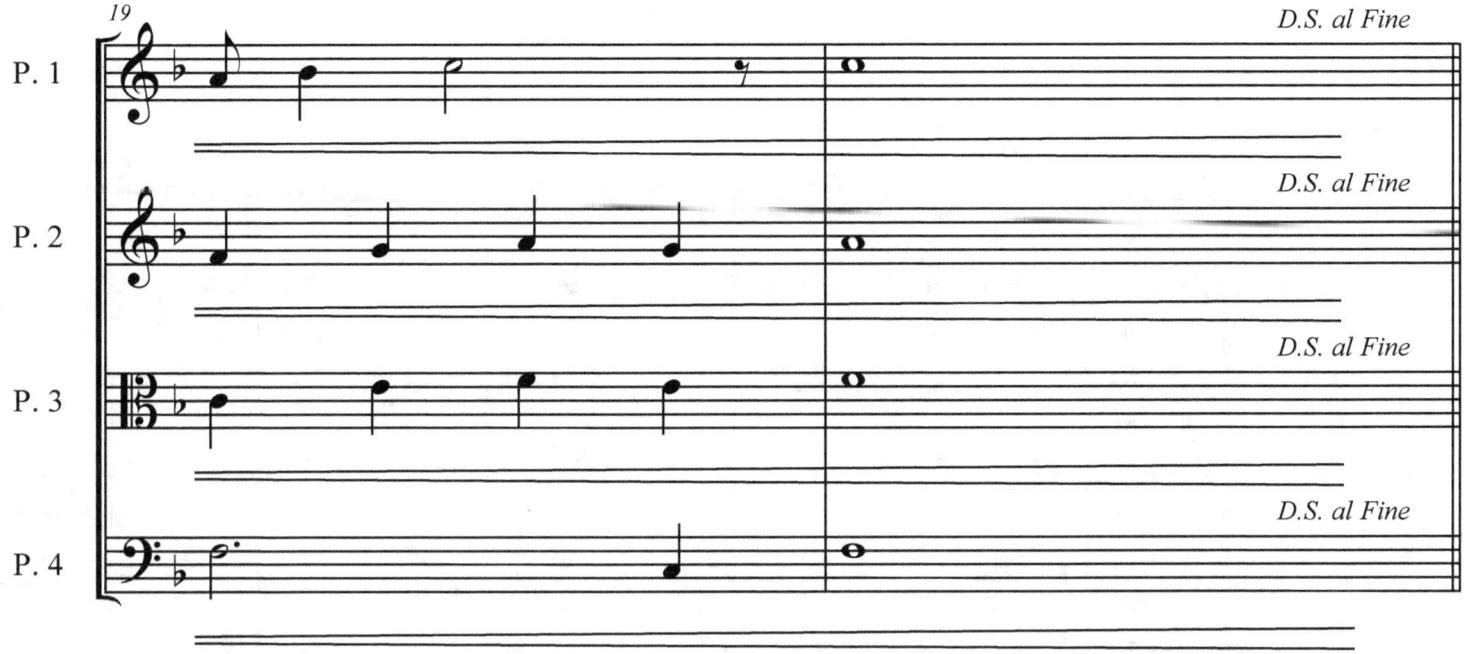

VI

Joost de Groot

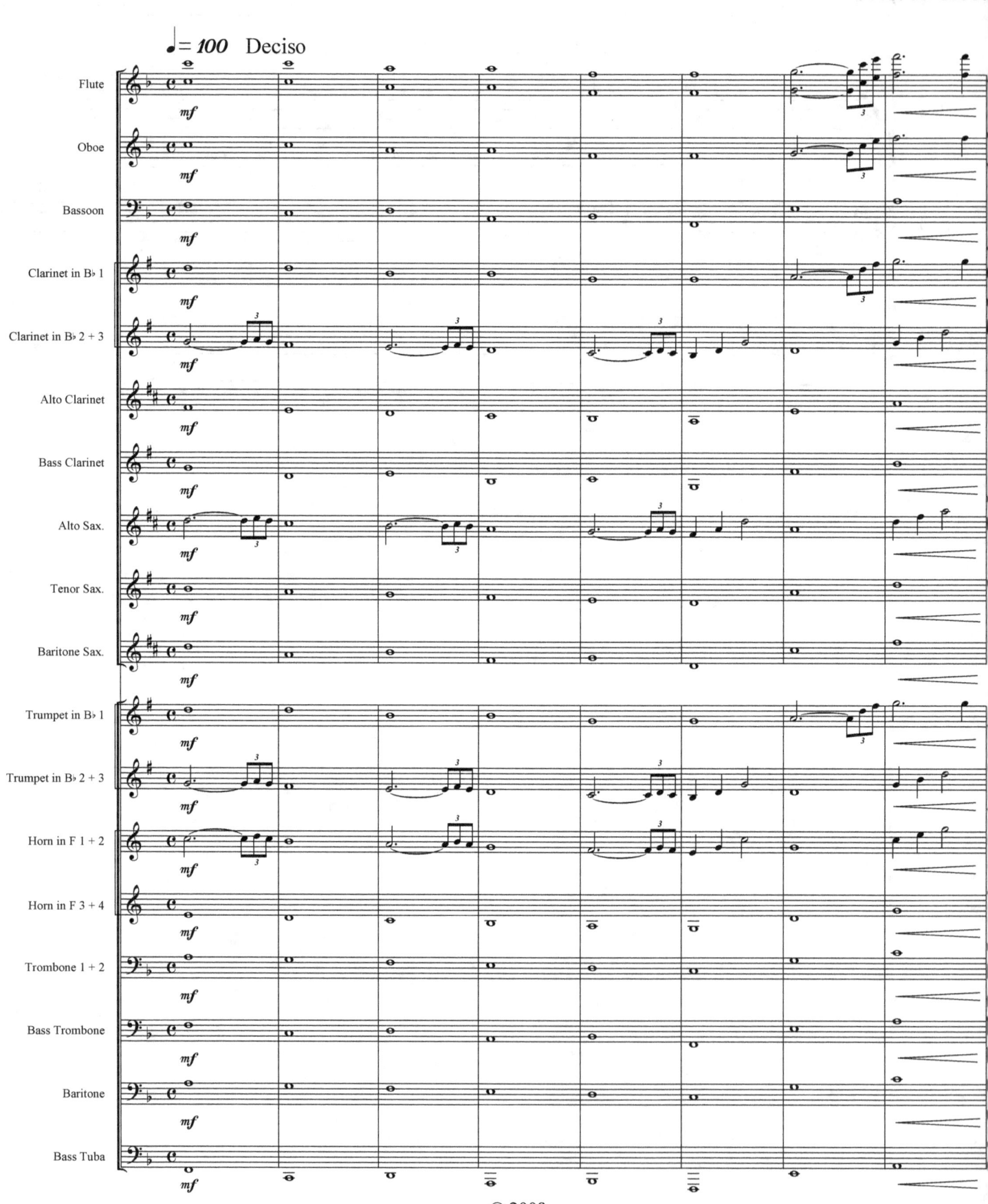

© 2008

VI

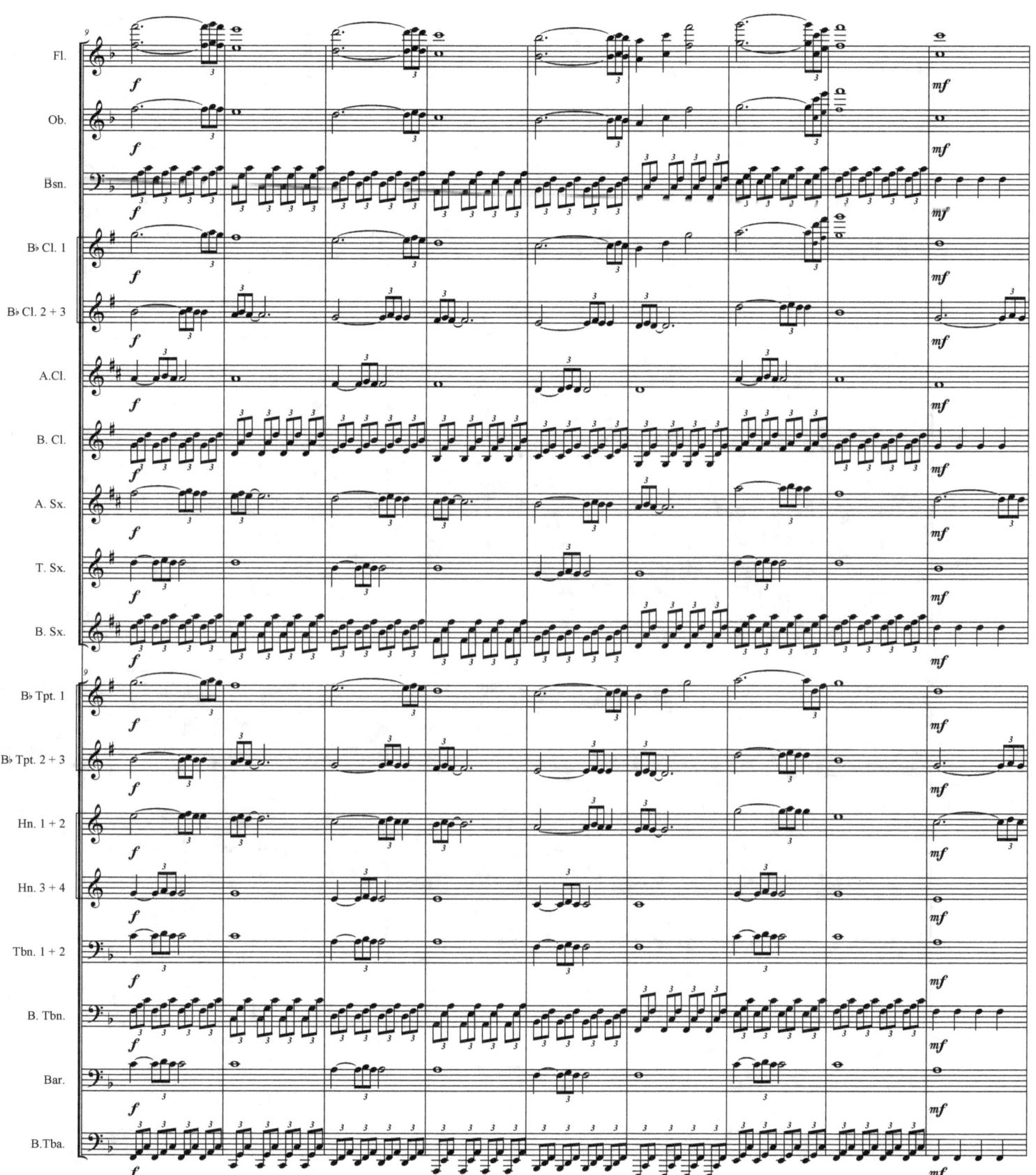

19

VI

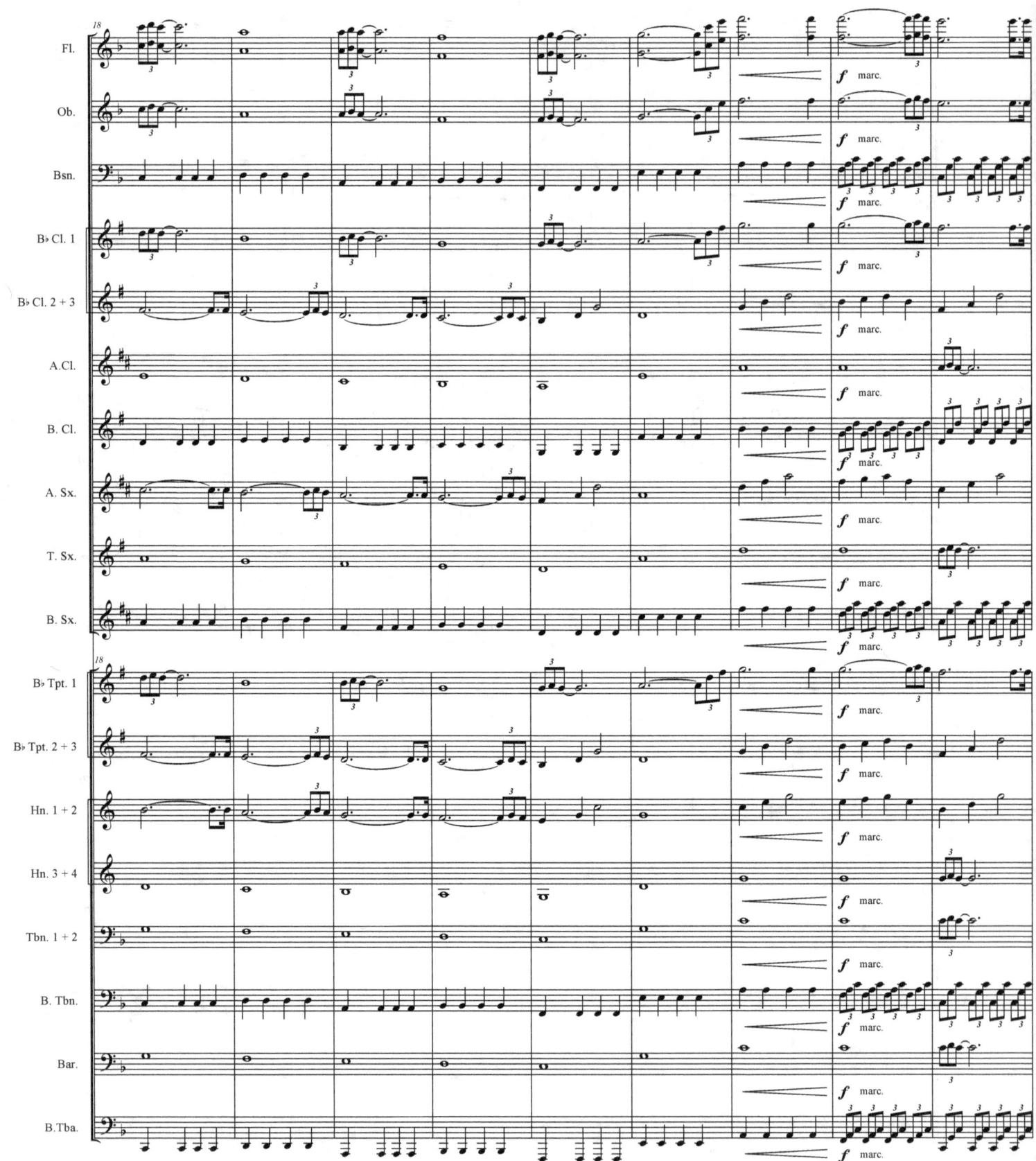

VI

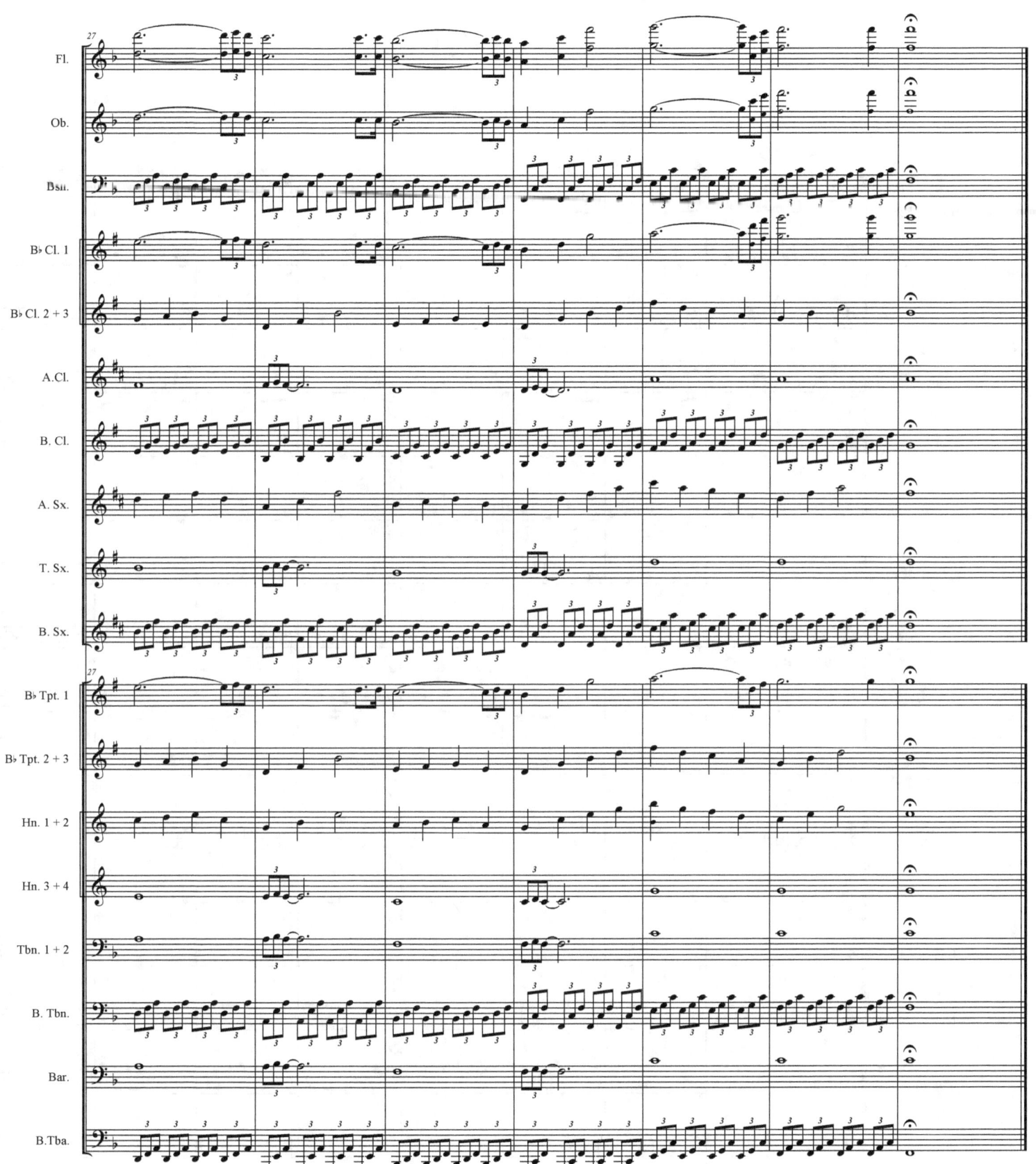

VII

Joost de Groot

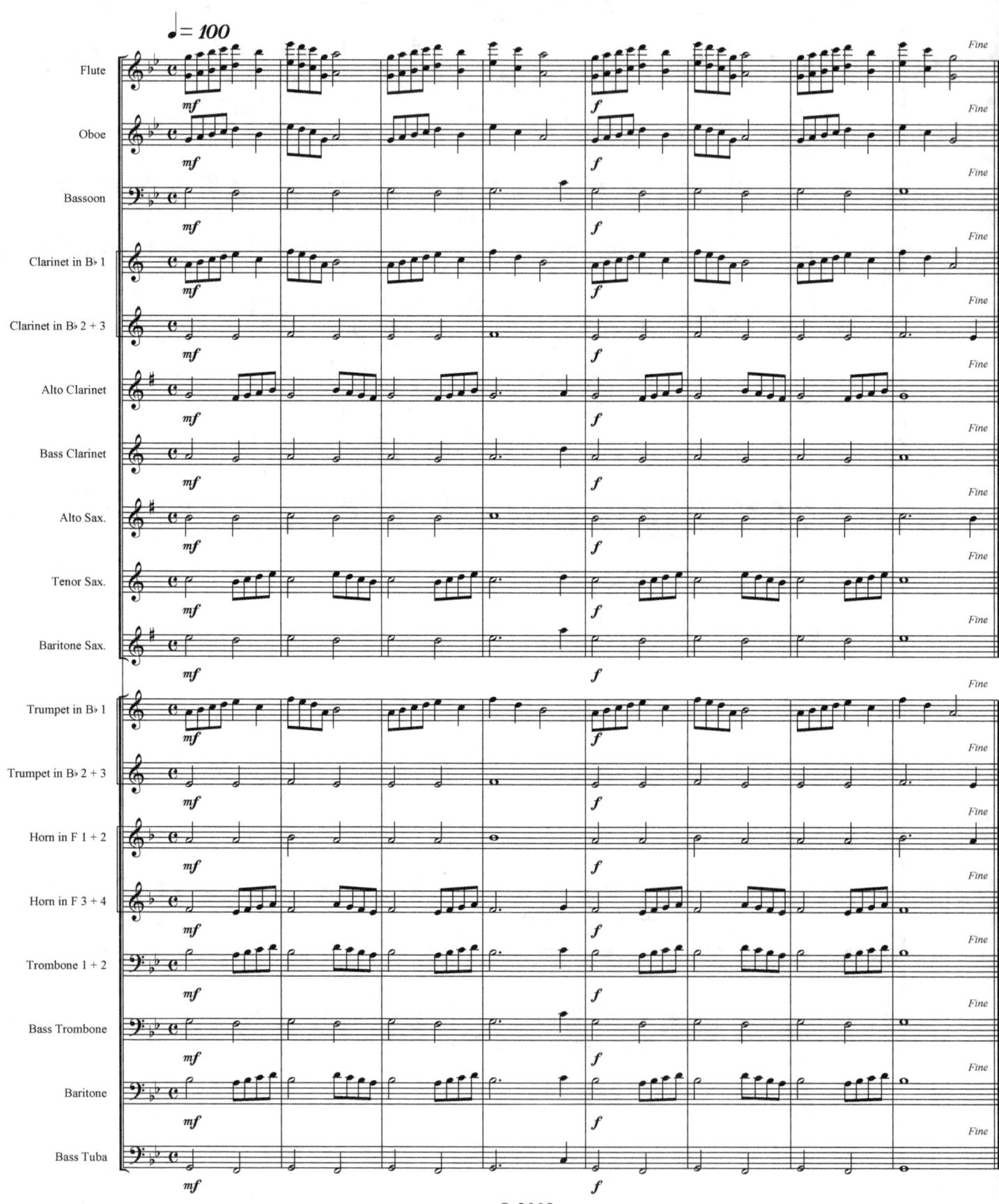

© 2008

VII

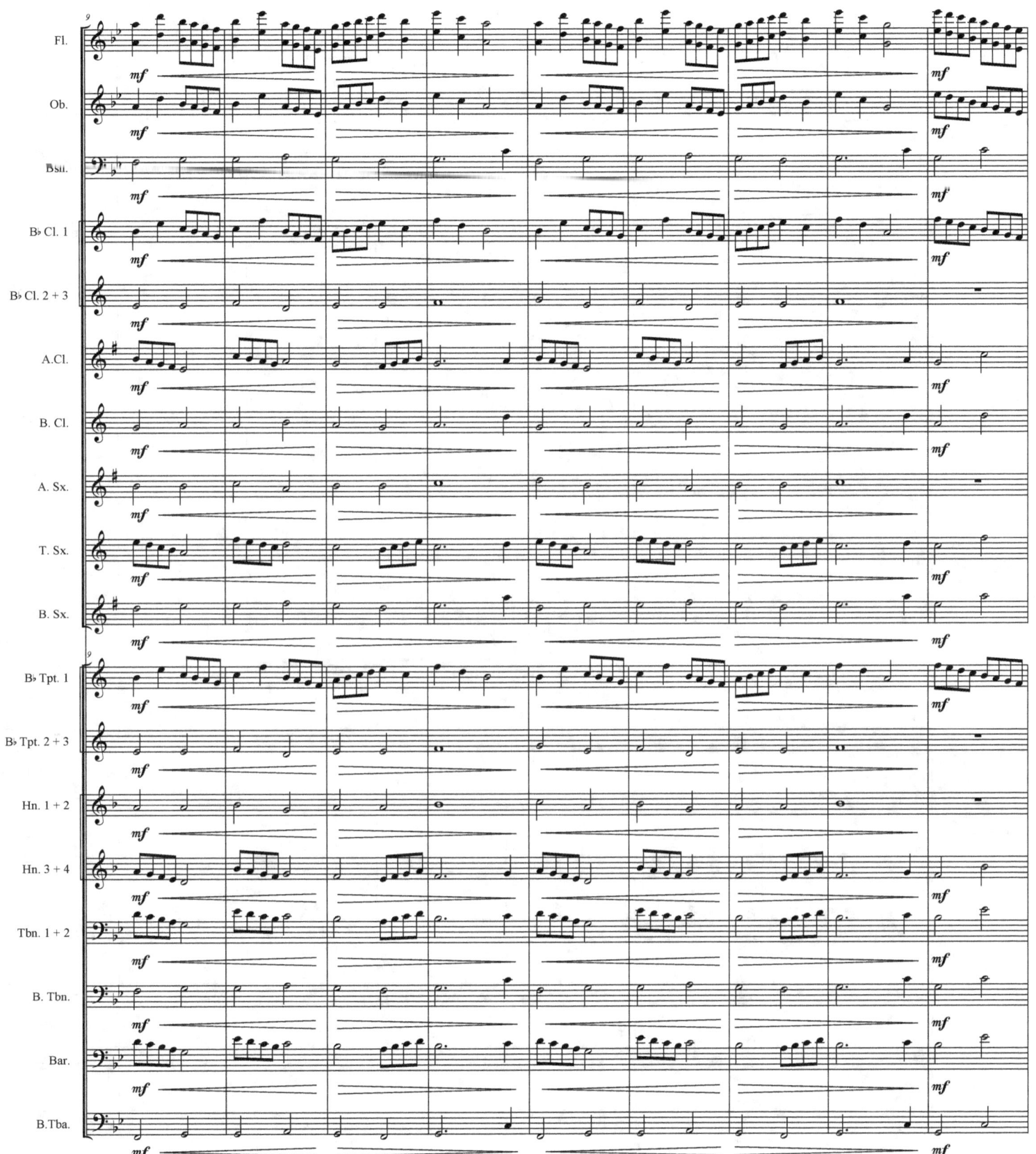

VII

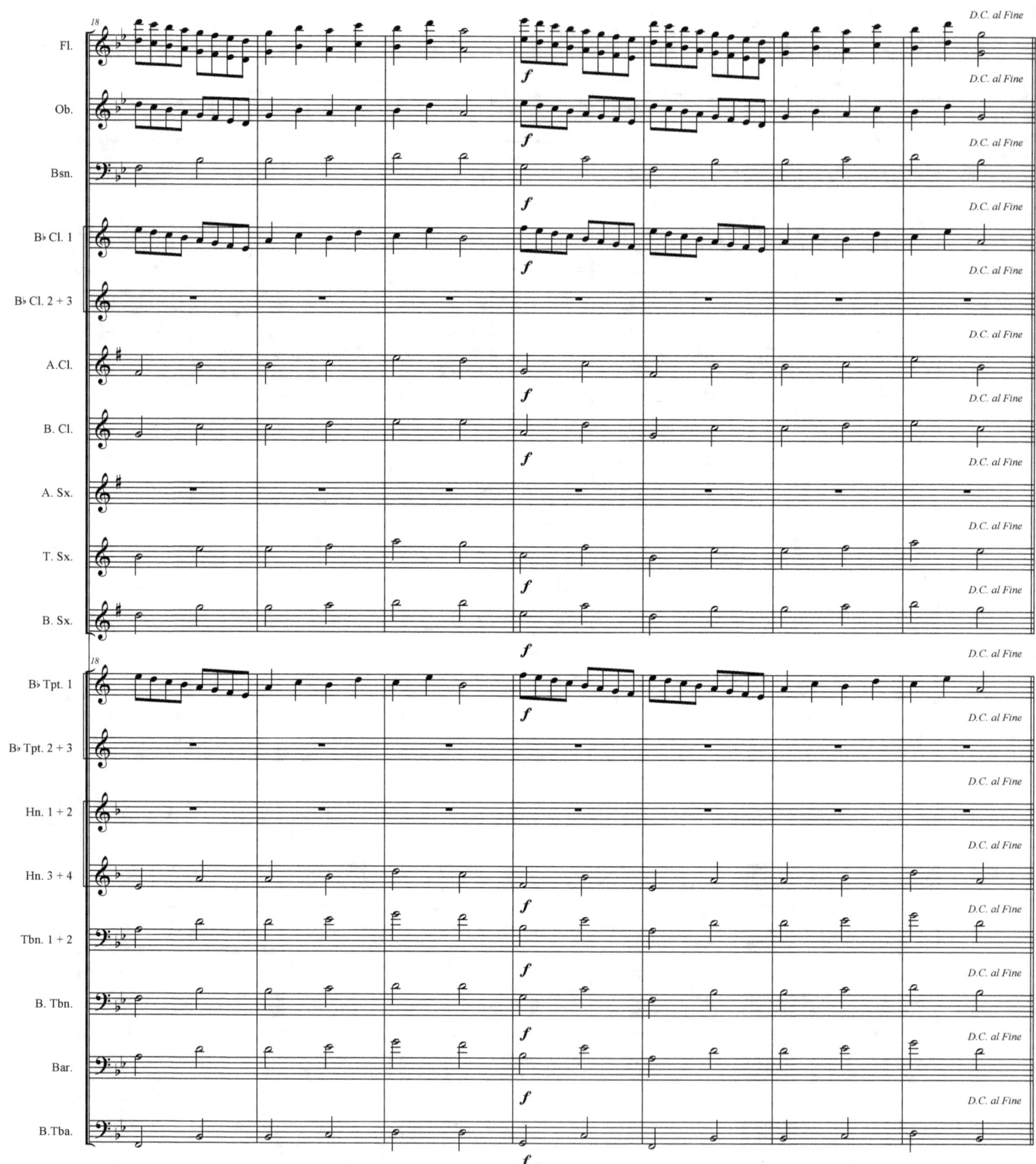

VIII

Joost de Groot

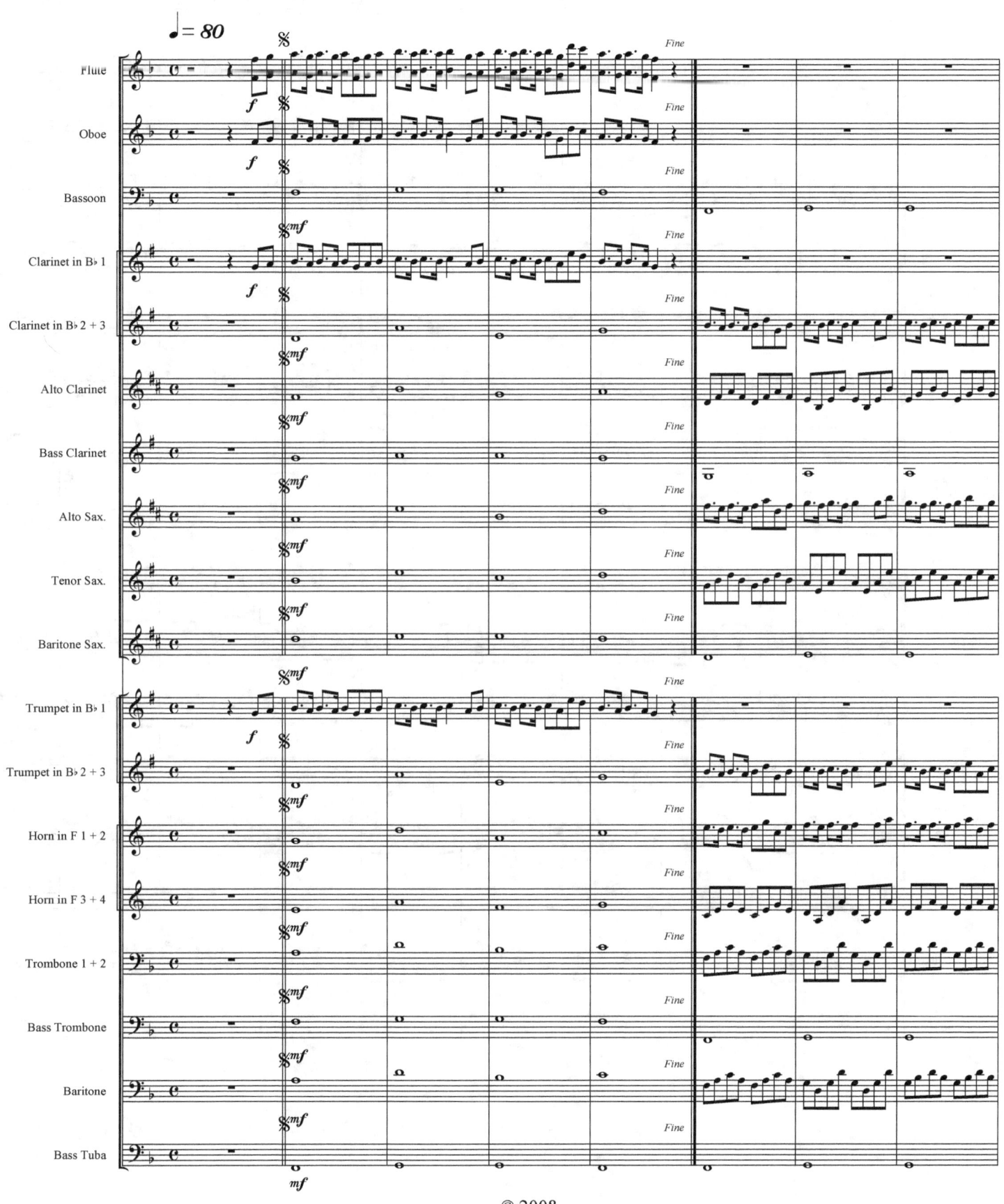

© 2008

VIII

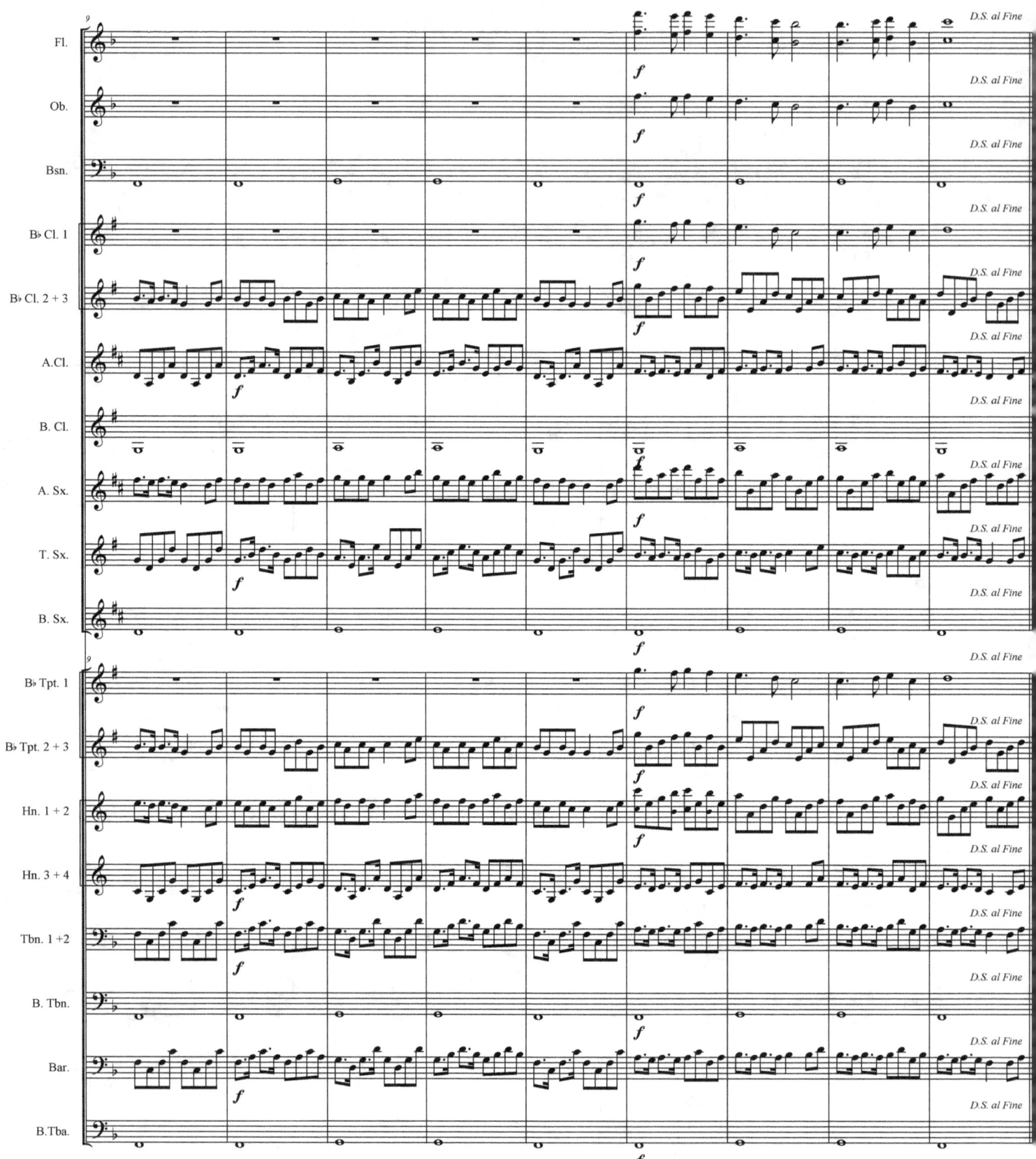

IX

Joost de Groot

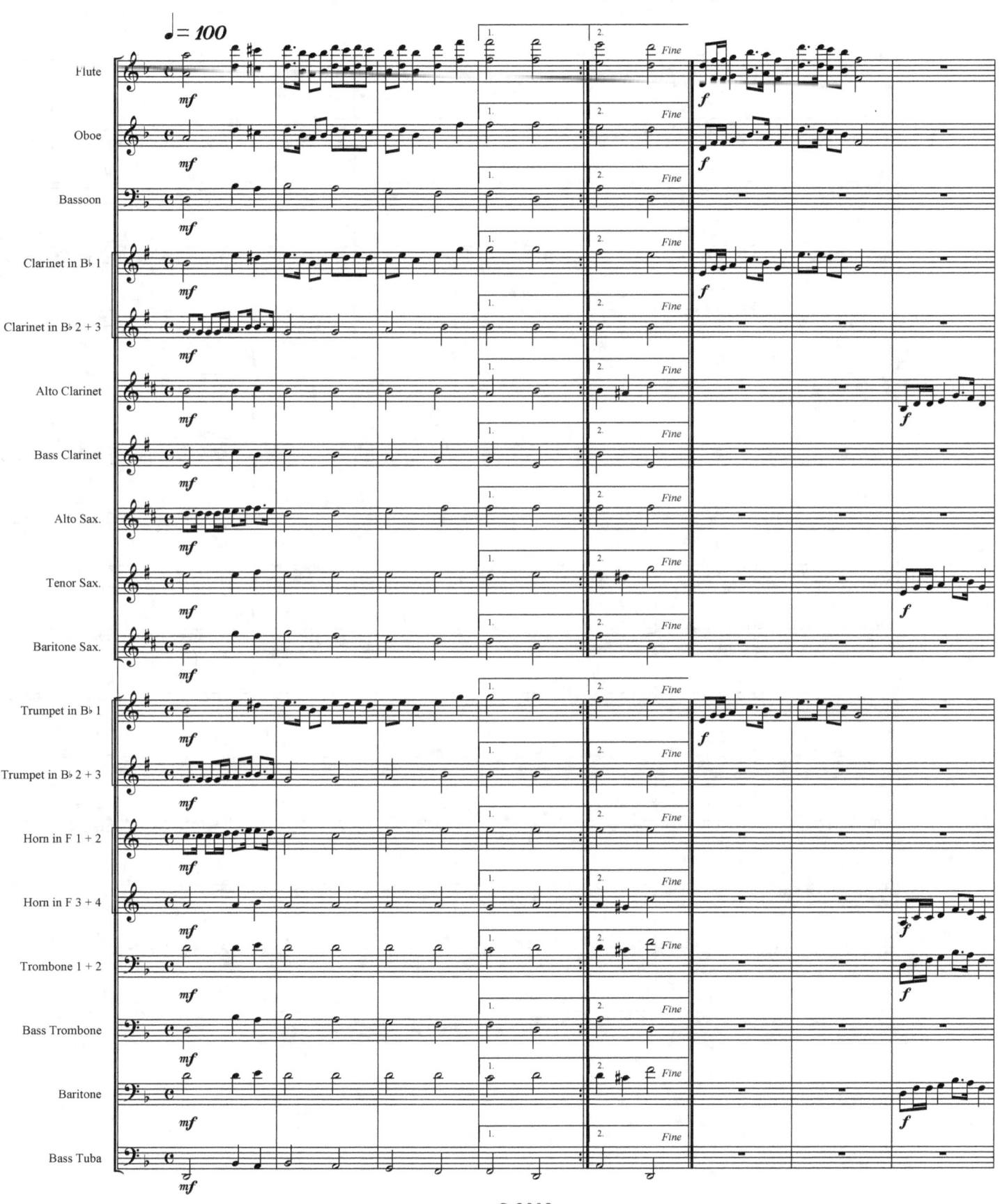

© 2008

IX

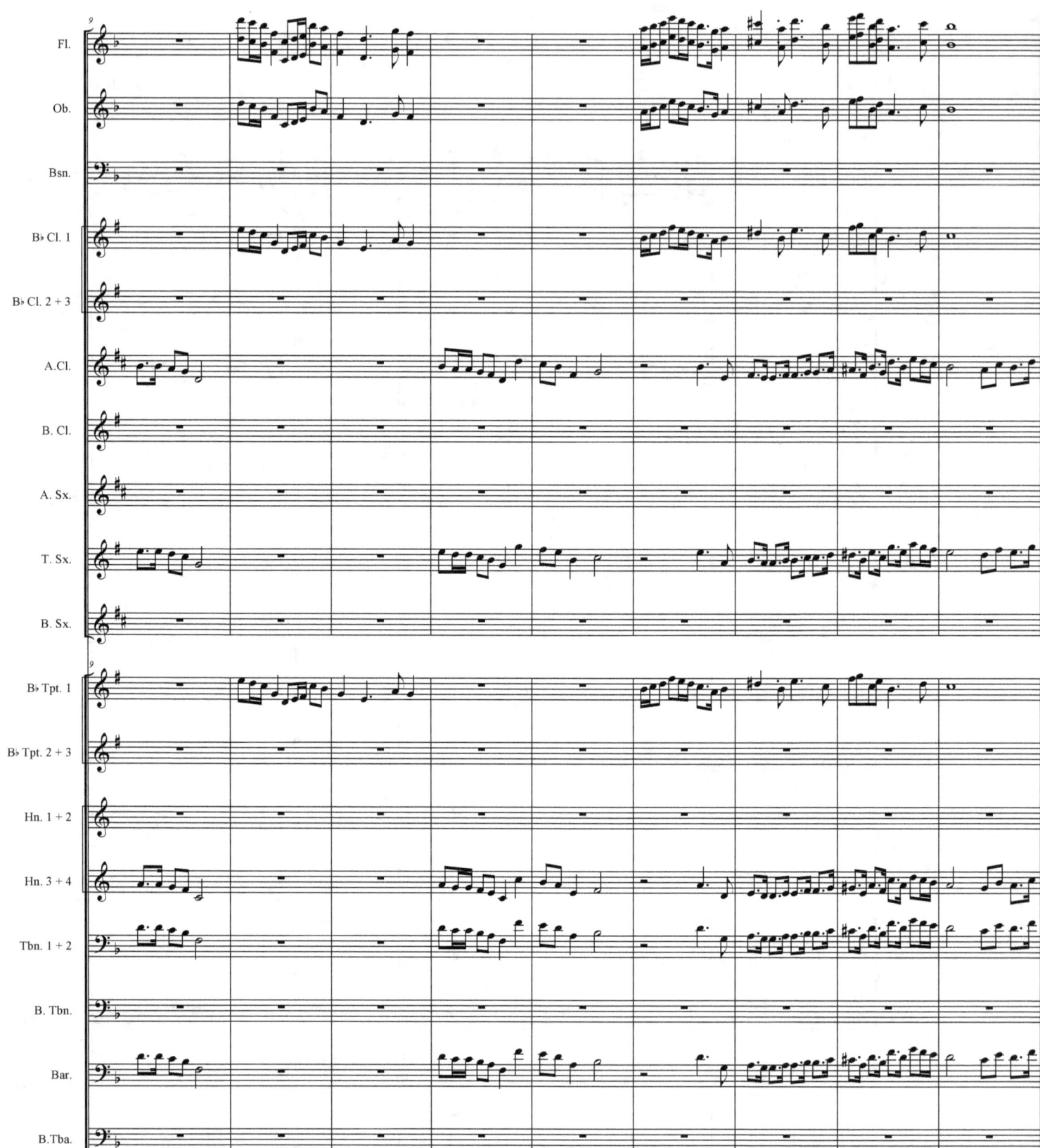

IX

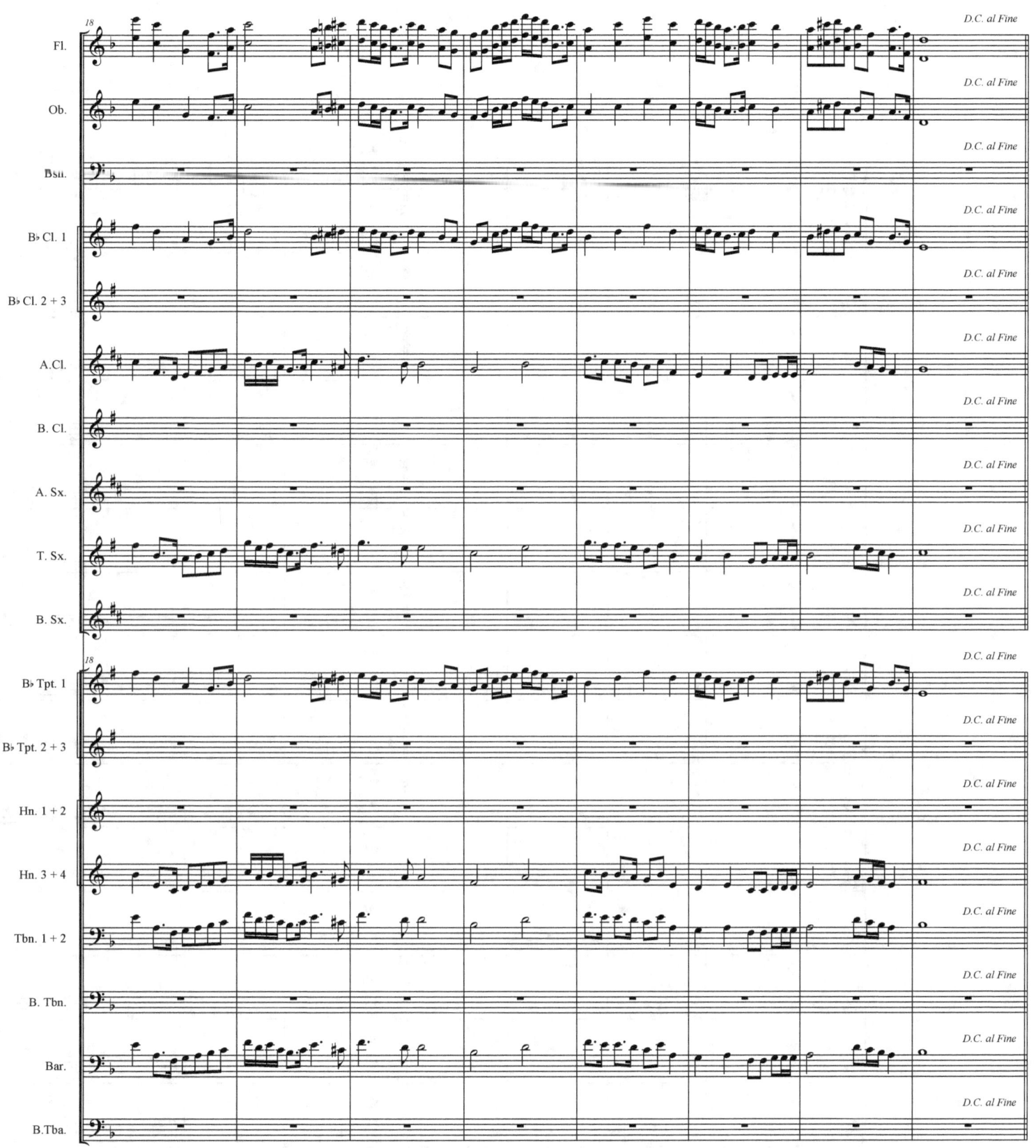

X

Joost de Groot

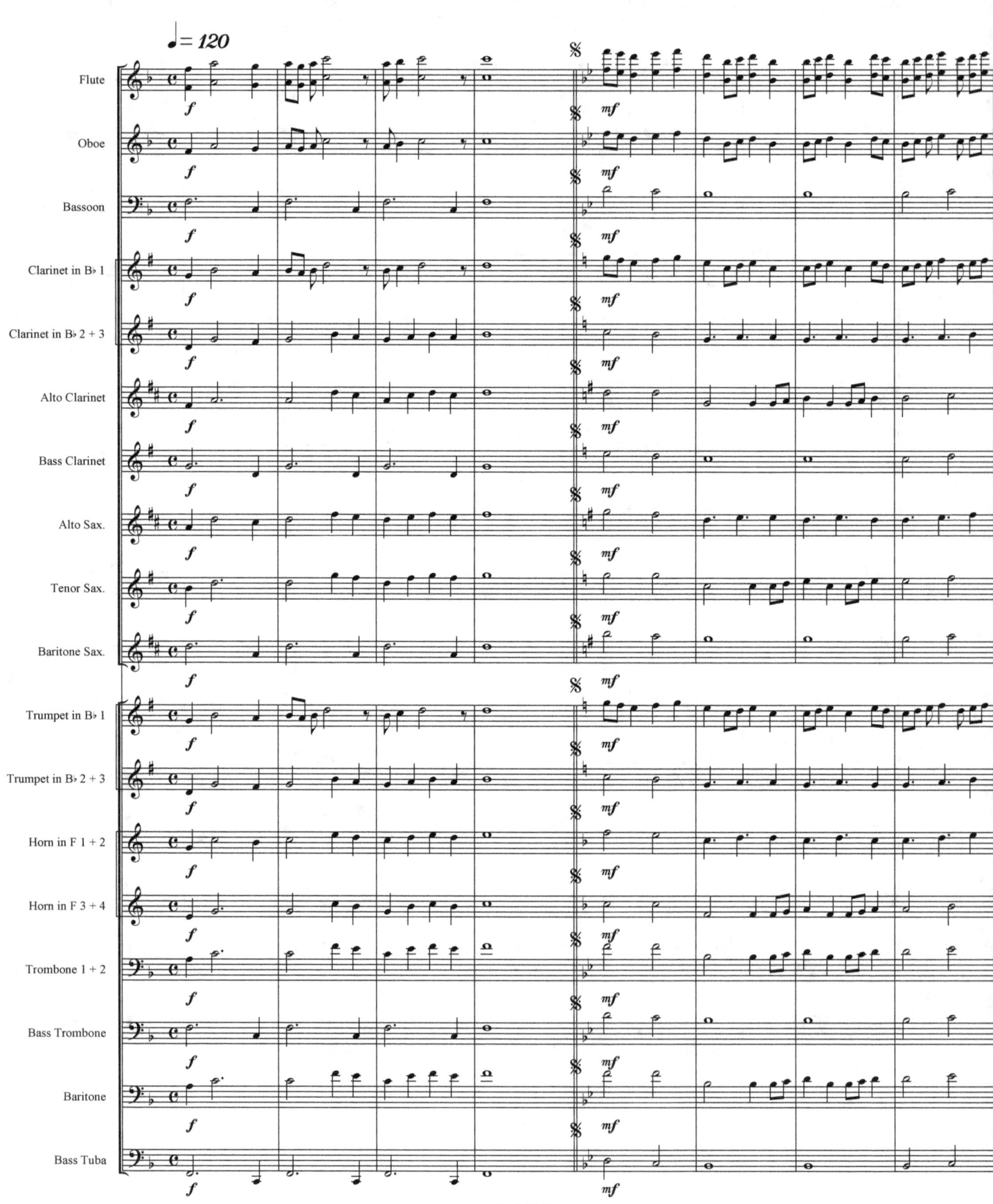

© 2008

X

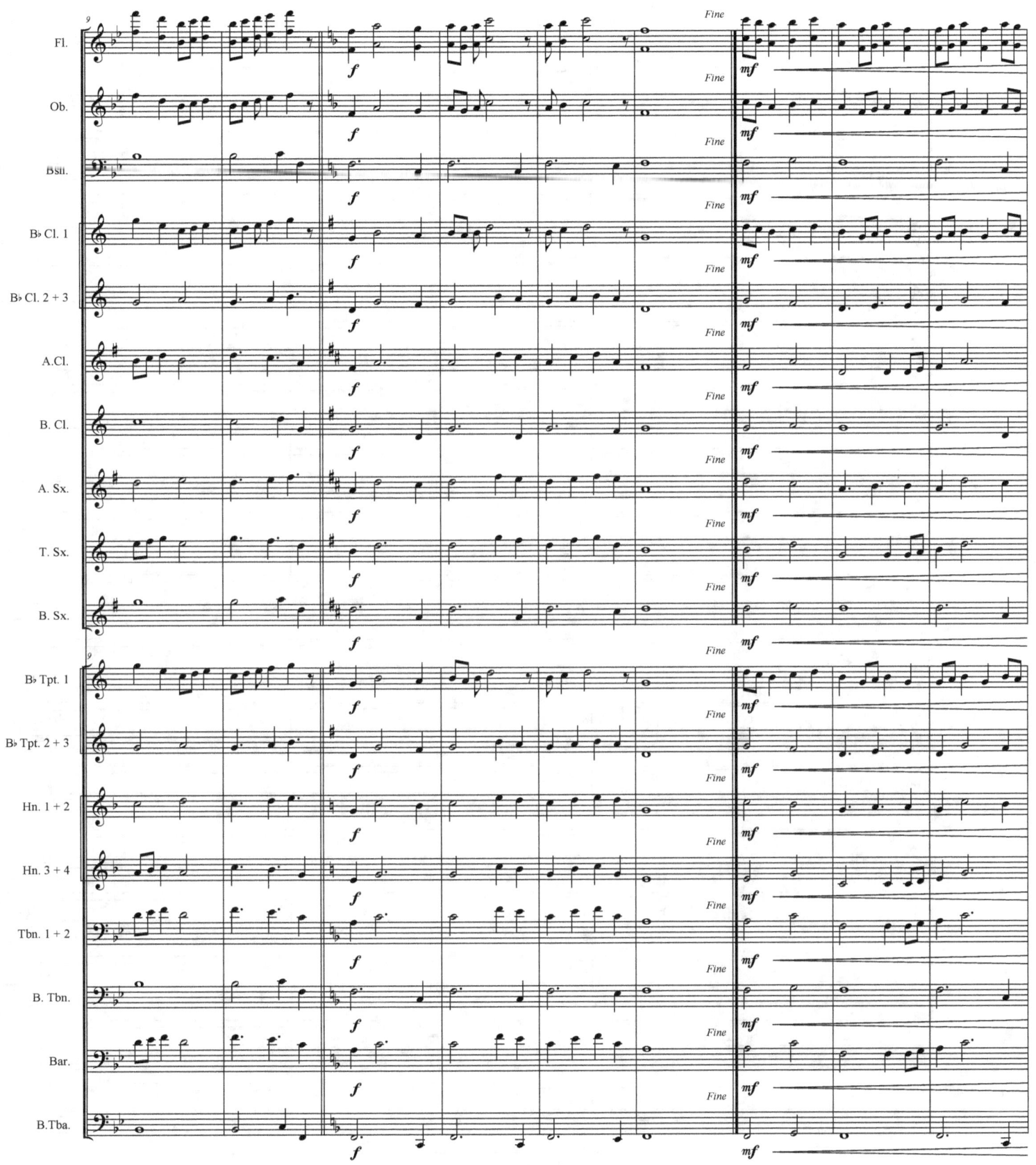

31

X

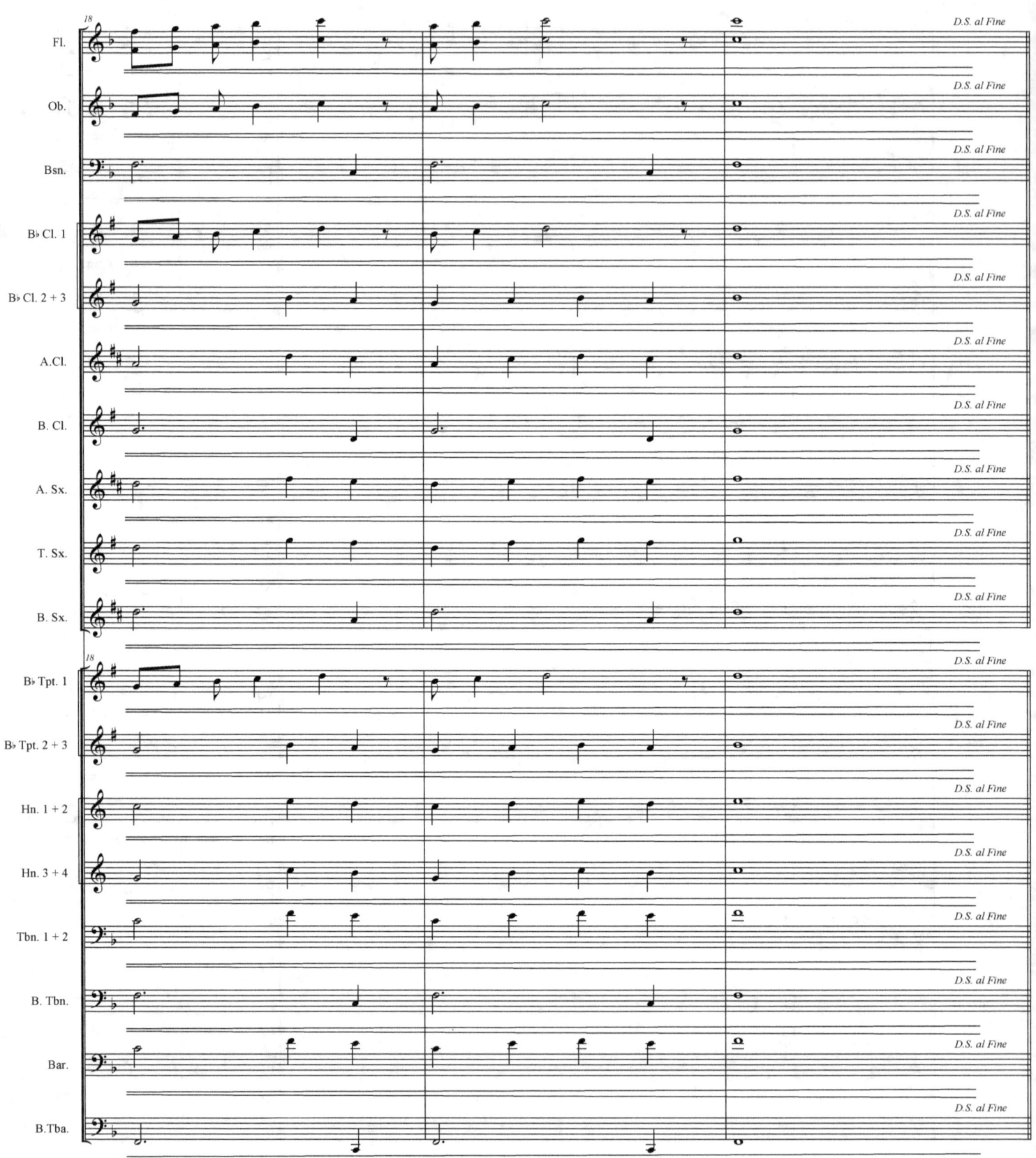

Part 1: C Flute

VI

Joost de Groot

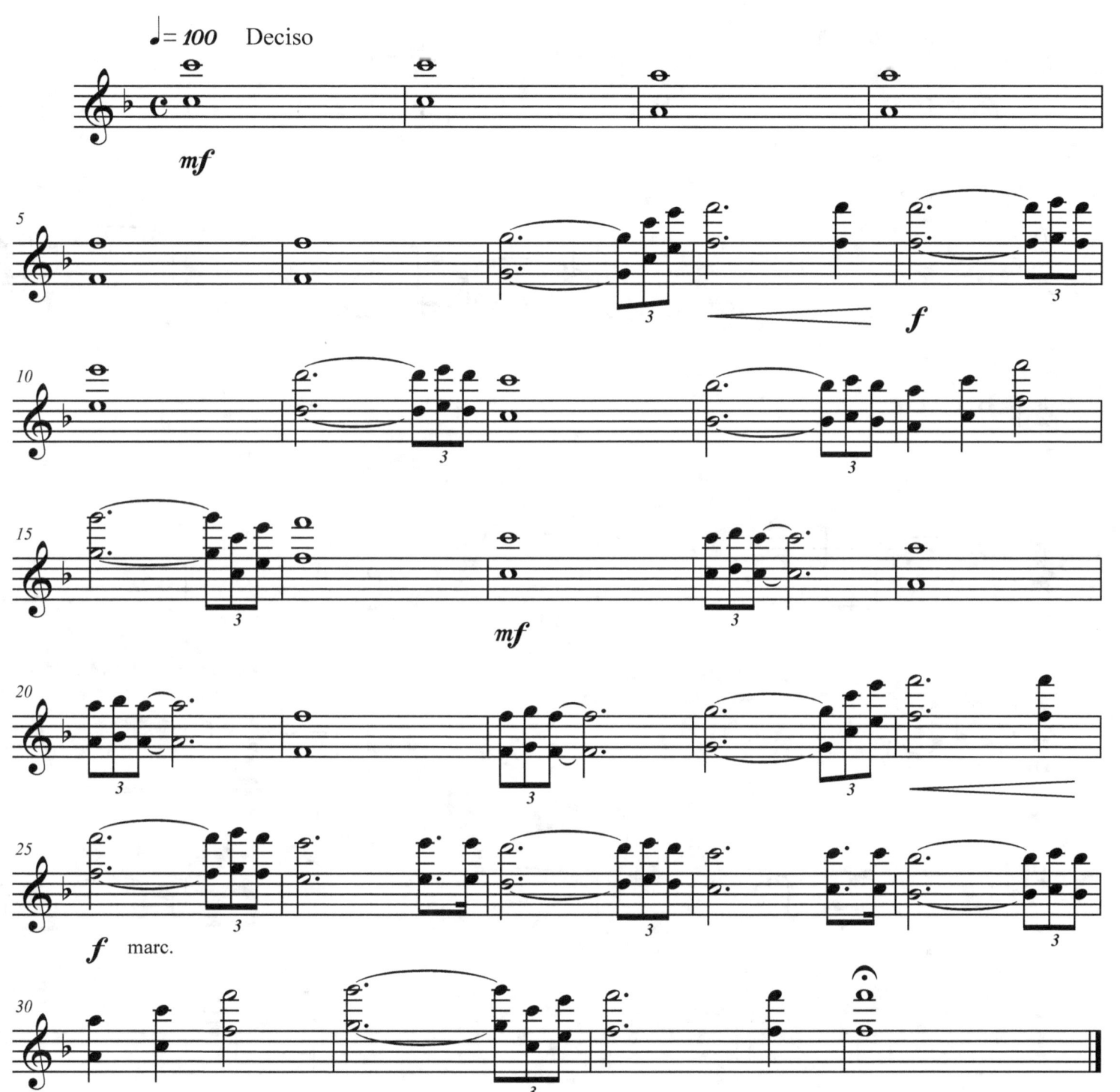

VI

Part 1: C Oboe

Joost de Groot

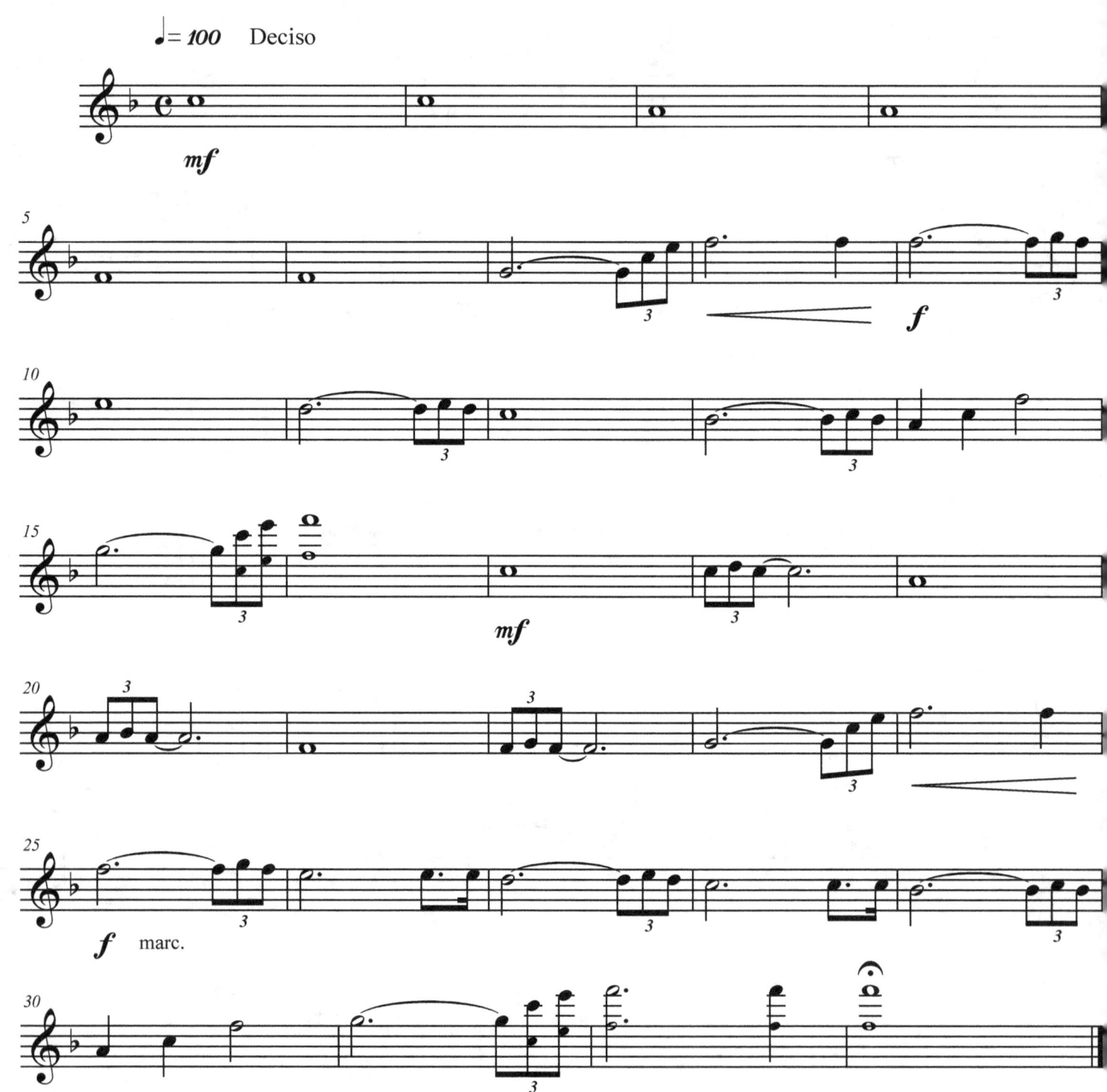

VI

Part 4: C Bassoon

Joost de Groot

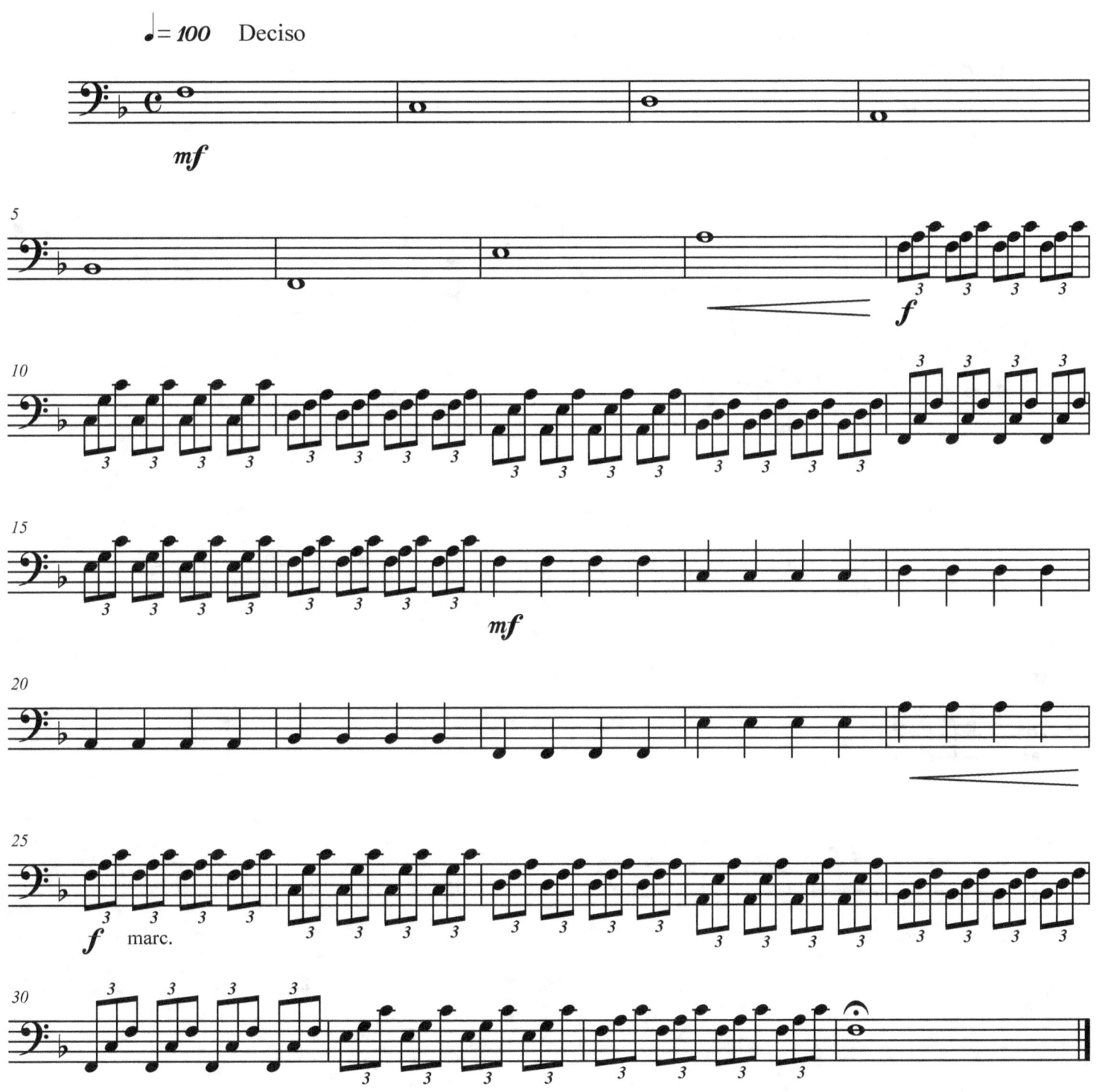

VI

Part 1: Bes Clarinet 1

Joost de Groot

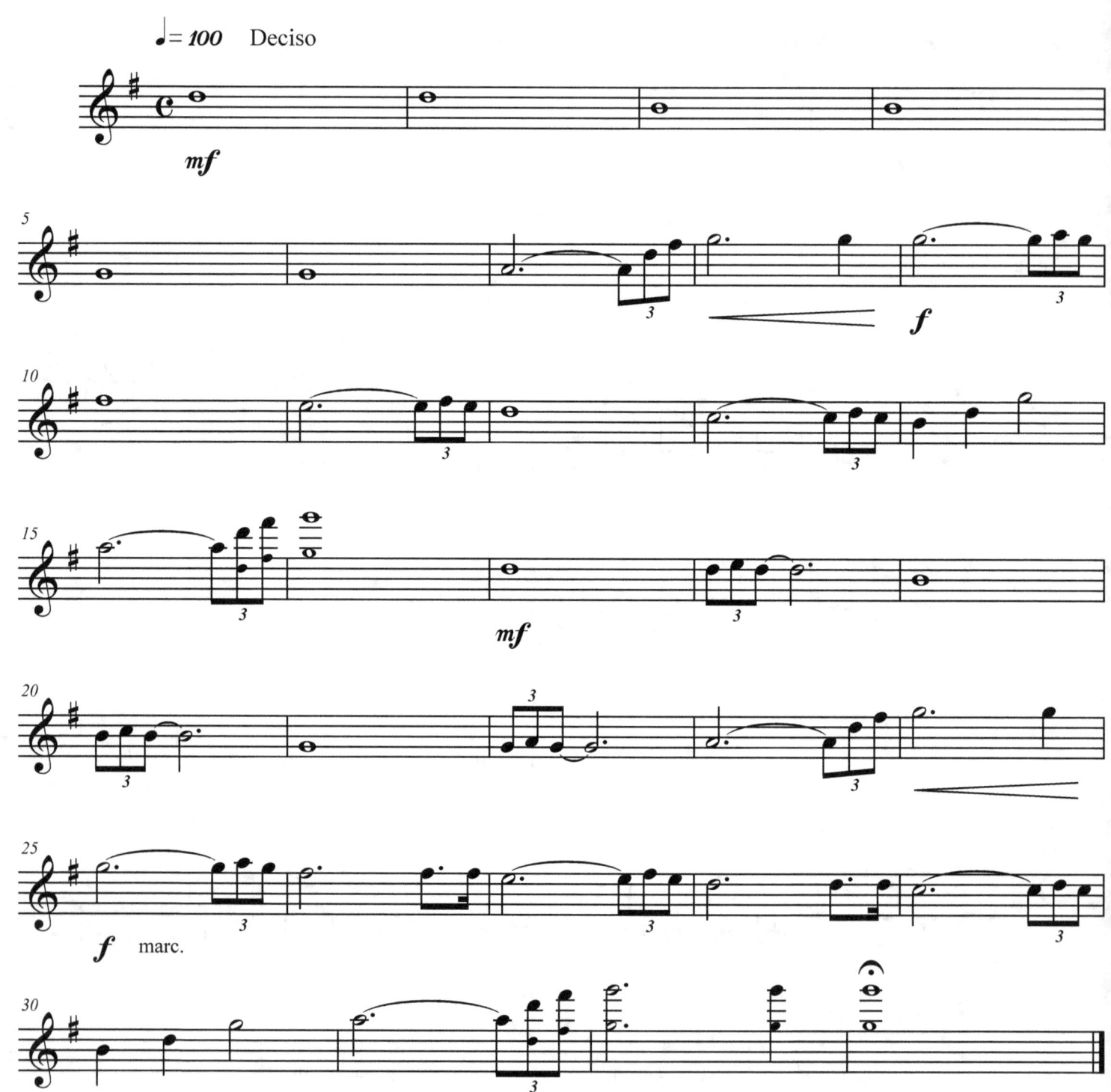

VI

Part 2: Bes Clarinet 2 + 3

Joost de Groot

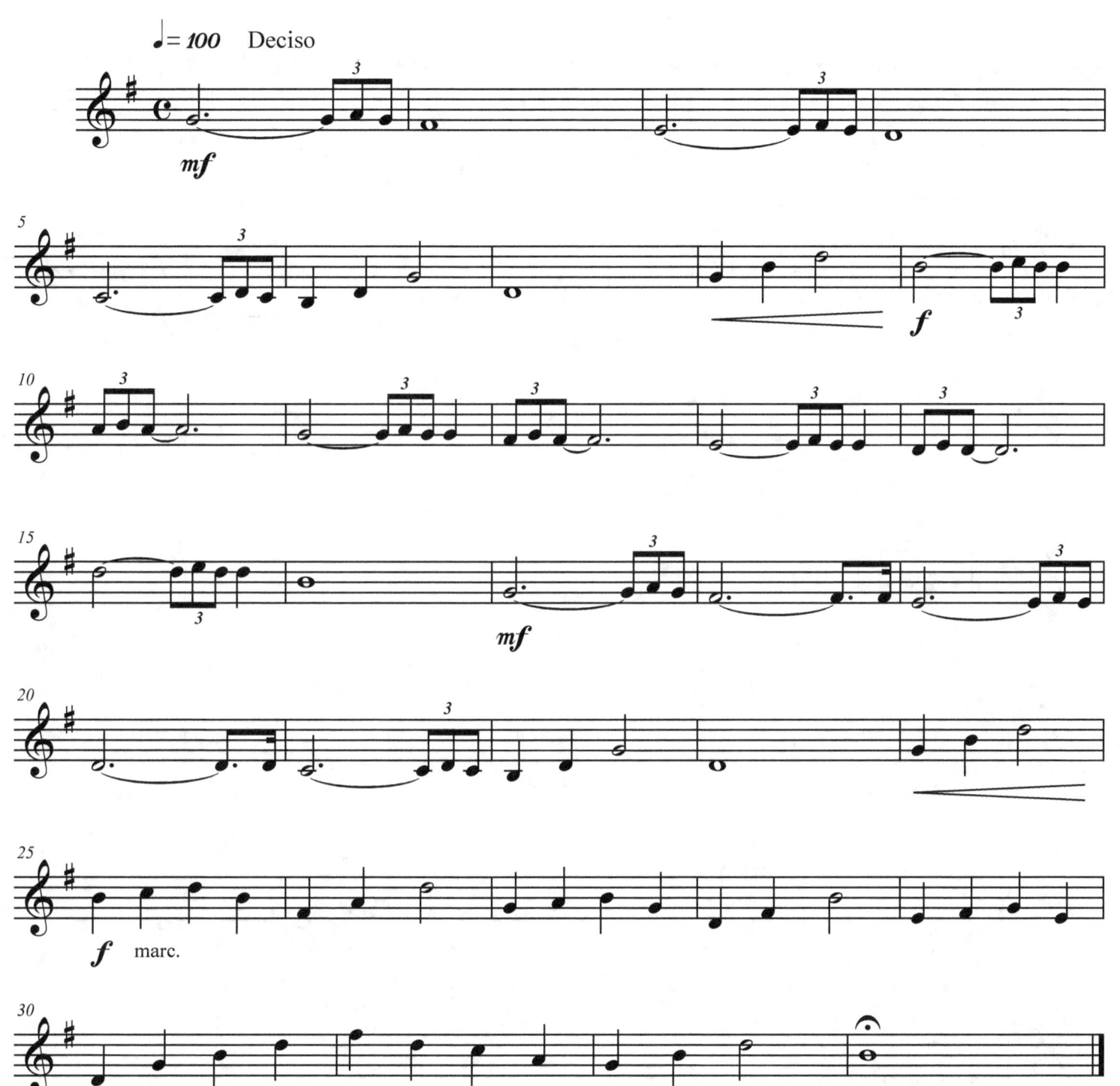

© 2008

Part 3: Es Alto Clarinet

VI

Joost de Groot

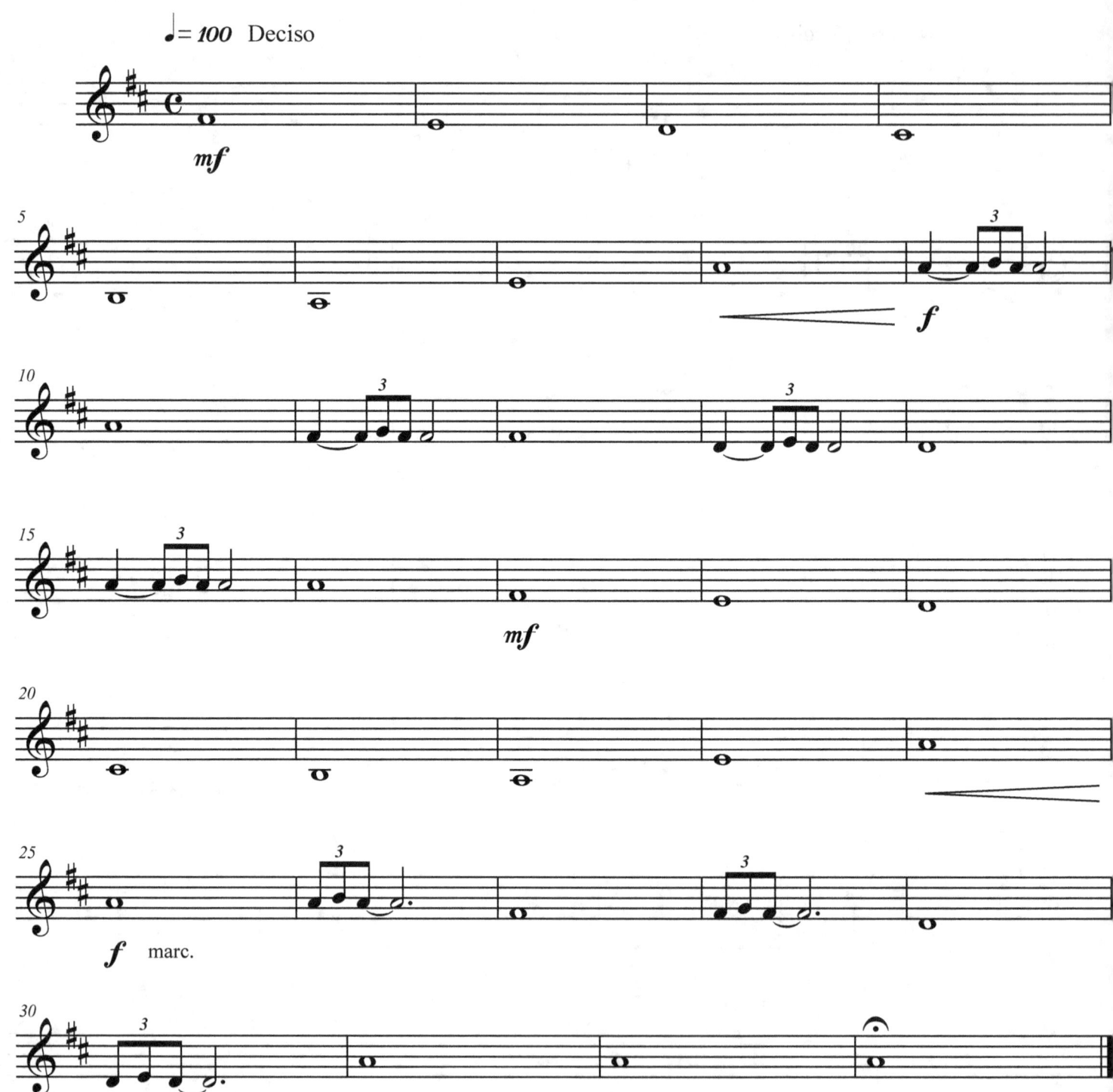

VI

Part 4: Bes Bass Clarinet

Joost de Groot

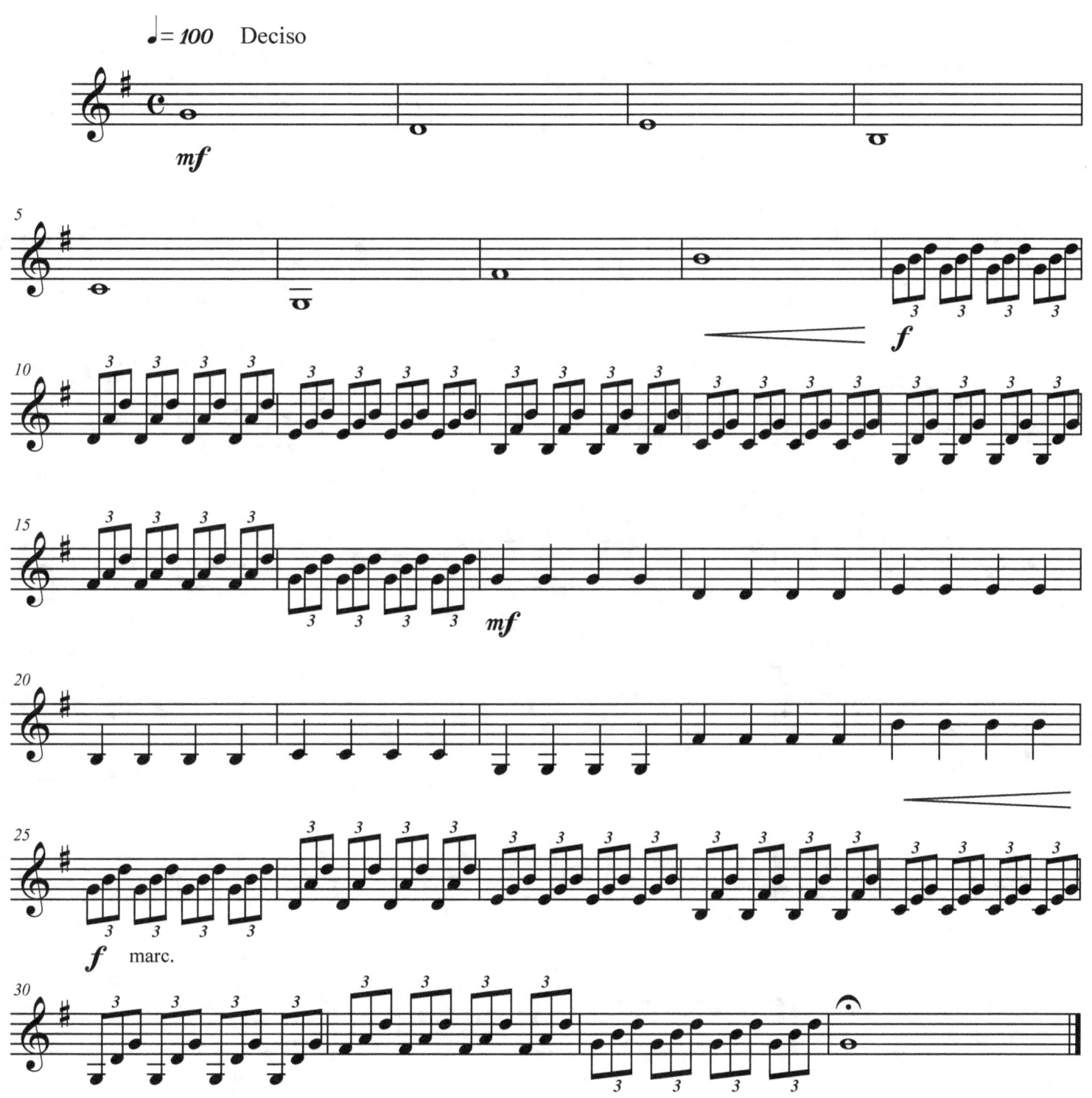

© 2008

Part 2: Es Alto Sax.

VI

Joost de Groot

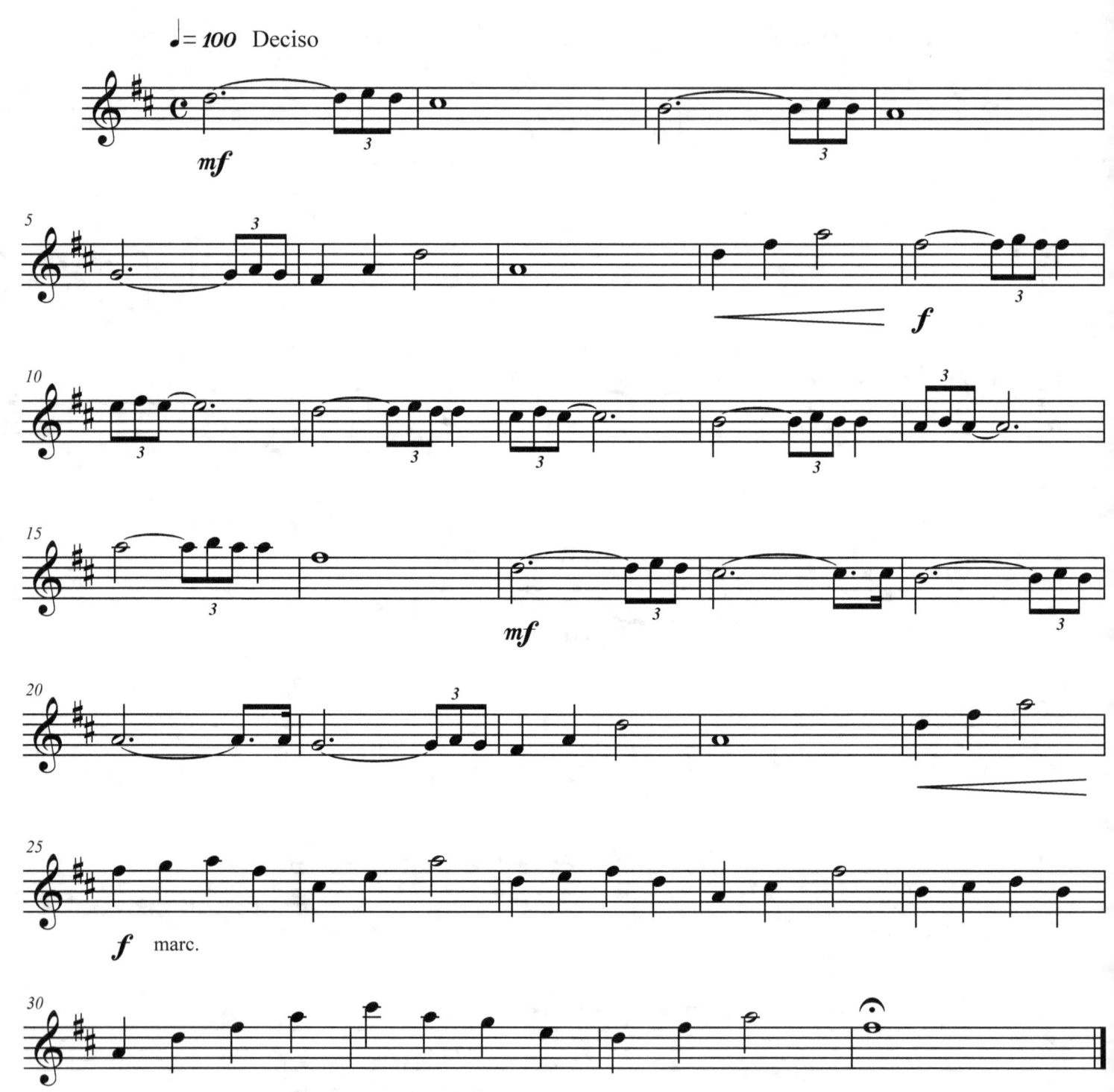

Part 3: Bes Tenor Sax.

VI

Joost de Groot

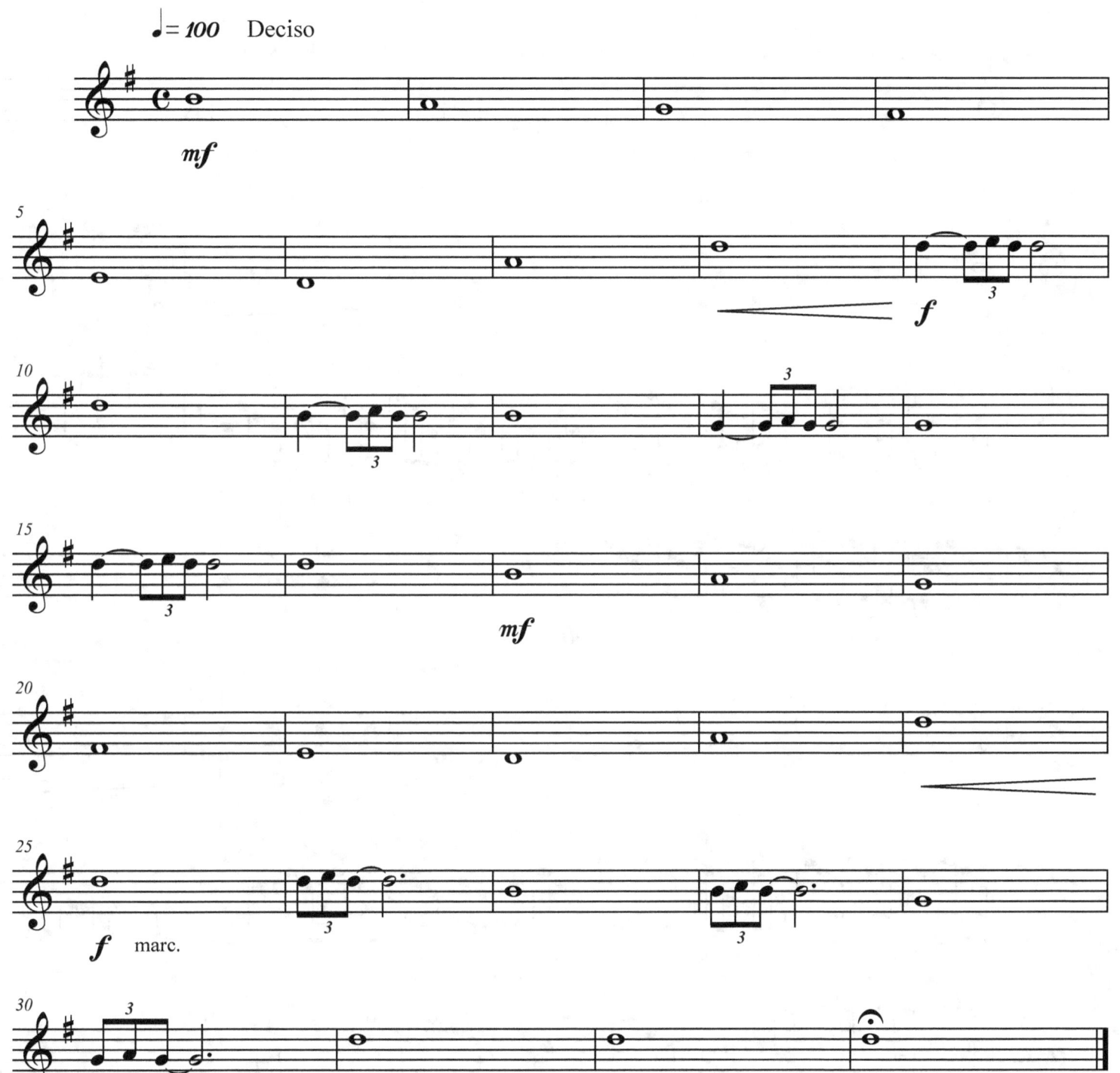

VI

Part 4: Es Baritone Sax.

Joost de Groot

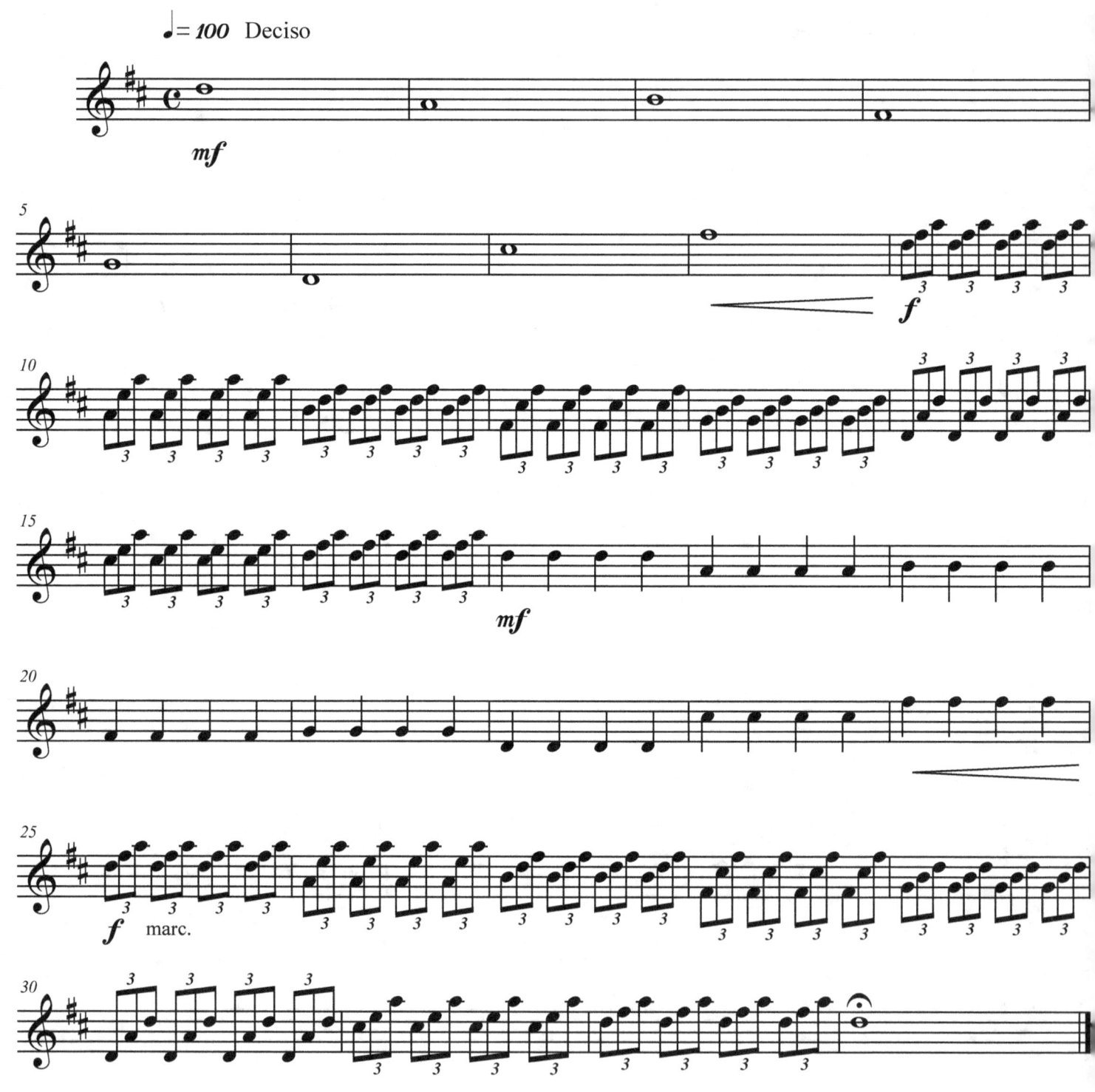

© 2008

VI

Part 1: Bes Trumpet 1

Joost de Groot

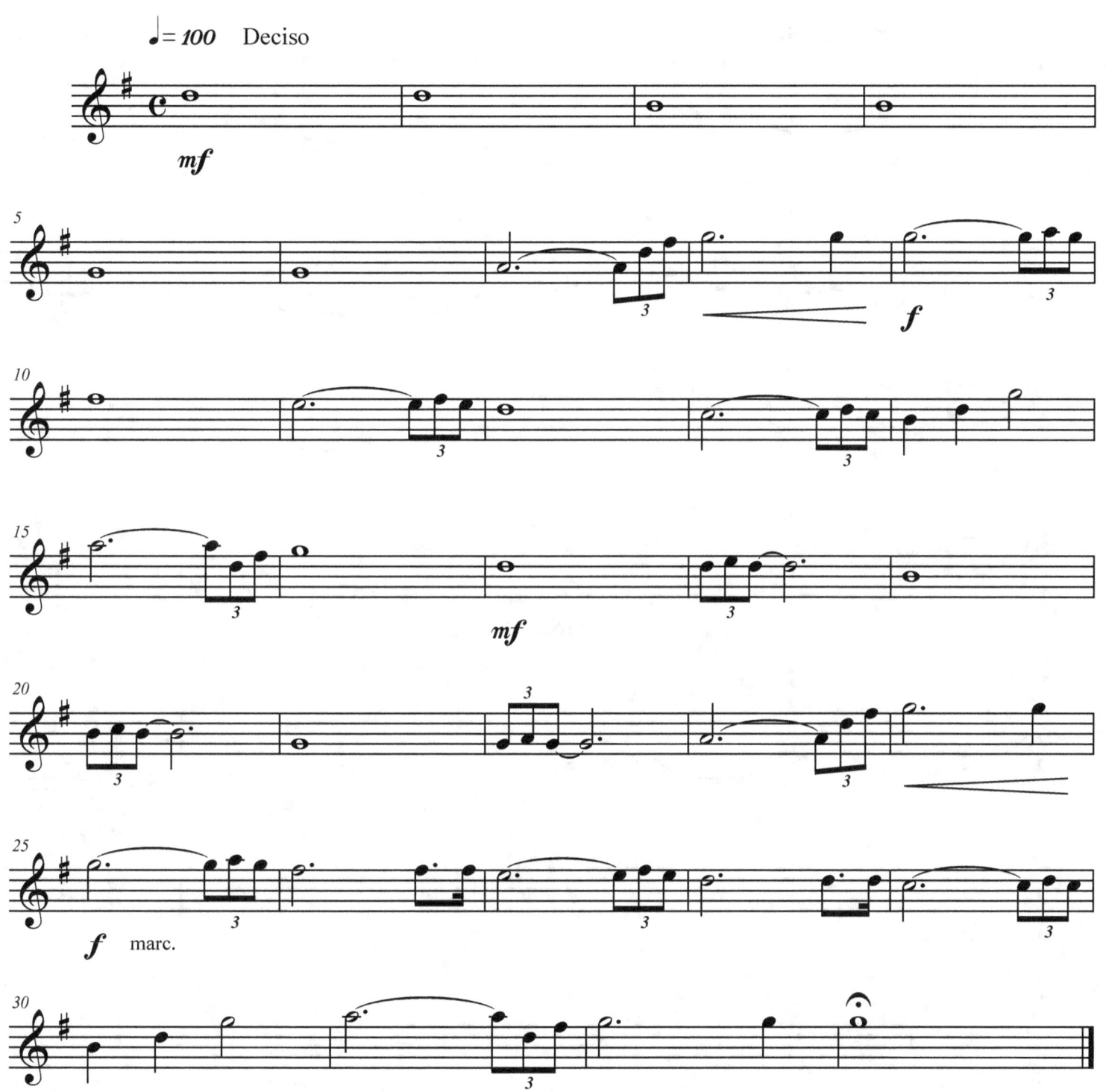

VI

Part 2: Bes Trumpet 2 + 3

Joost de Groot

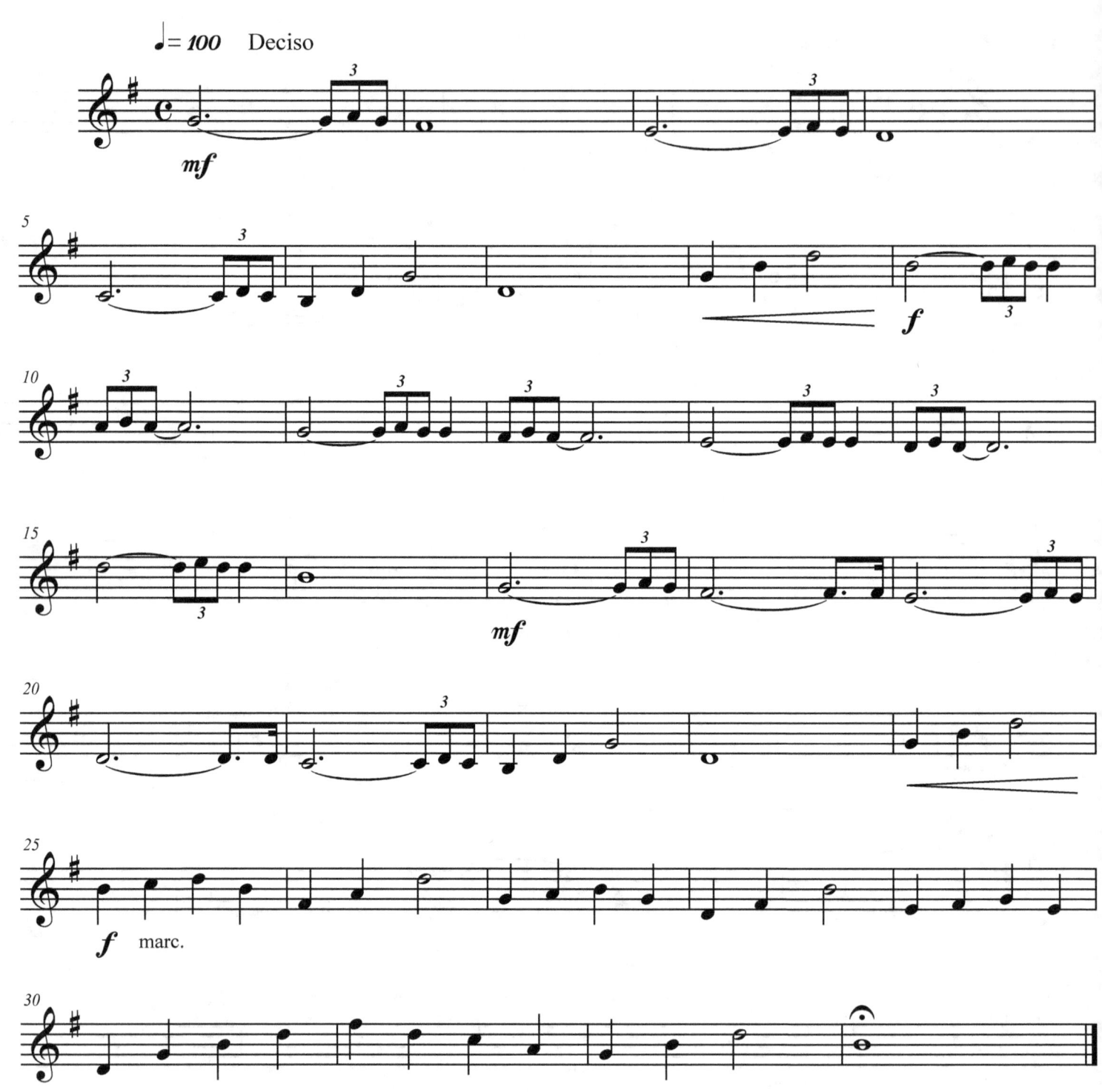

Part 2: F Horn 1 + 2

VI

Joost de Groot

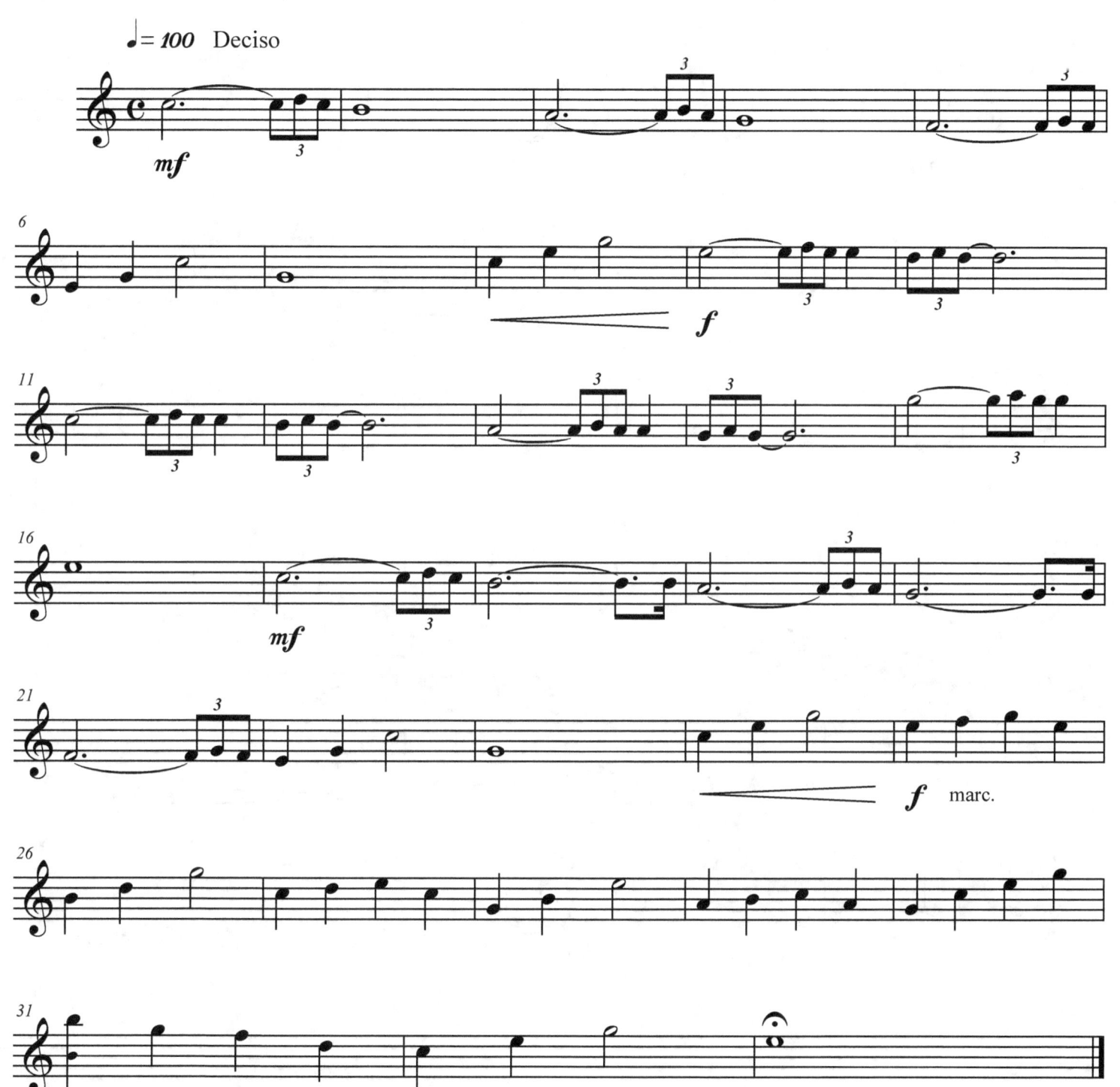

VI

Part 3: F Horn 3 + 4

Joost de Groot

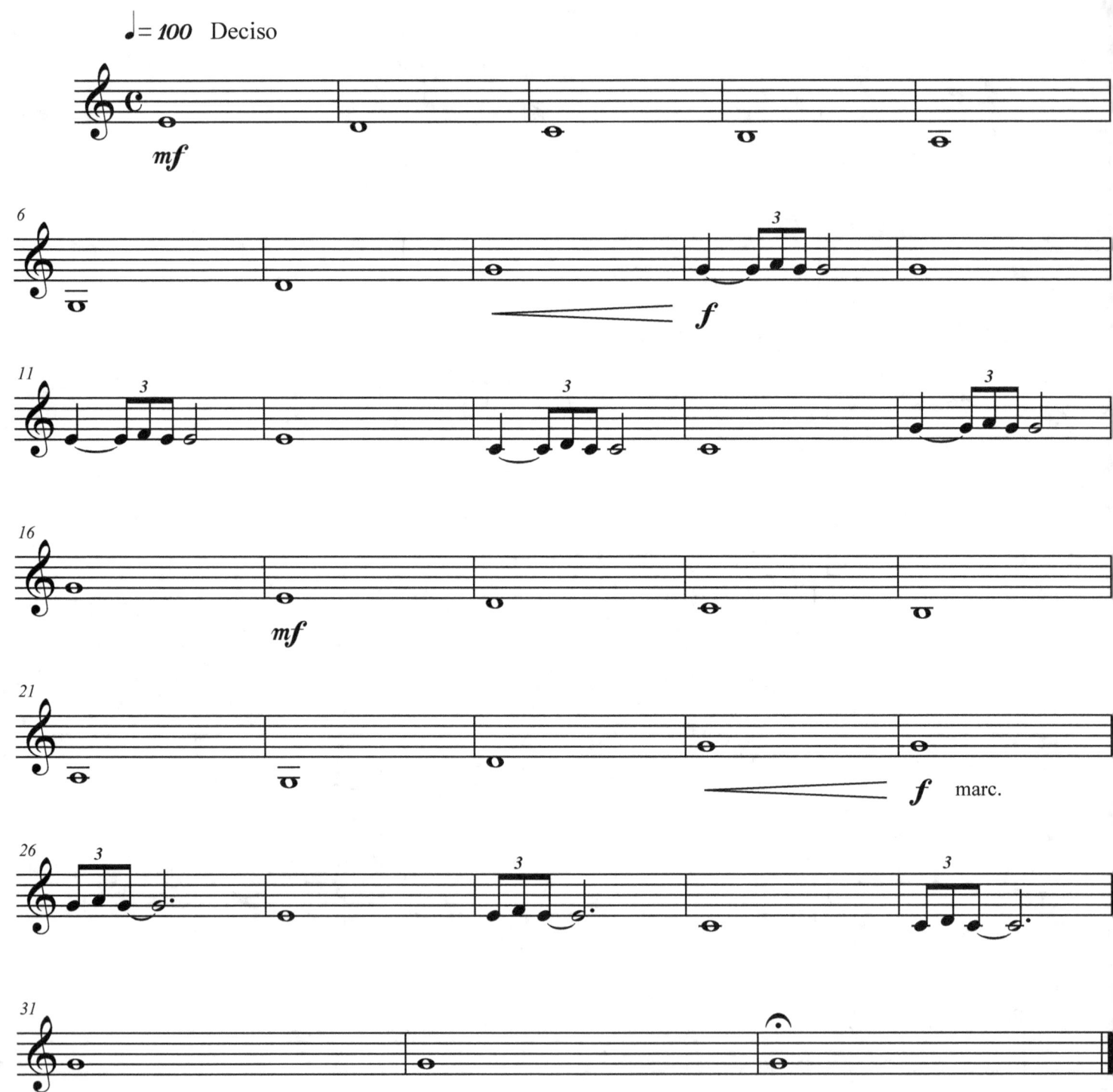

VI

Part 3: C Trombone 1 + 2

Joost de Groot

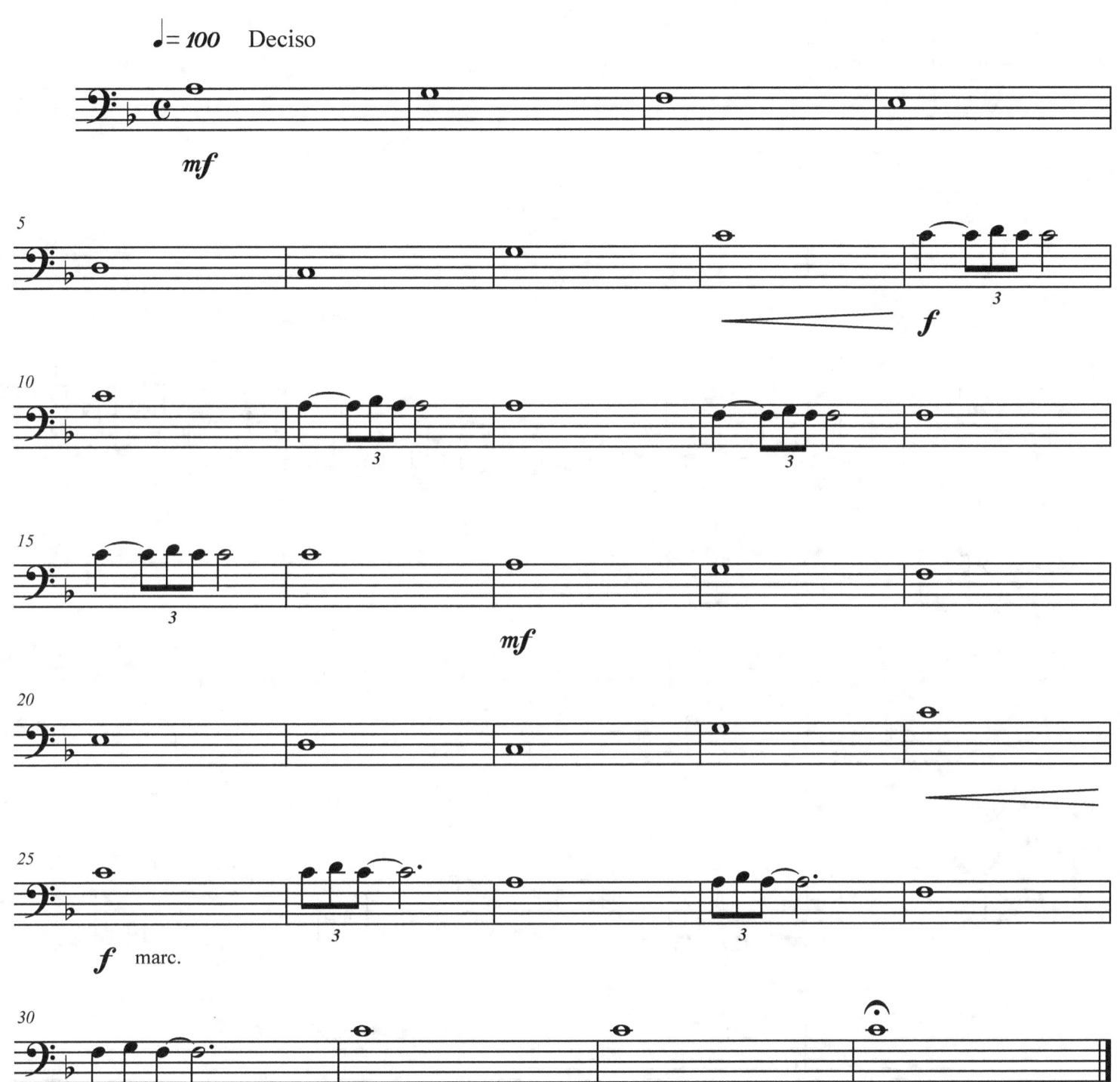

VI

Part 4: C Bass Trombone

Joost de Groot

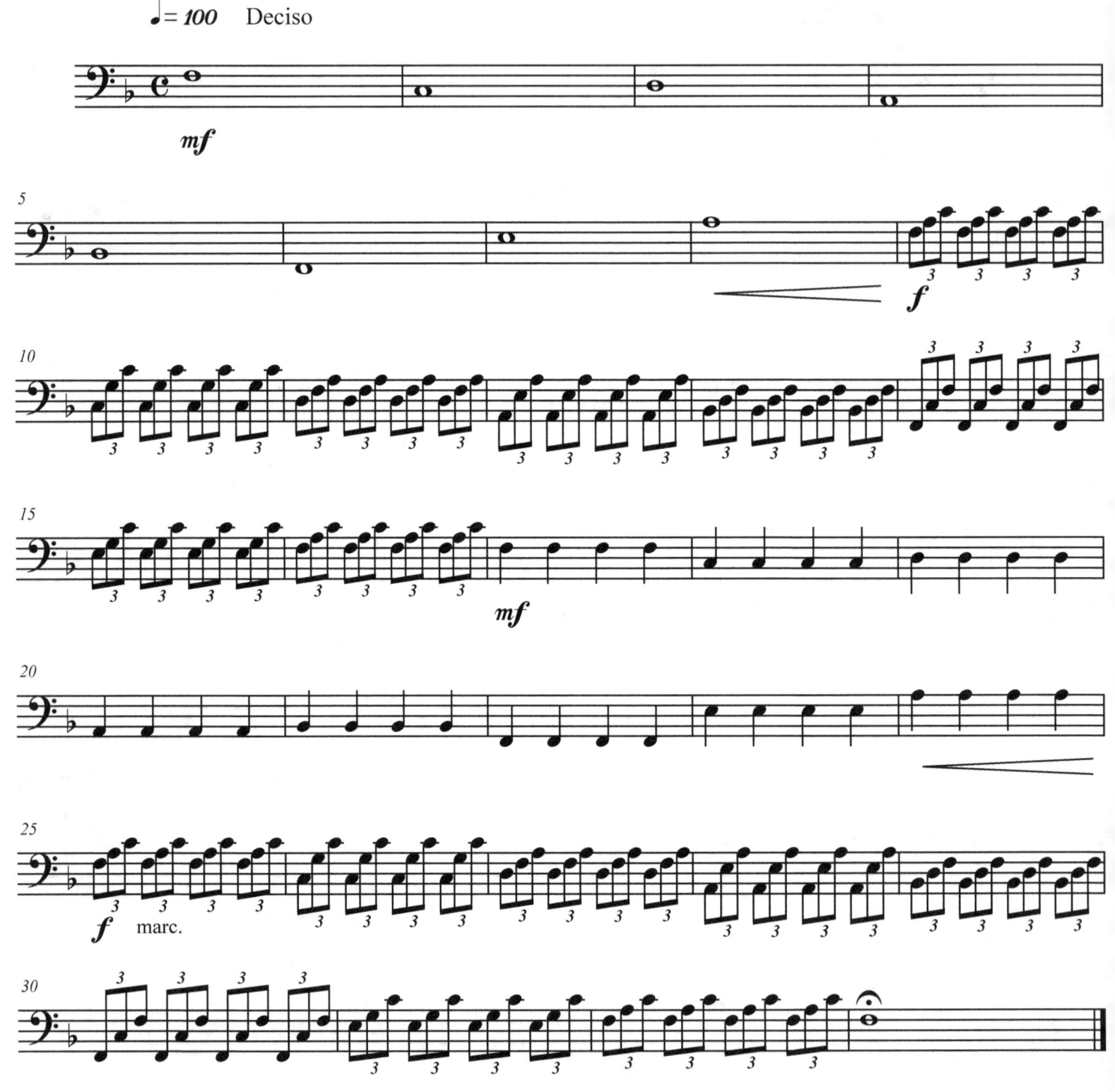

VI

Part 3: C Baritone

Joost de Groot

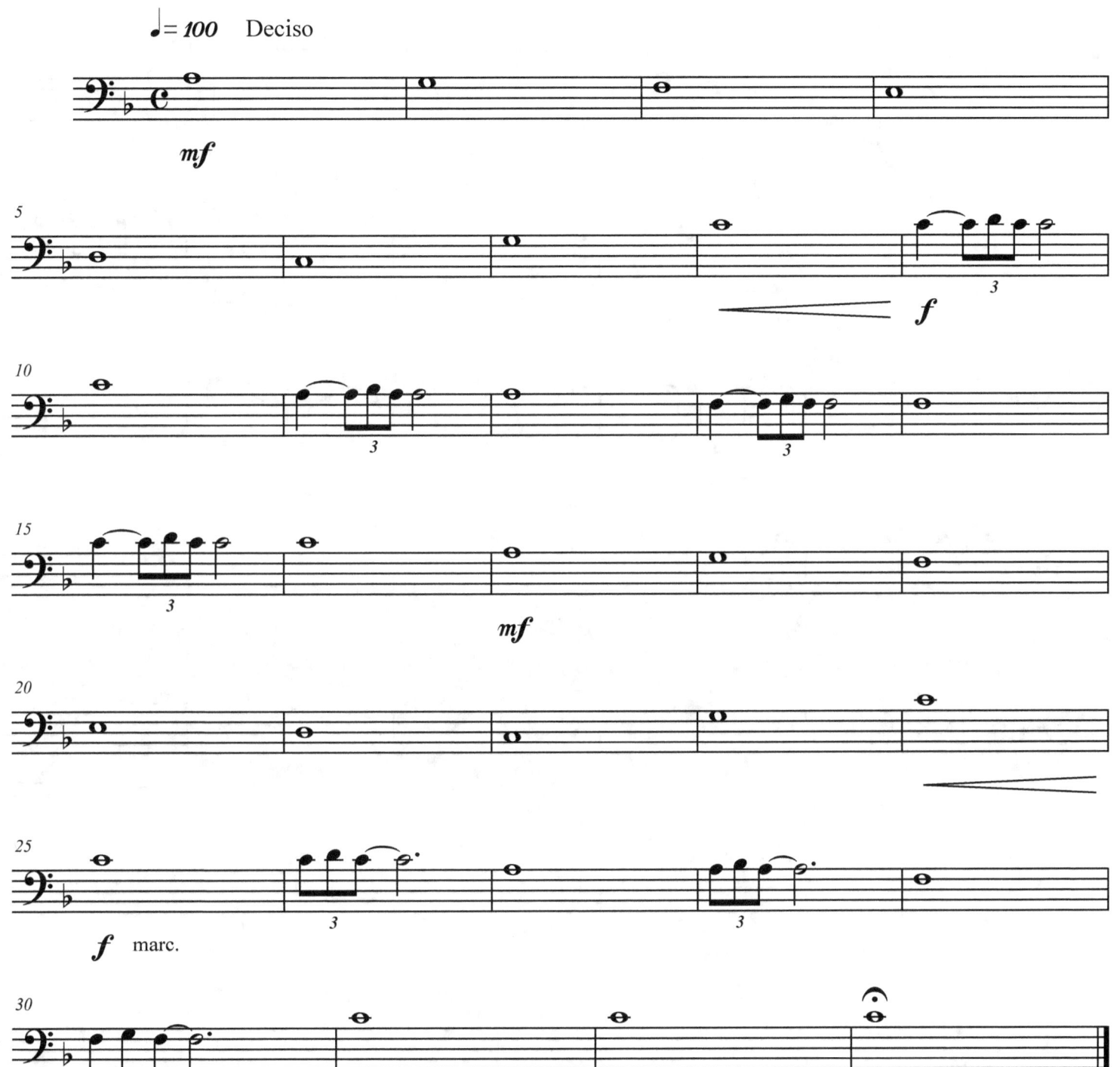

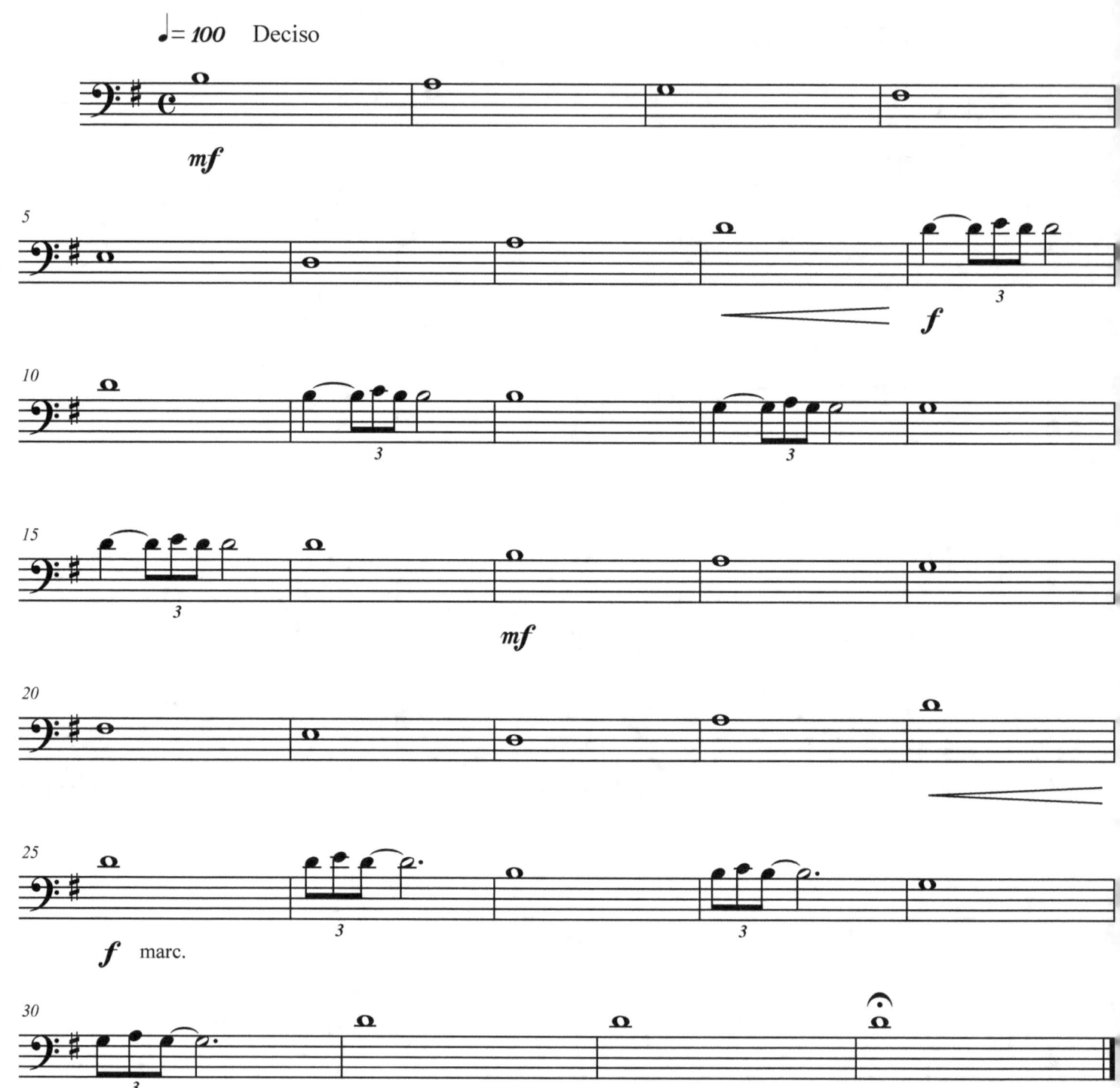

Part 3: Bes Baritone

VI

Joost de Groot

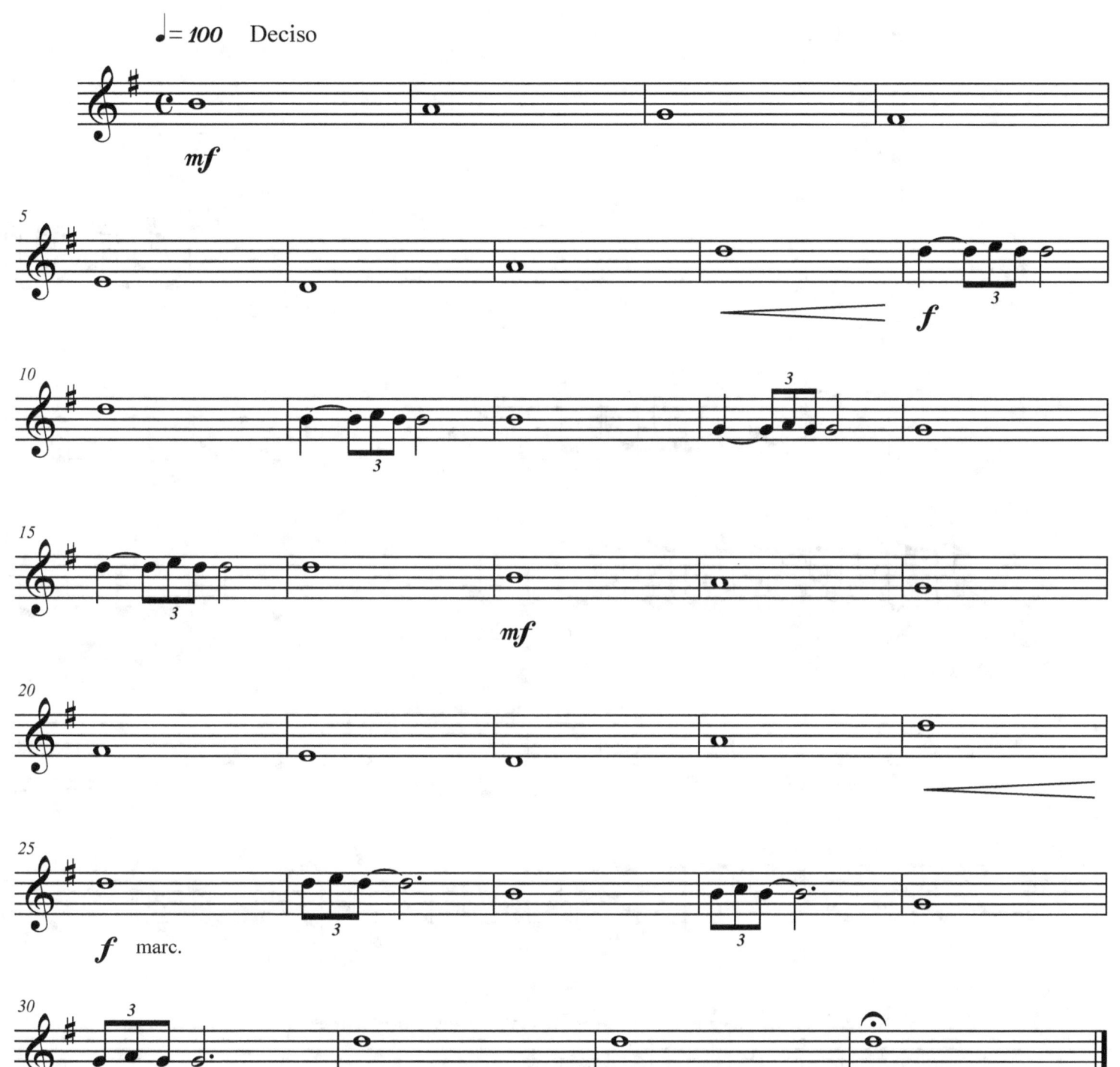

VI

Part 4: C Bass Tuba

Joost de Groot

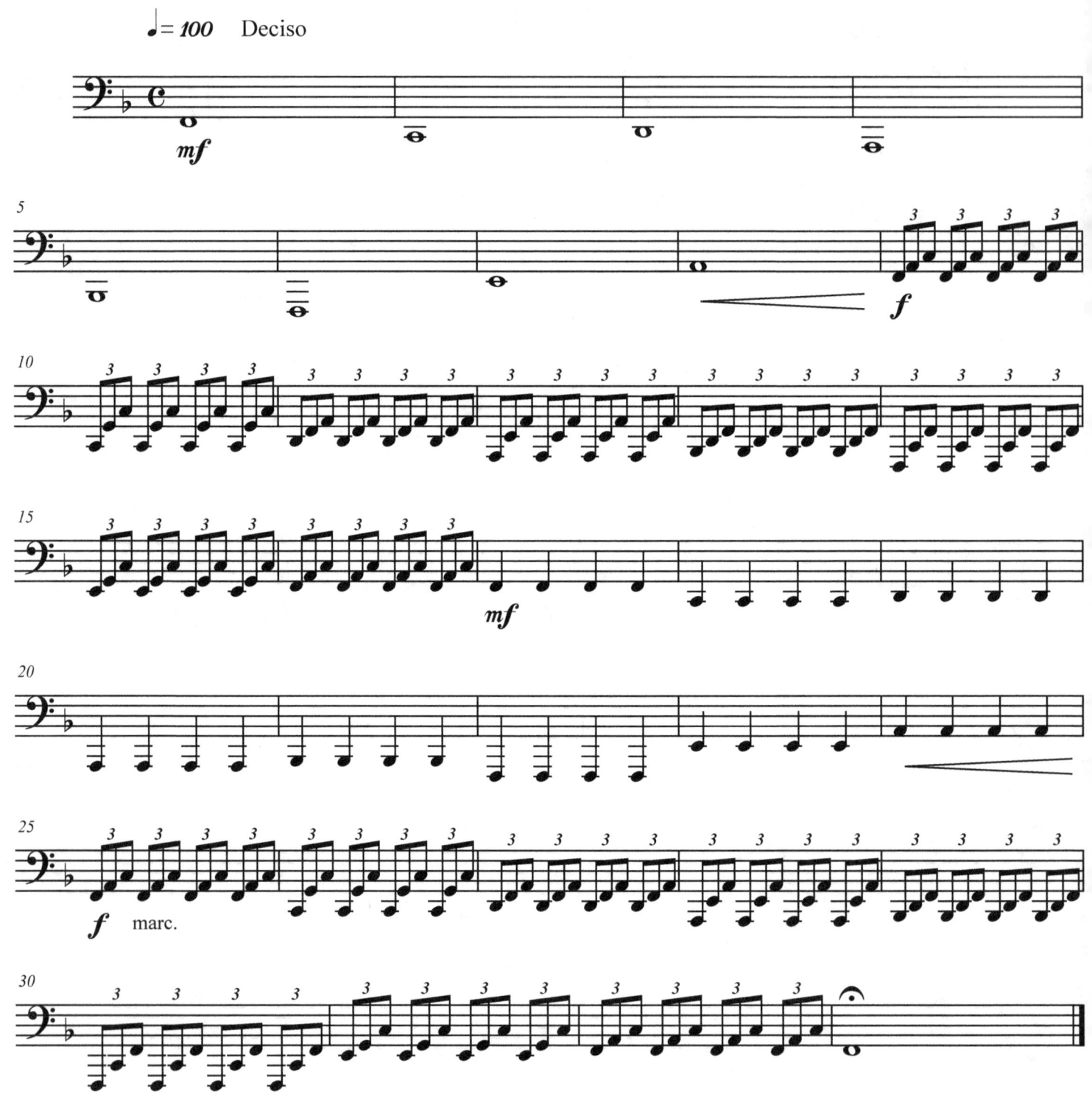

VI

Part 4: Bes Bass Tuba

Joost de Groot

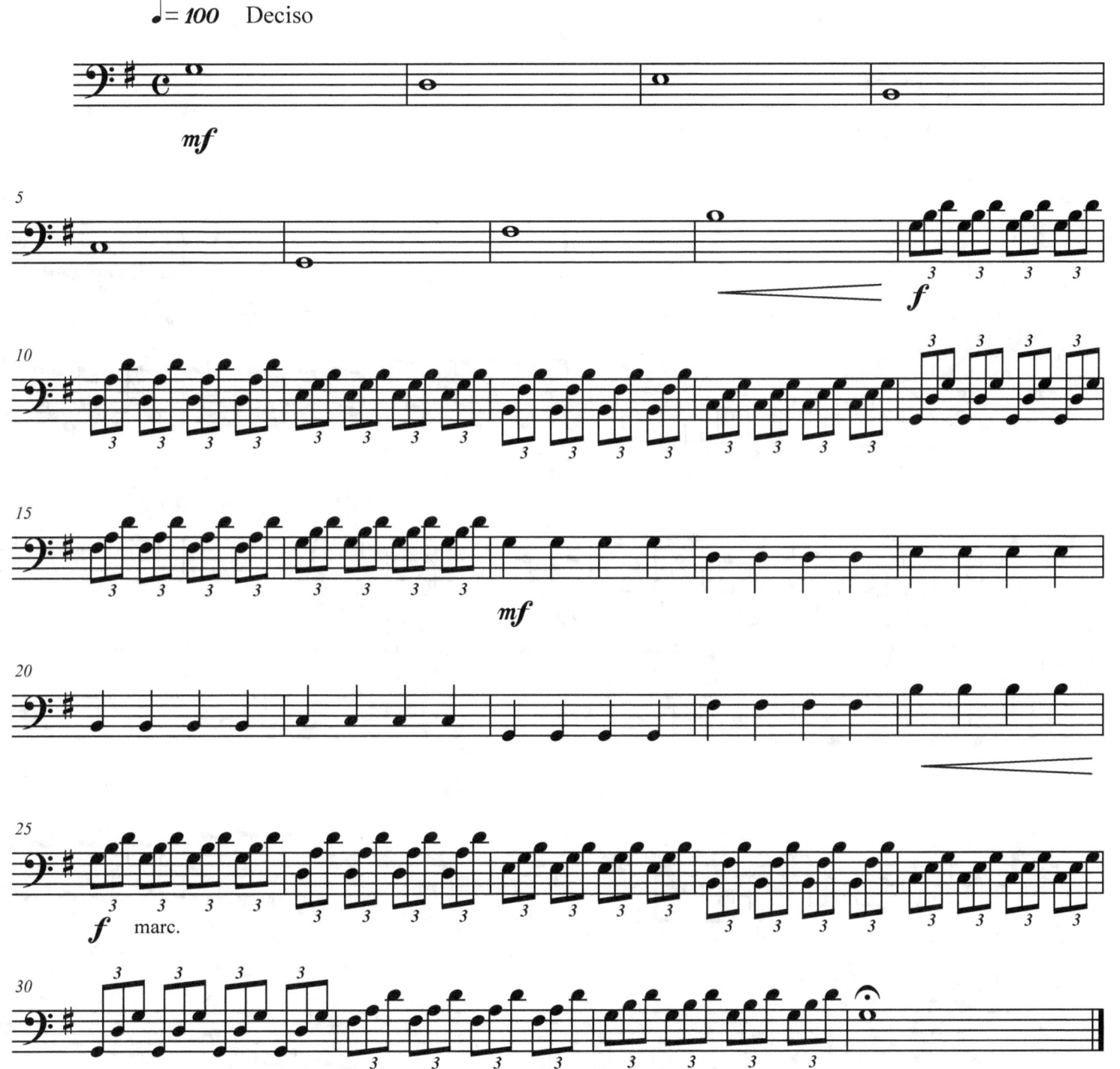

© 2008

VI

Part 4: Es Bass Tuba

Joost de Groot

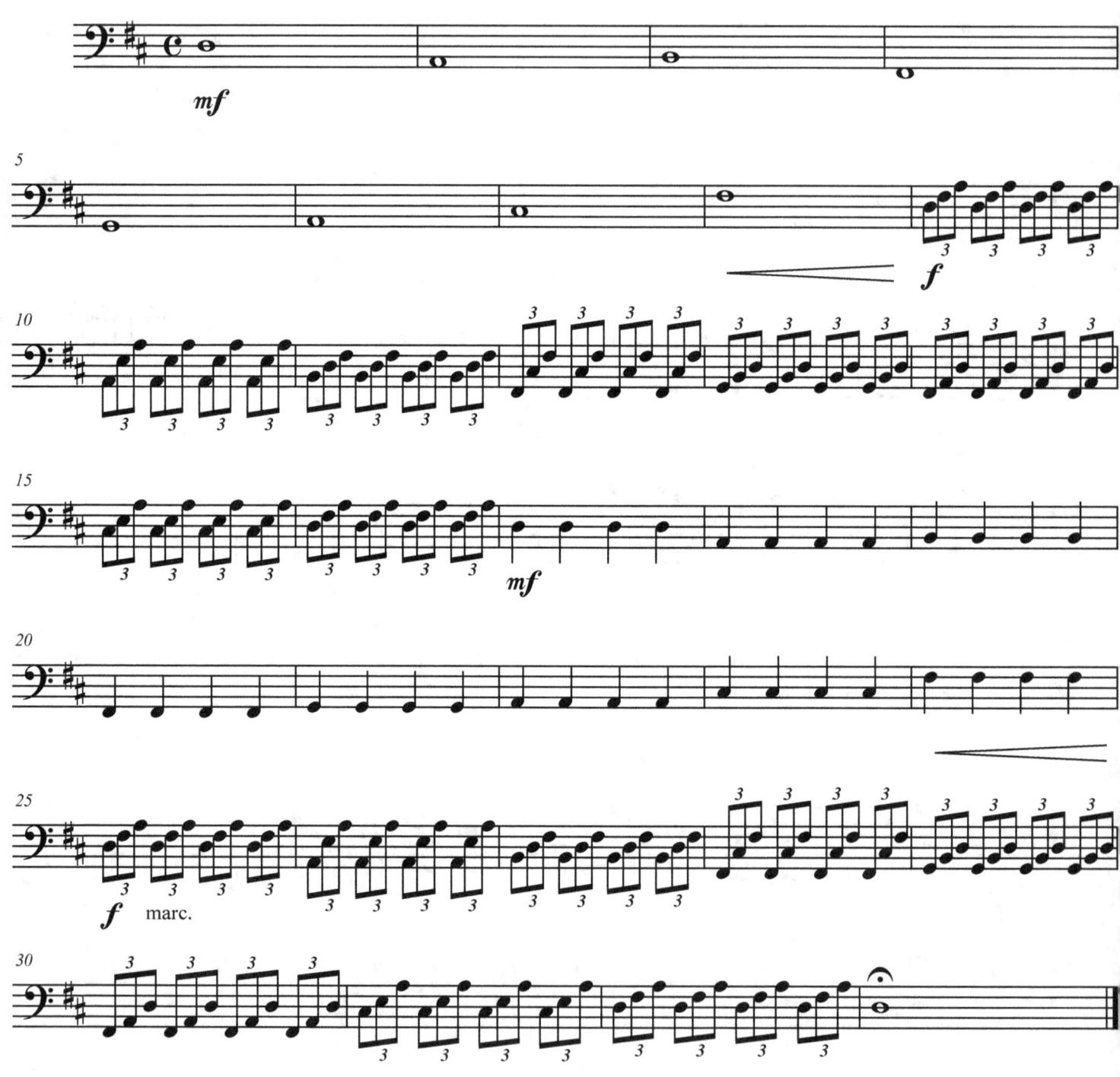

VI

Part 1: Es Alto Sax.

Joost de Groot

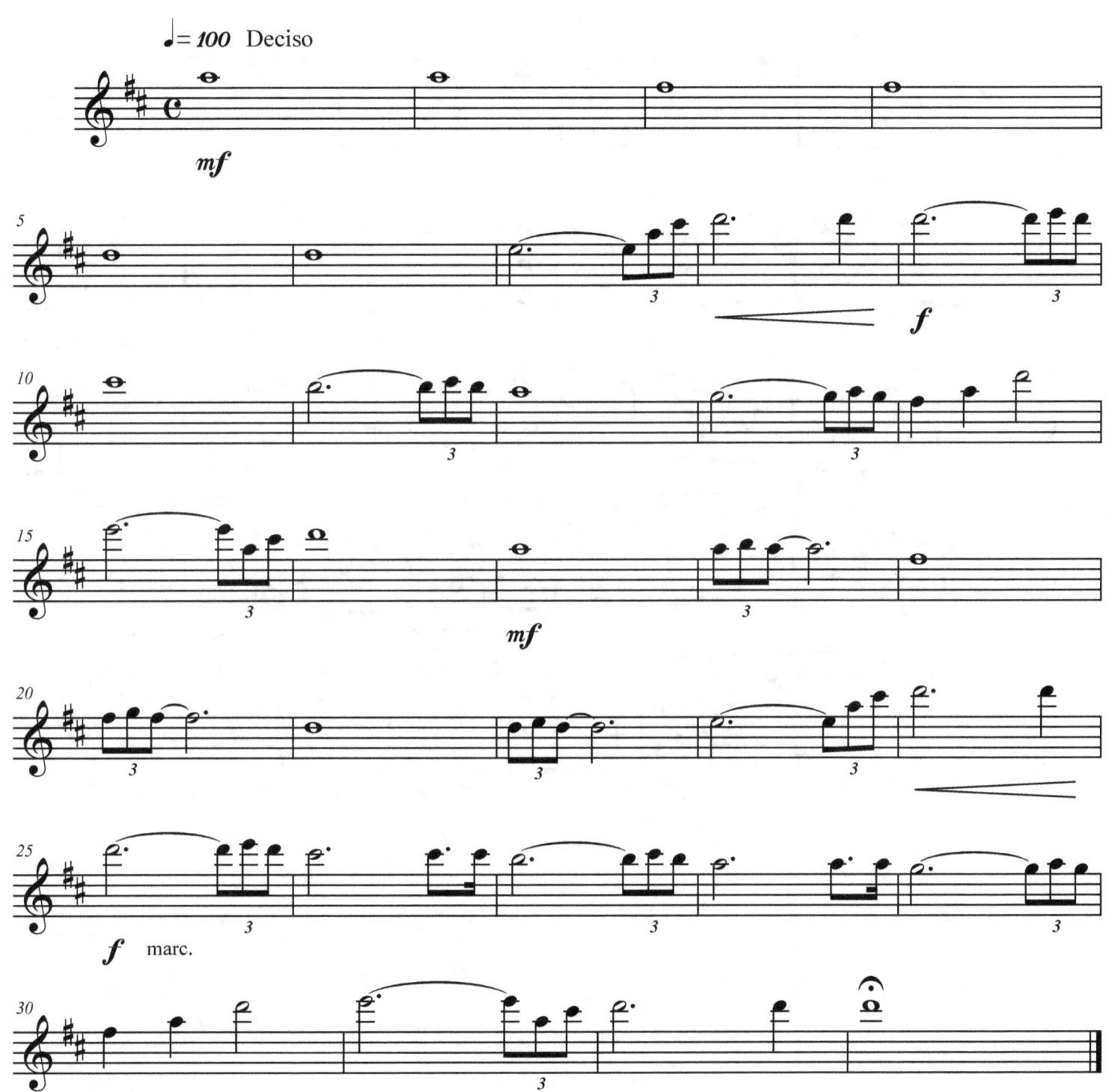

VII

Part 1: C Flute

Joost de Groot

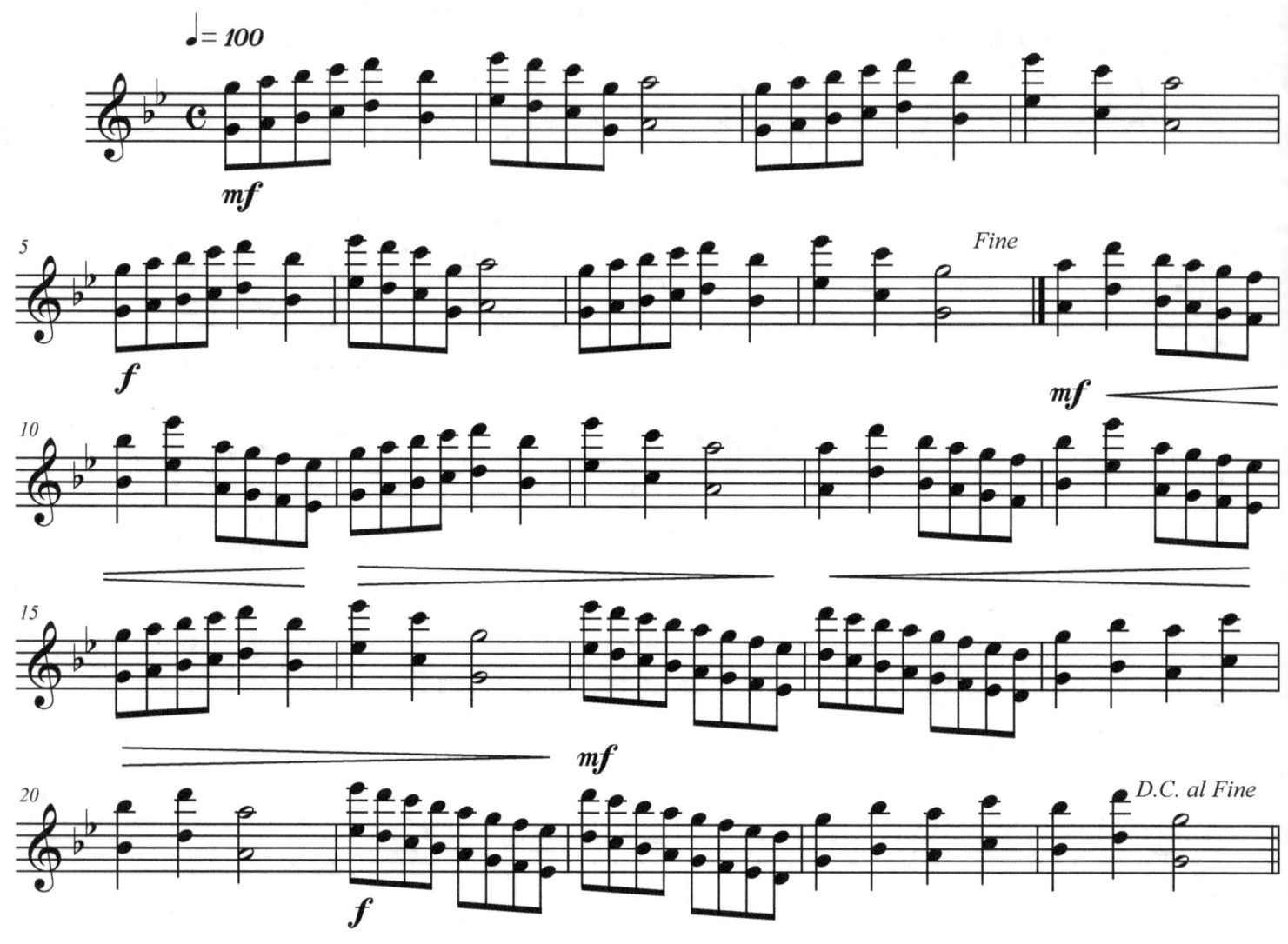

Part 1: C Oboe

VII

Joost de Groot

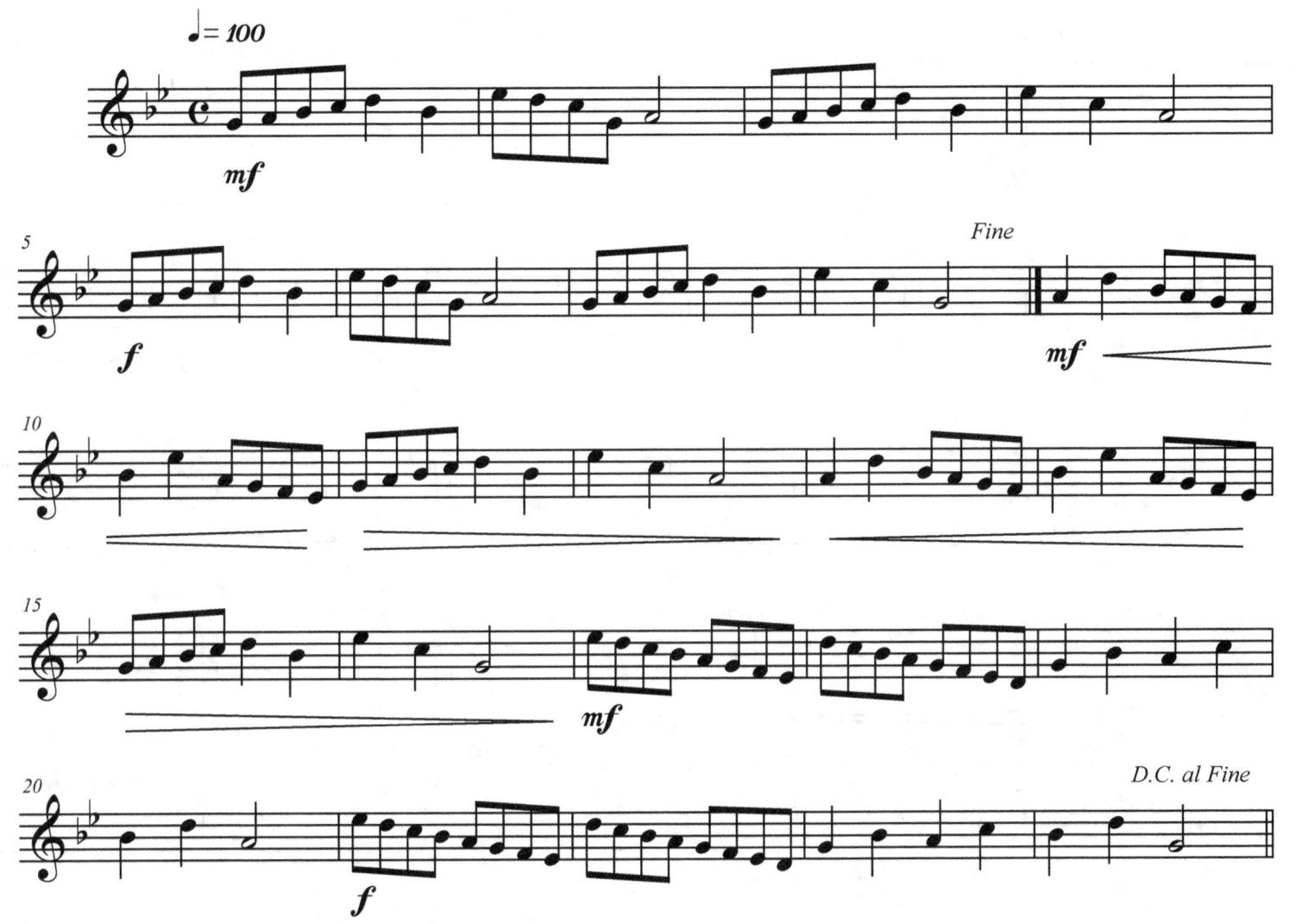

VII

Part 4: C Bassoon

Joost de Groot

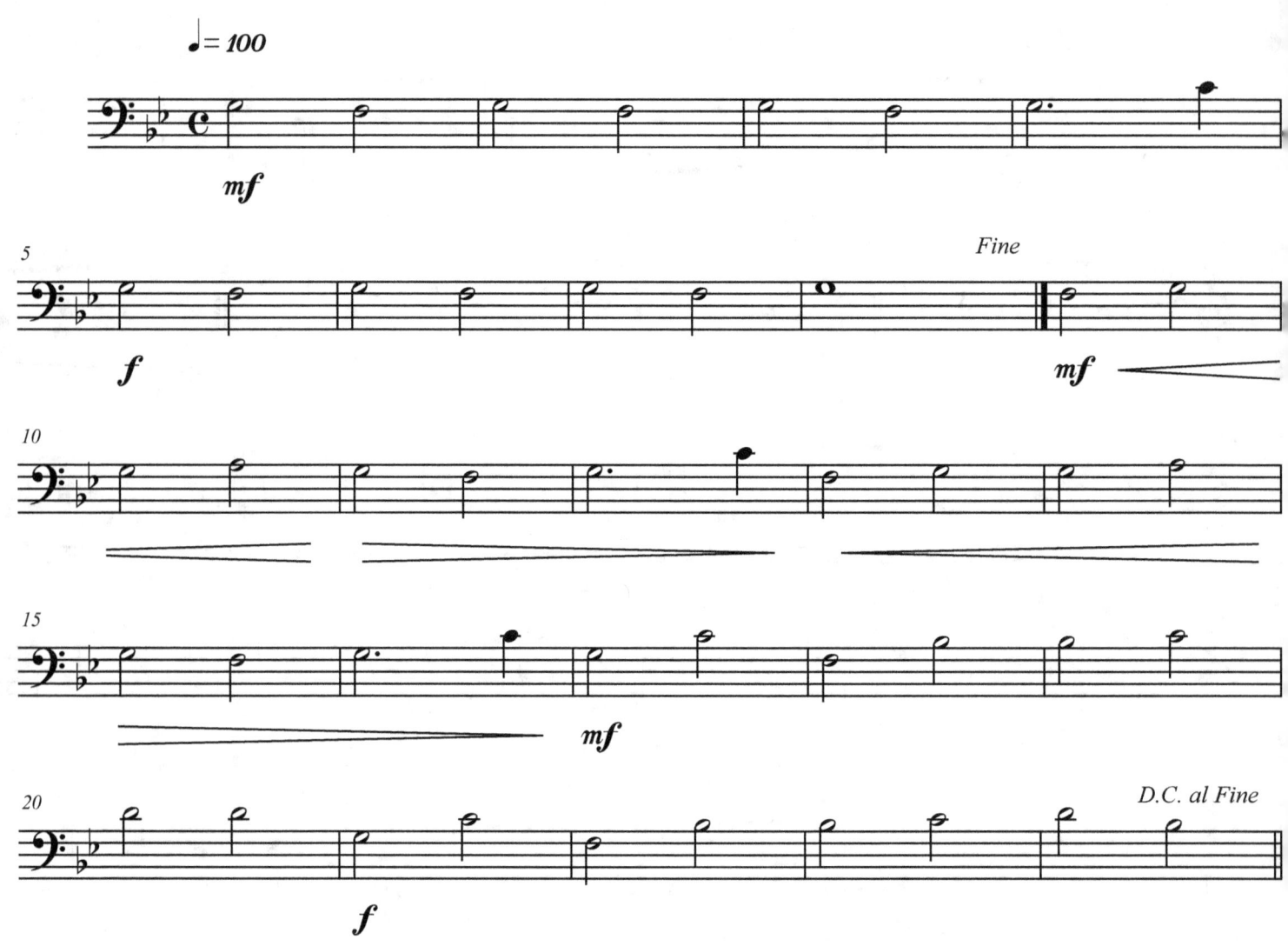

Part 1: Bes Clarinet 1

VII

Joost de Groot

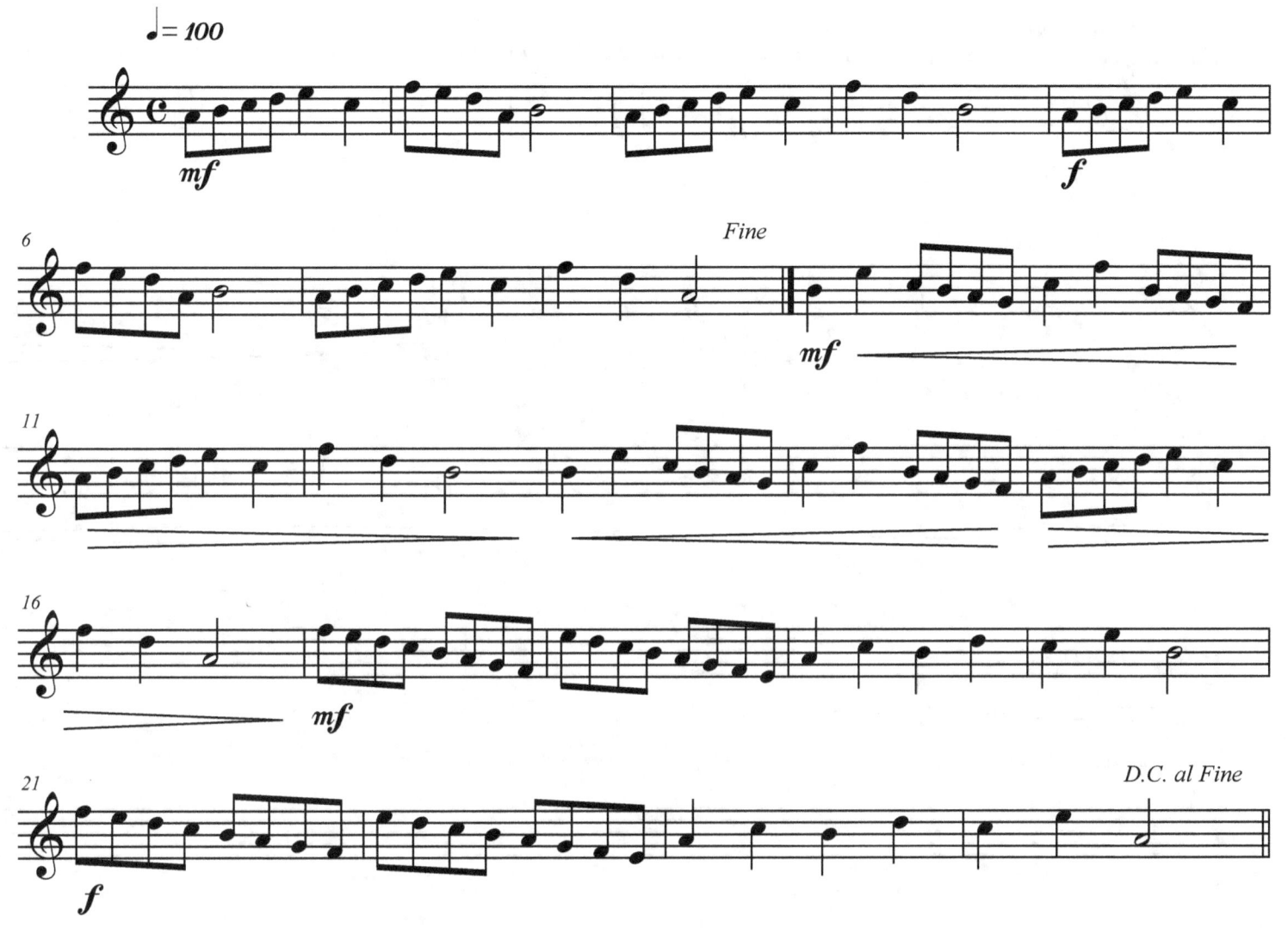

© 2008

Part 2: Bes Clarinet 2 + 3

VII

Joost de Groot

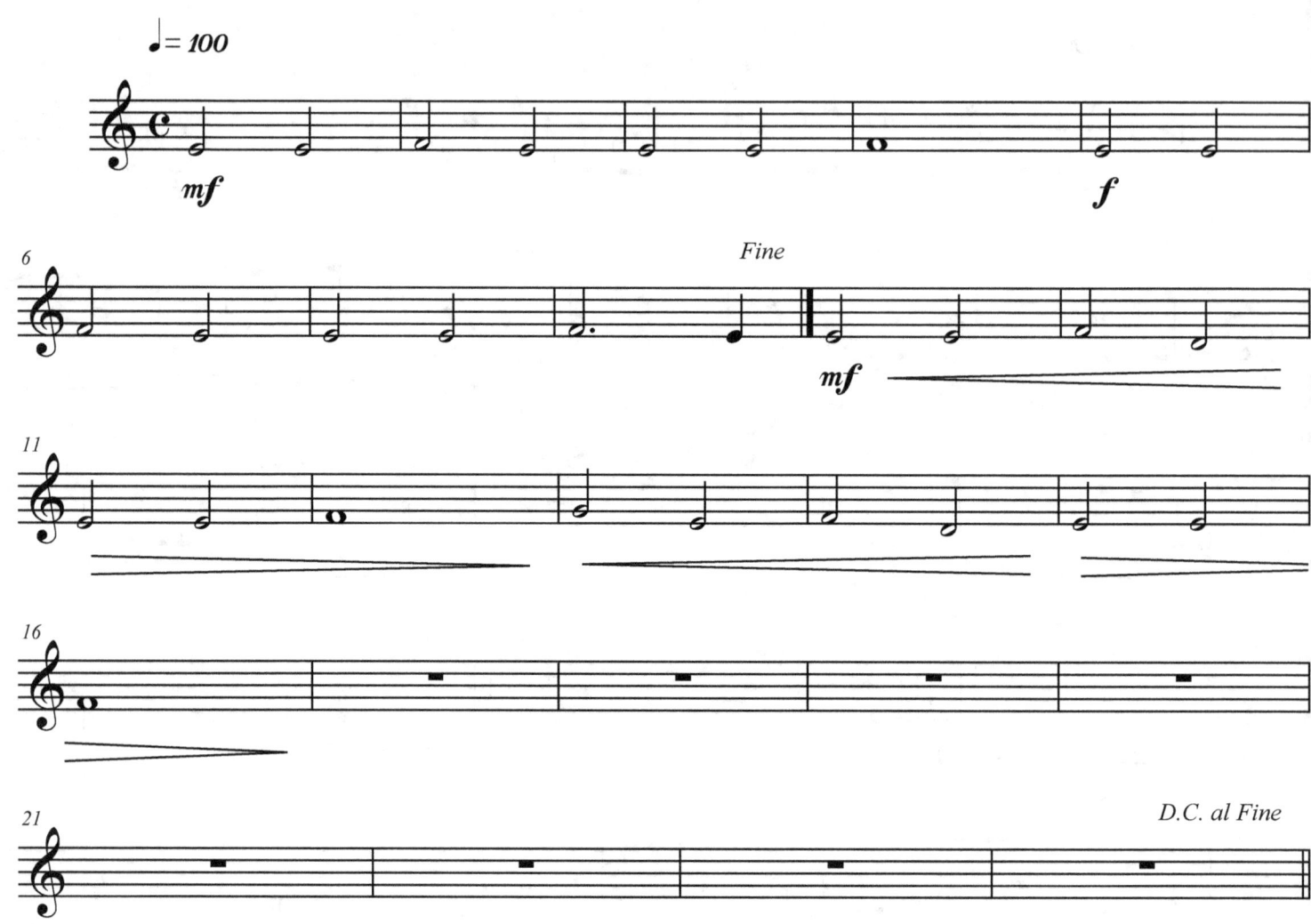

VII

Part 3: Es Alto Clarinet

Joost de Groot

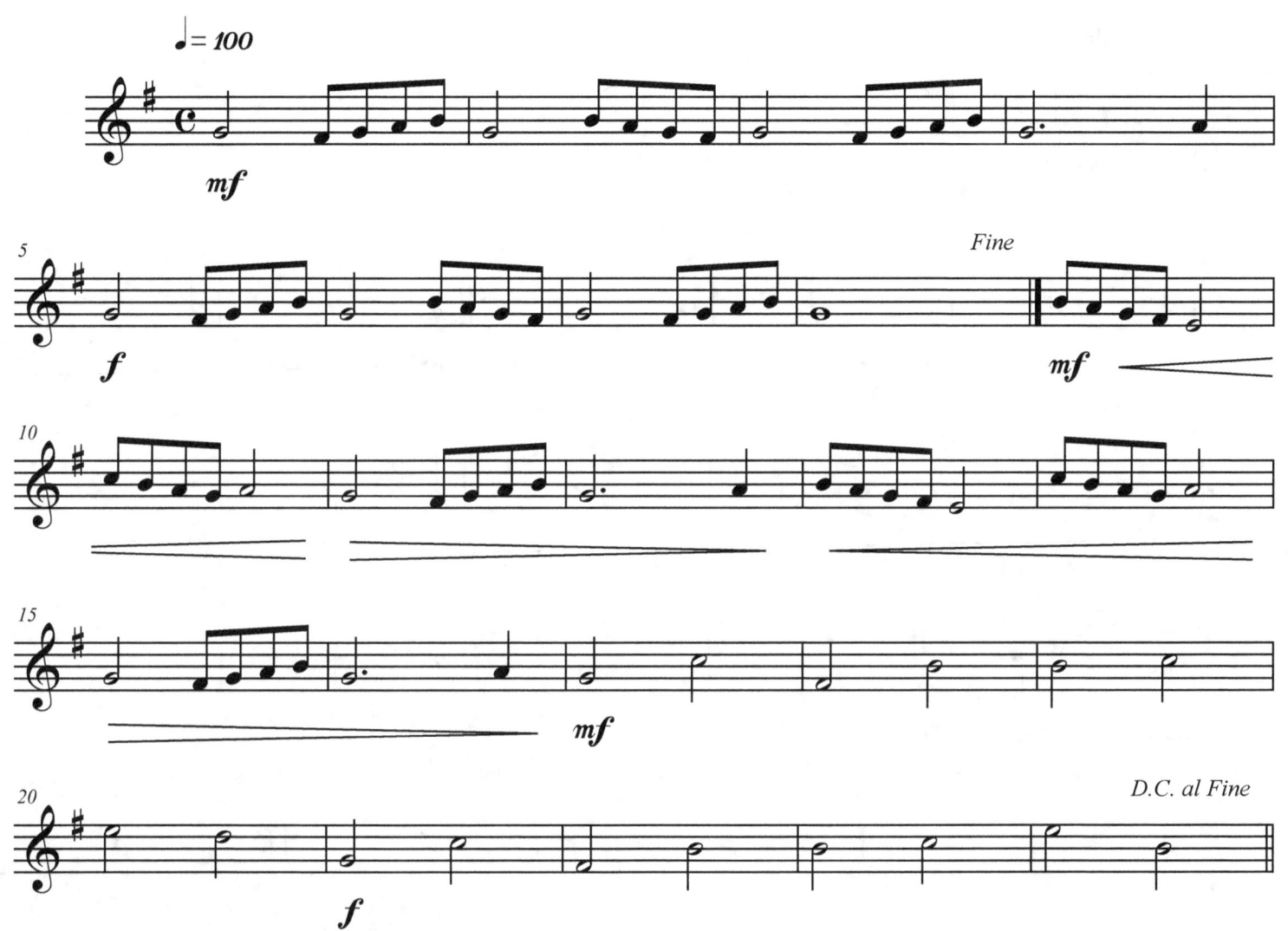

© 2008

Part 4: Bes Bass Clarinet

VII

Joost de Groot

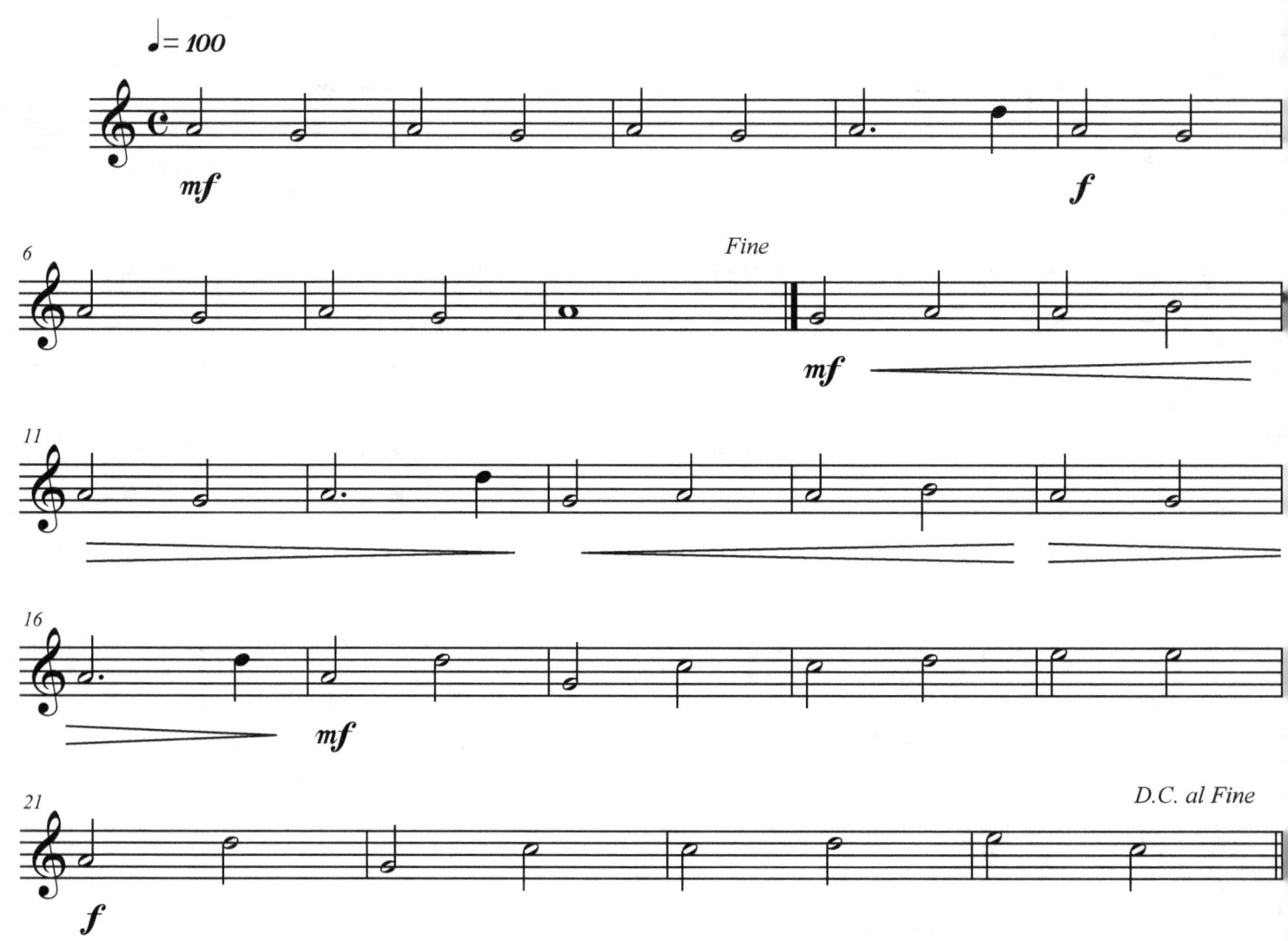

Part 2: Es Alto Sax.

VII

Joost de Groot

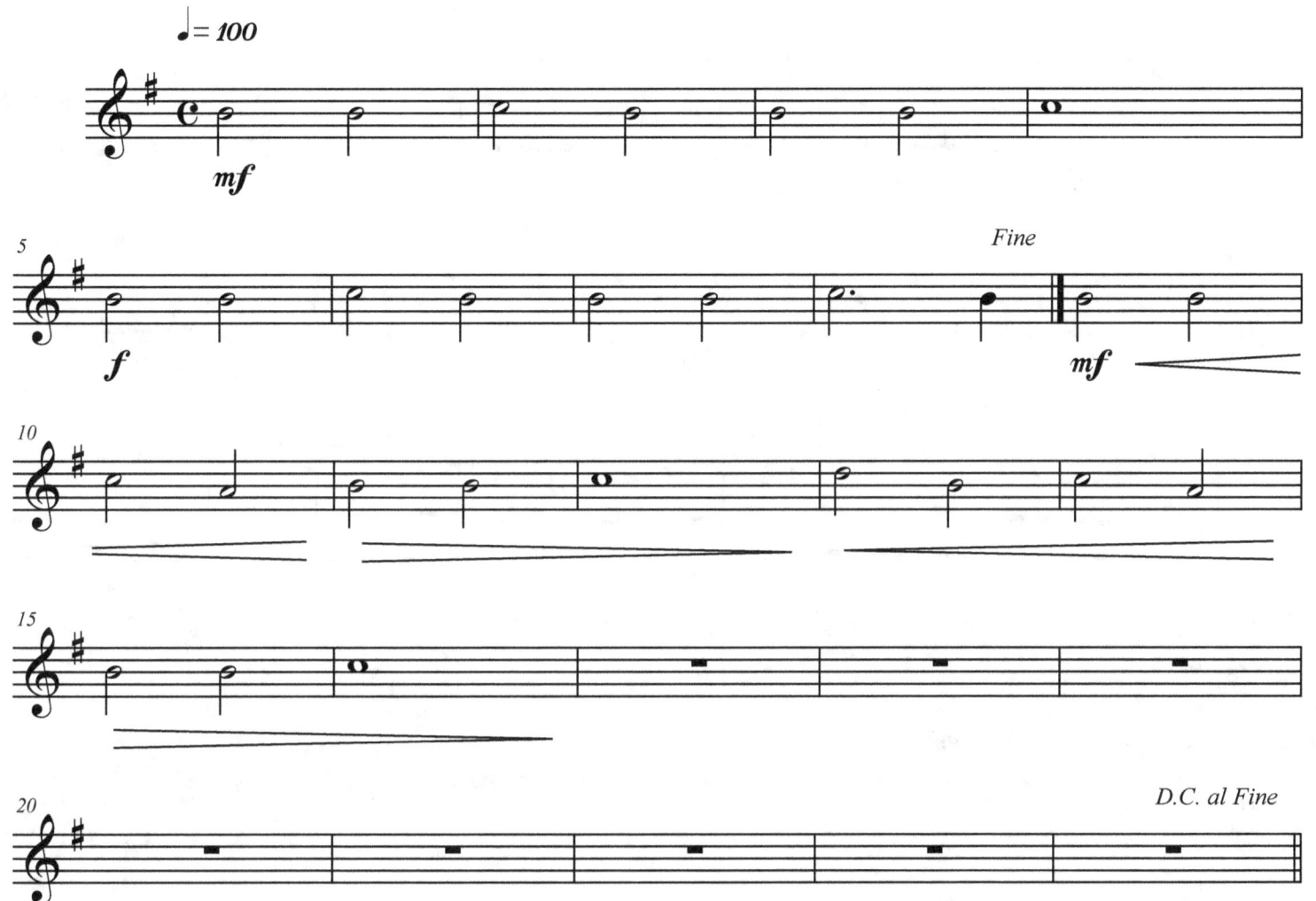

Part 3: Bes Tenor Sax.

VII

Joost de Groot

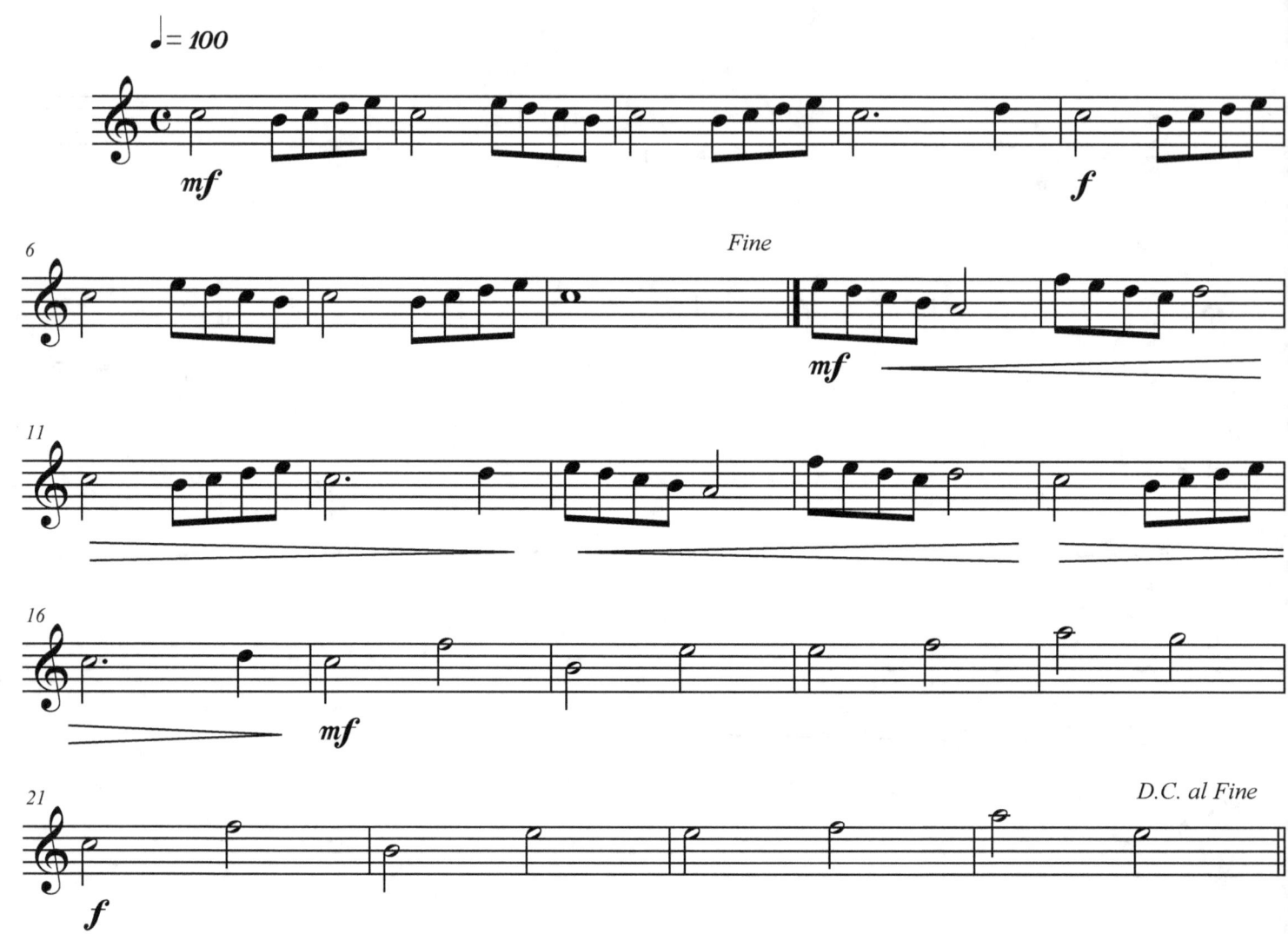

Part 4: Es Baritone Sax.

VII

Joost de Groot

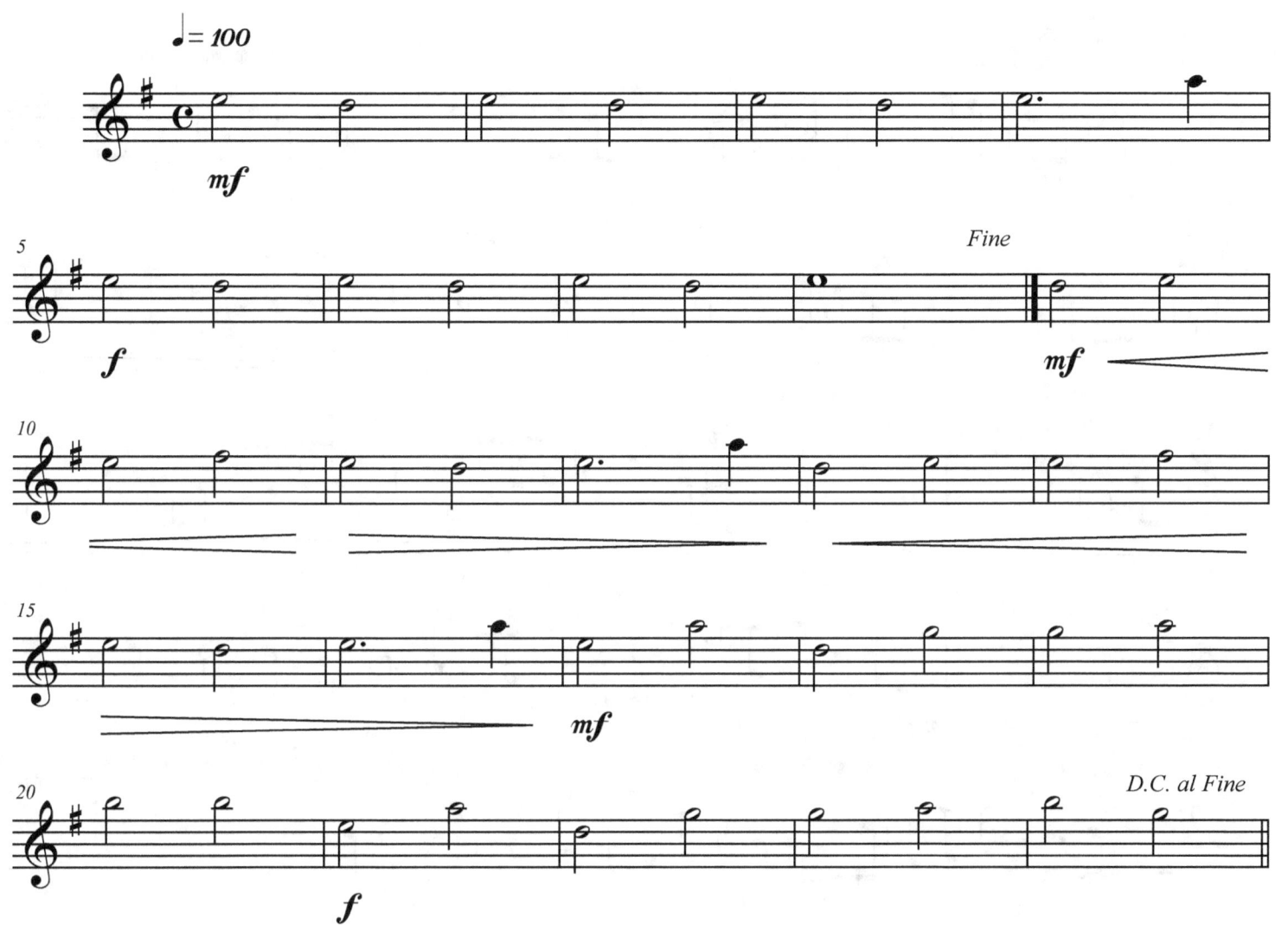

Part 1: Bes Trumpet 1

VII

Joost de Groot

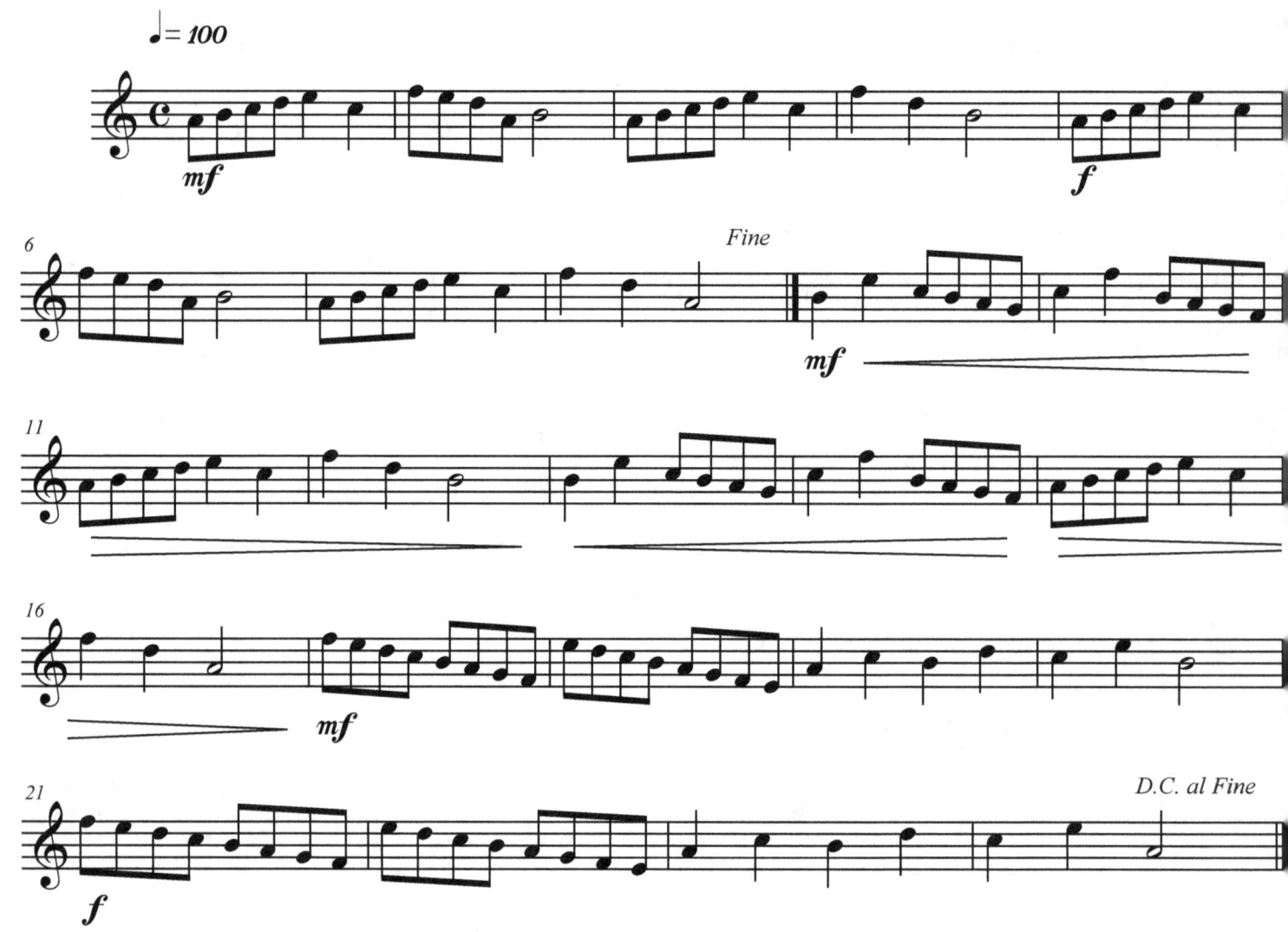

© 2008

VII

Part 2: Bes Trumpet 2 + 3

Joost de Groot

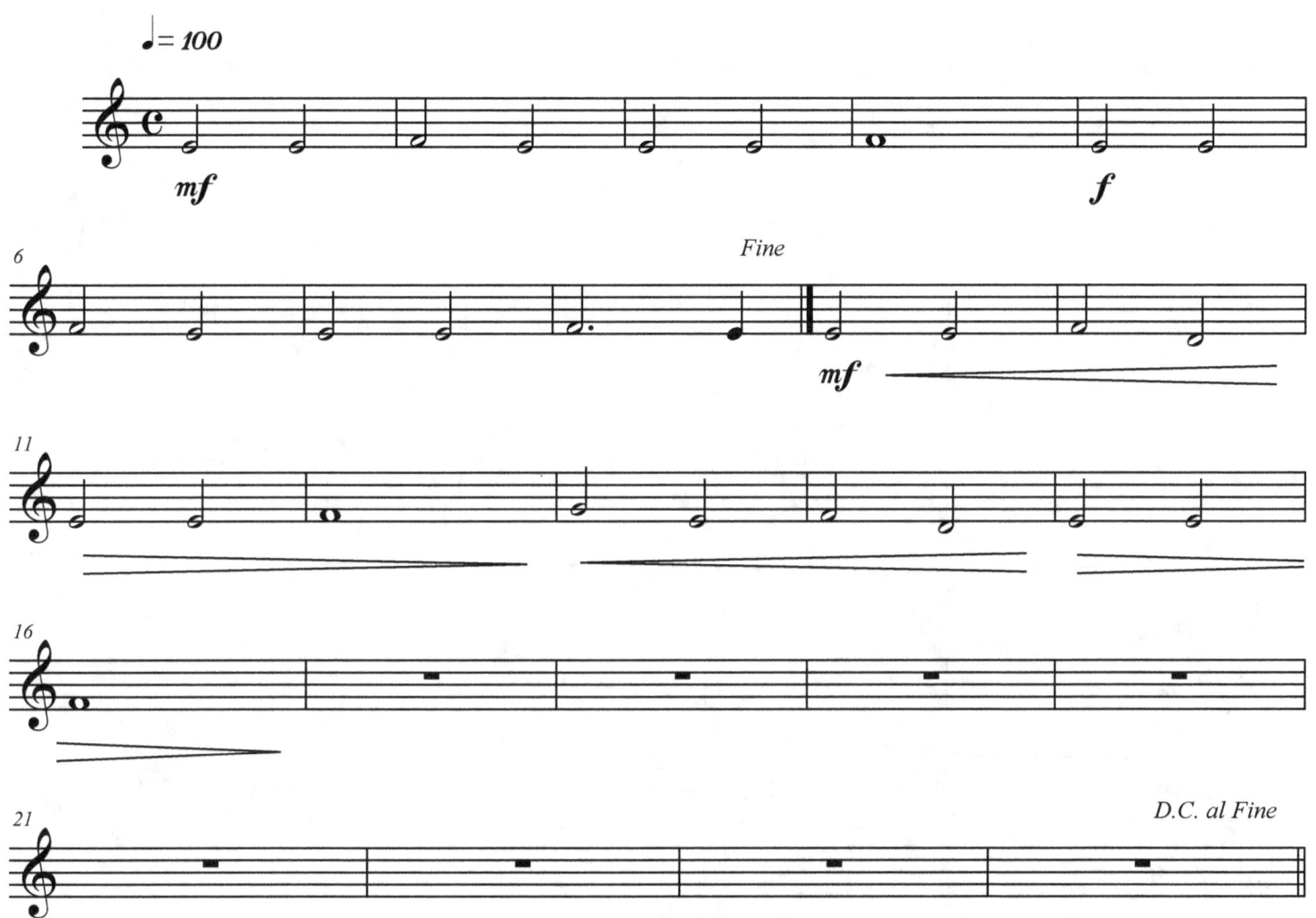

Part 2: F Horn 1 + 2

VII

Joost de Groot

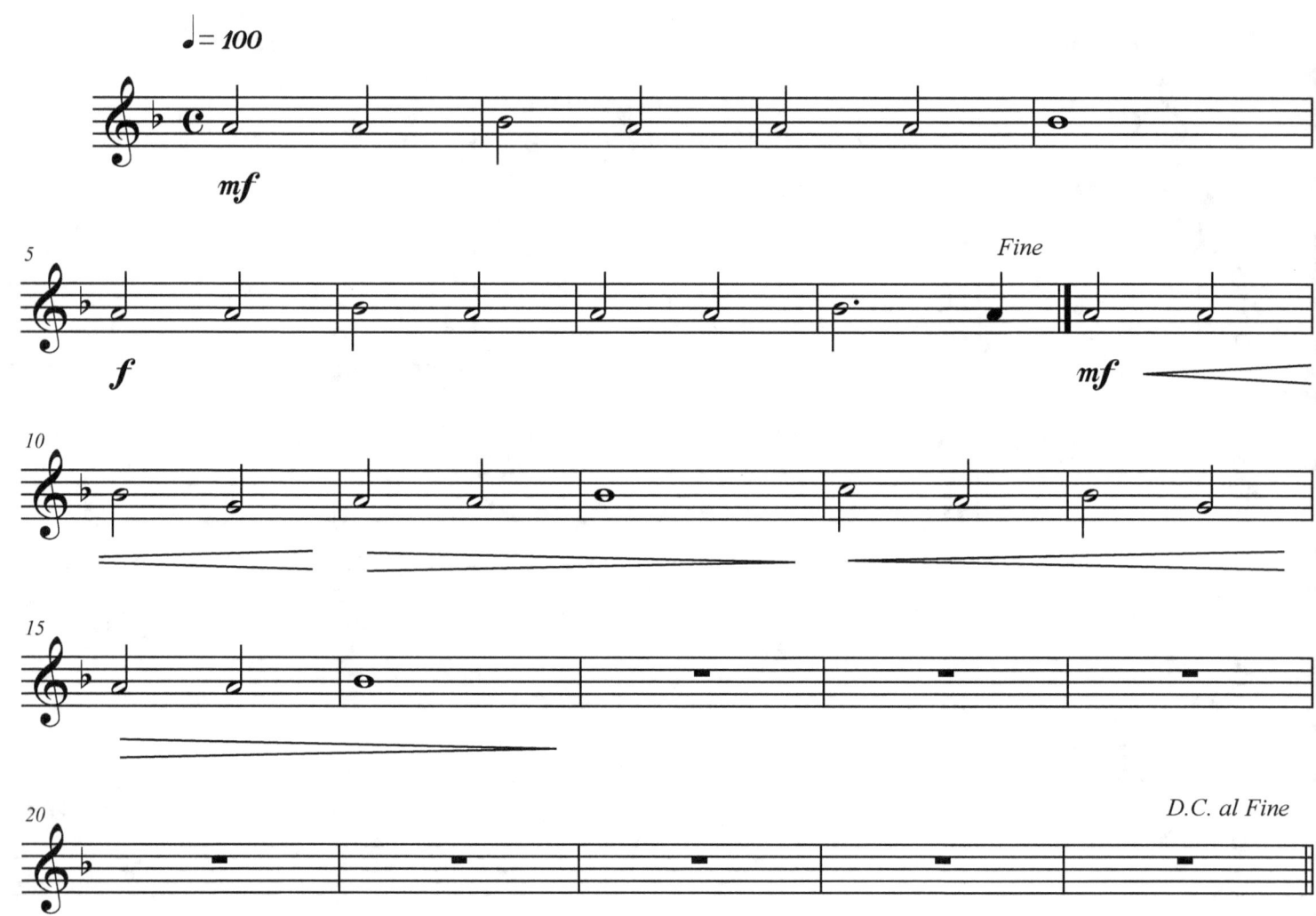

Part 3: F Horn 3 + 4

VII

Joost de Groot

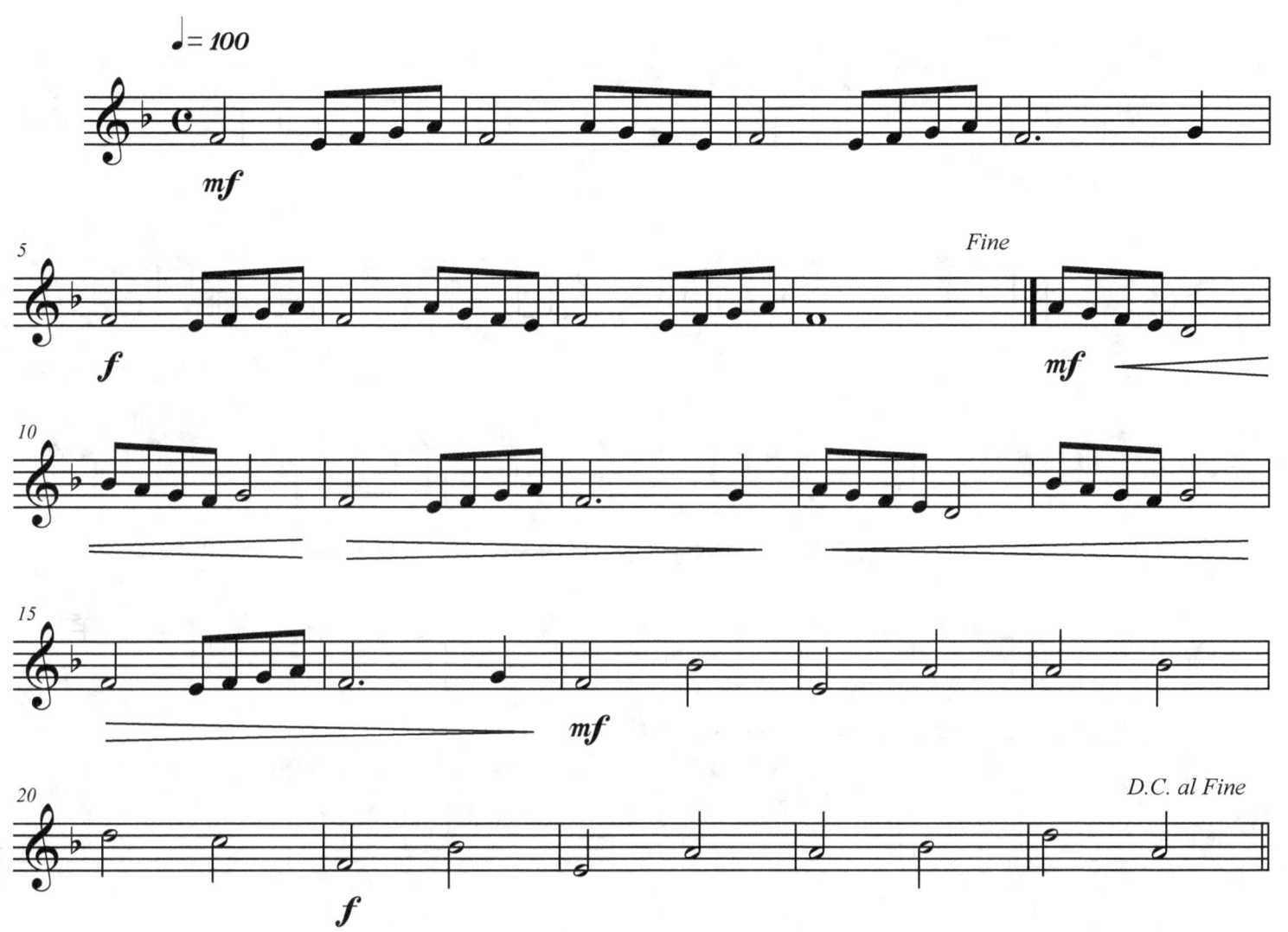

Part 3: C Trombone 1 + 2

VII

Joost de Groot

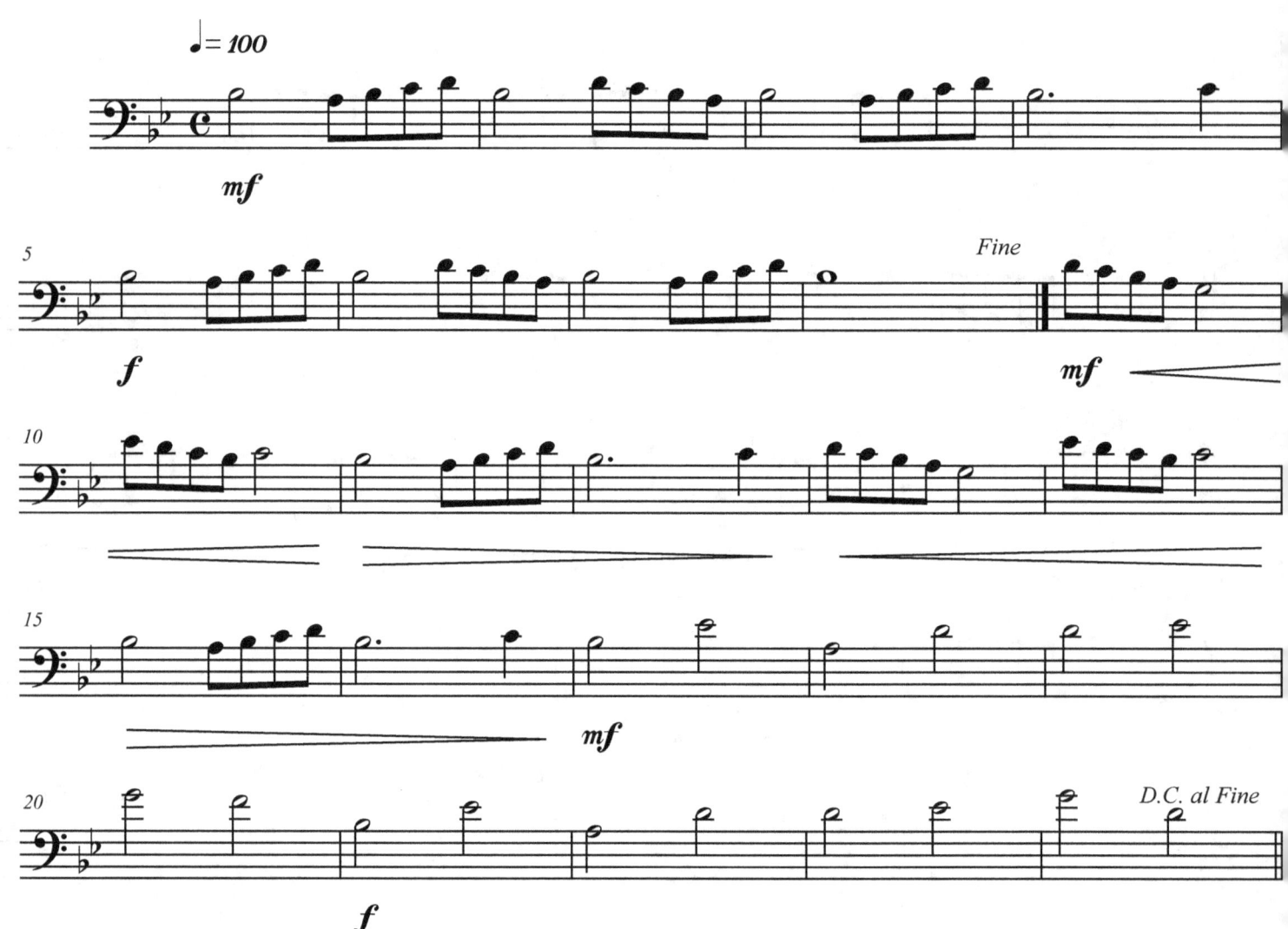

Part 4: C Bass Trombone

VII

Joost de Groot

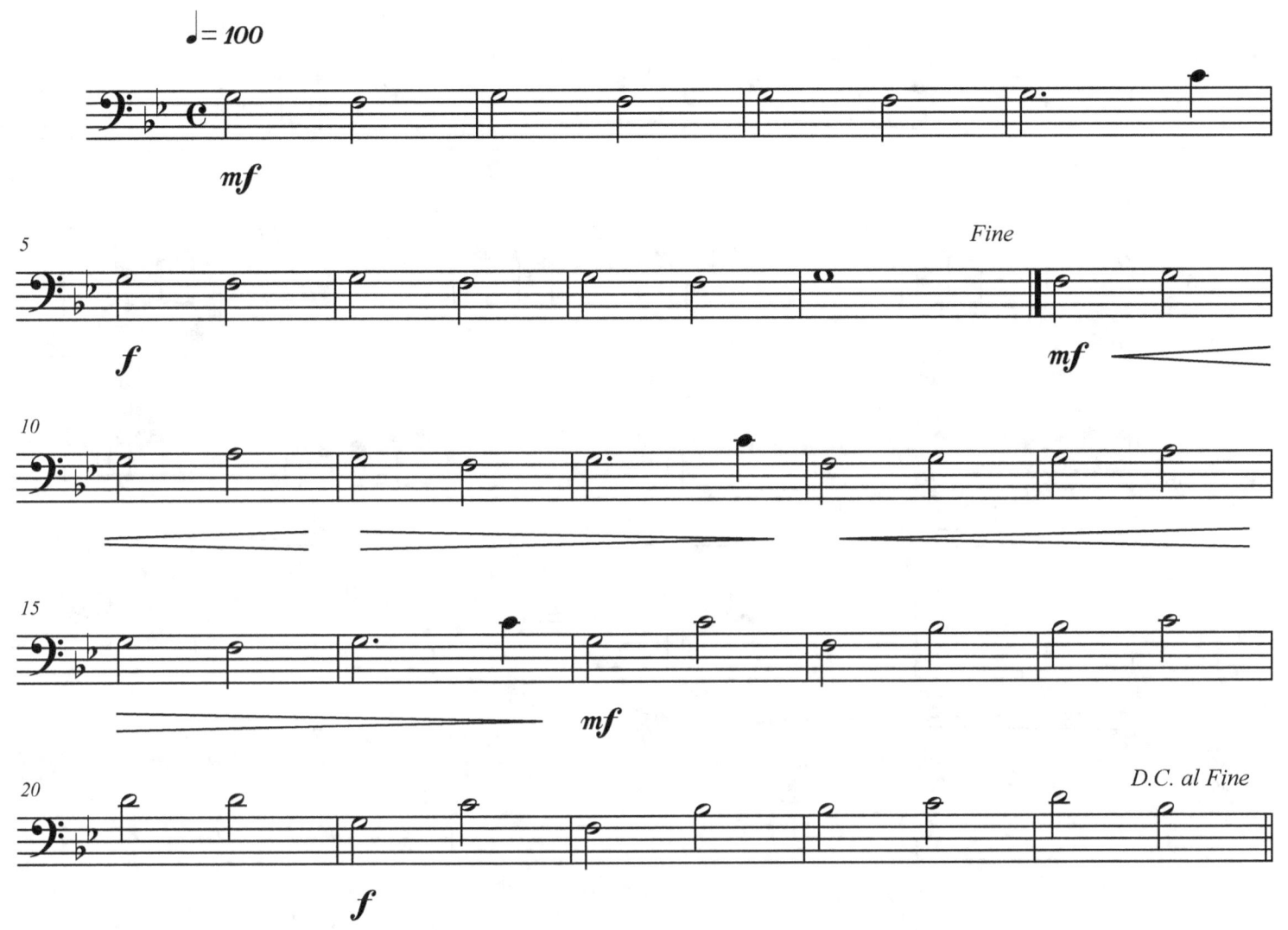

Part 3: C Baritone

VII

Joost de Groot

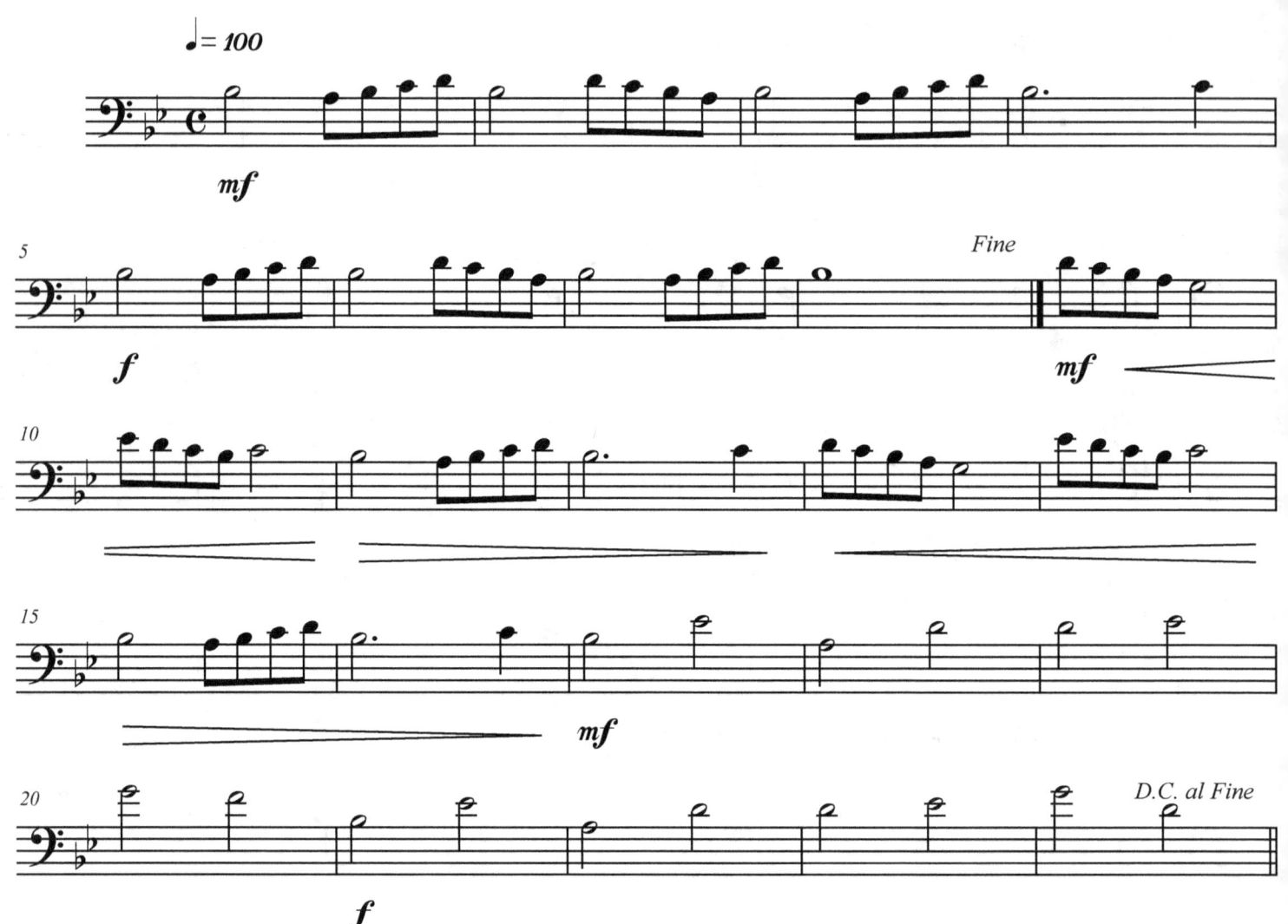

Part 3: Bes Baritone

VII

Joost de Groot

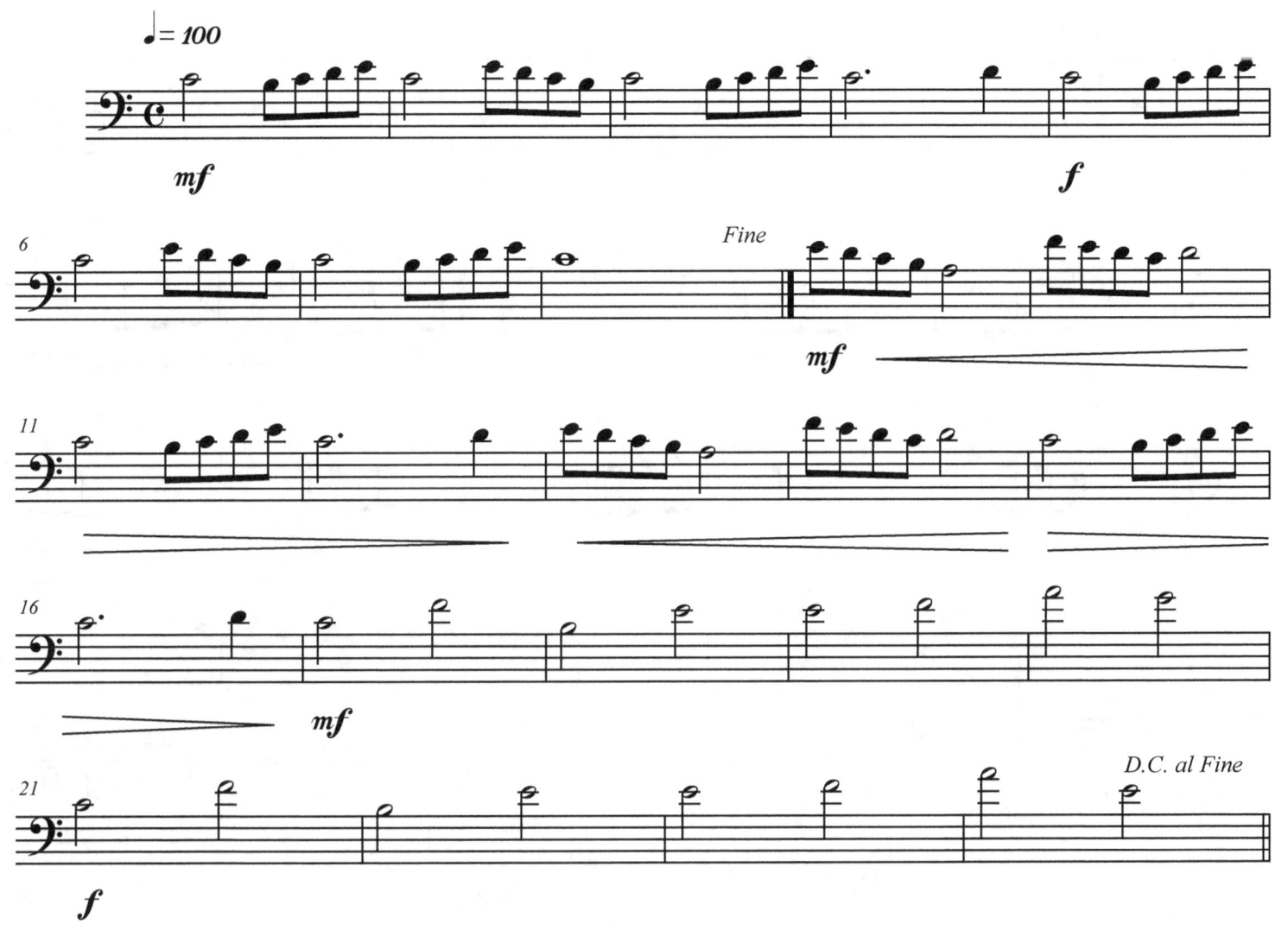

Part 3: Bes Baritone

VII

Joost de Groot

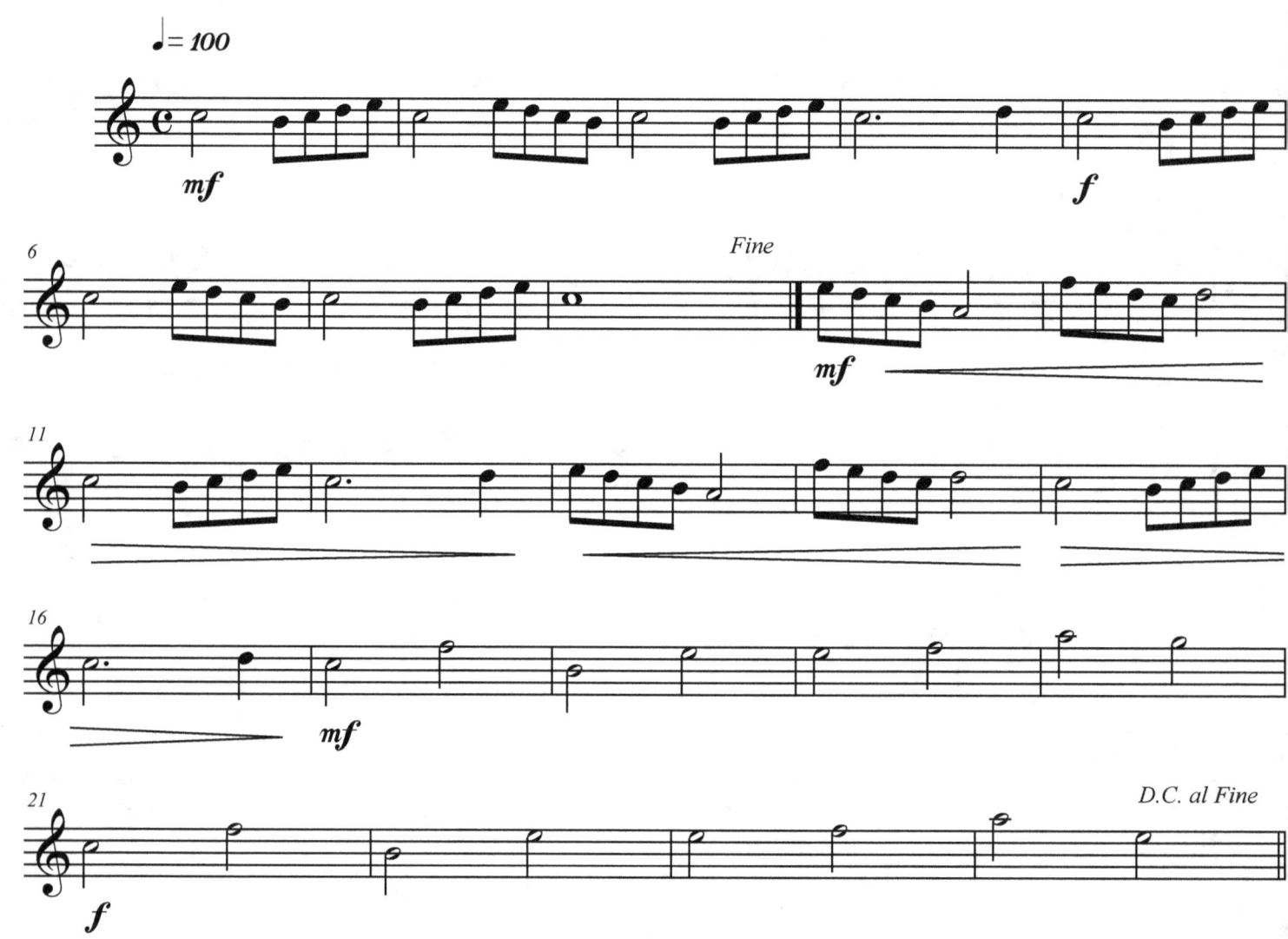

Part 4: C Bass Tuba

VII

Joost de Groot

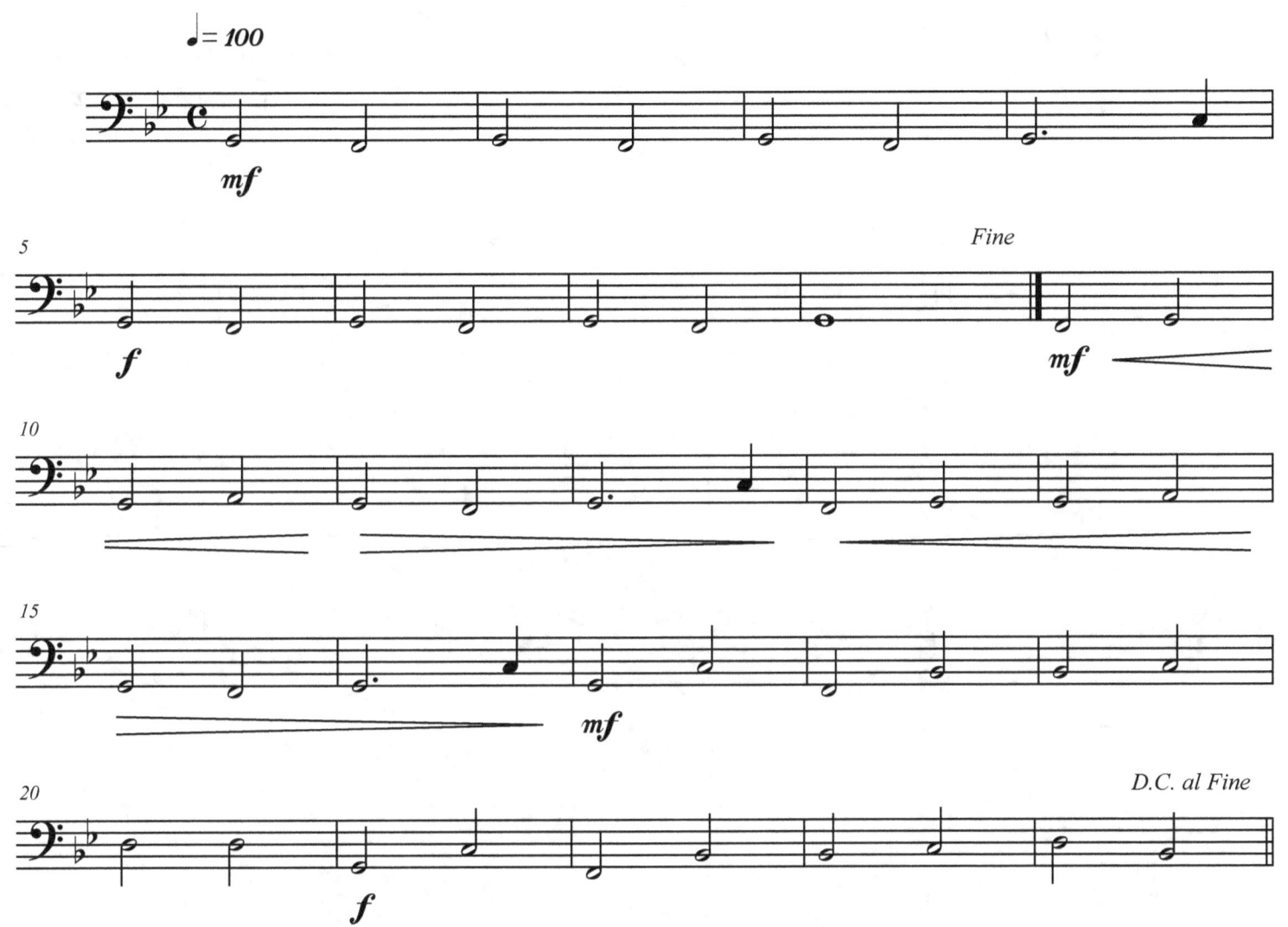

© 2008

Part 4: Bes Bass Tuba

VII

Joost de Groot

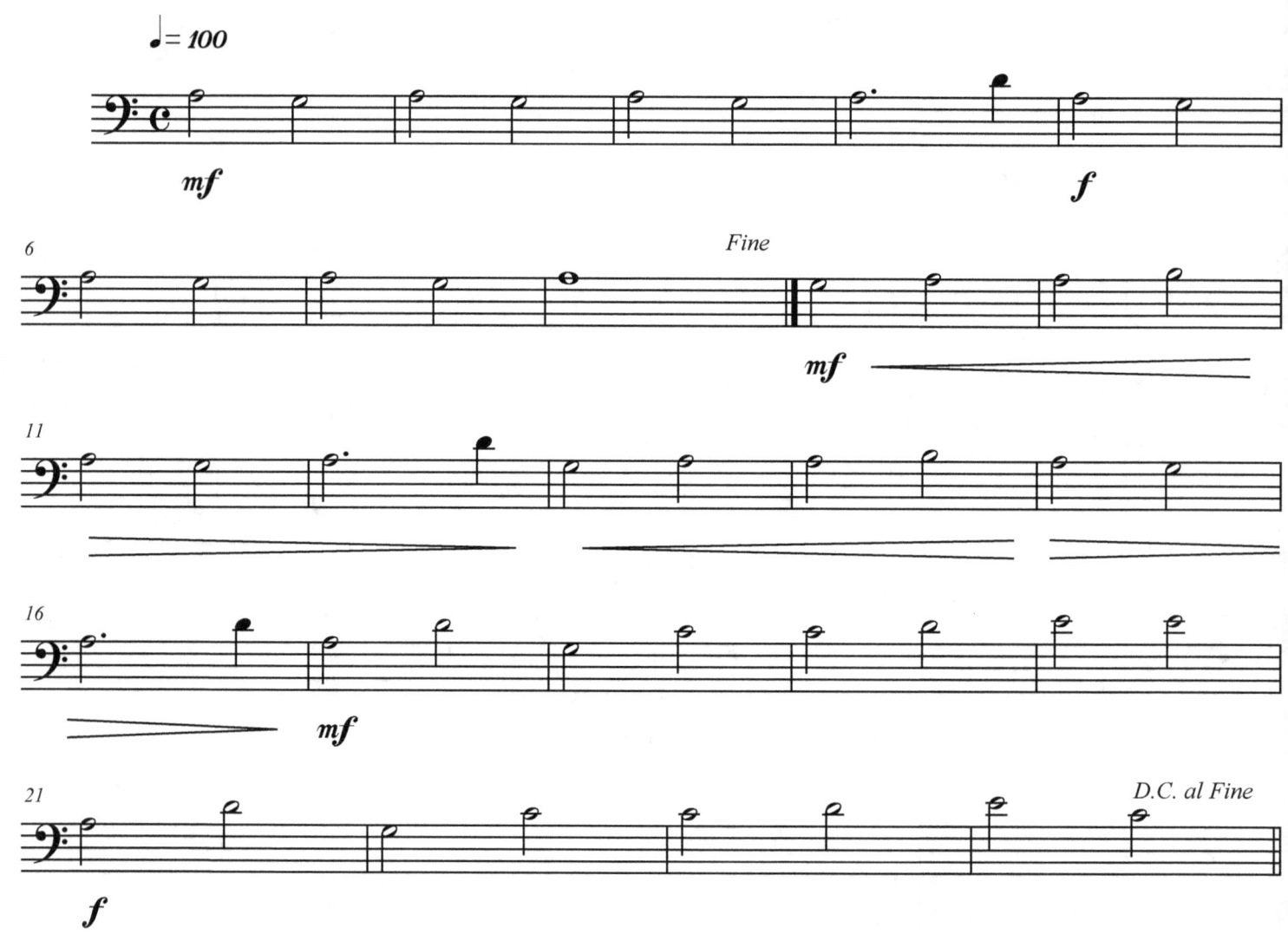

VII

Part 4: Es Bass Tuba

Joost de Groot

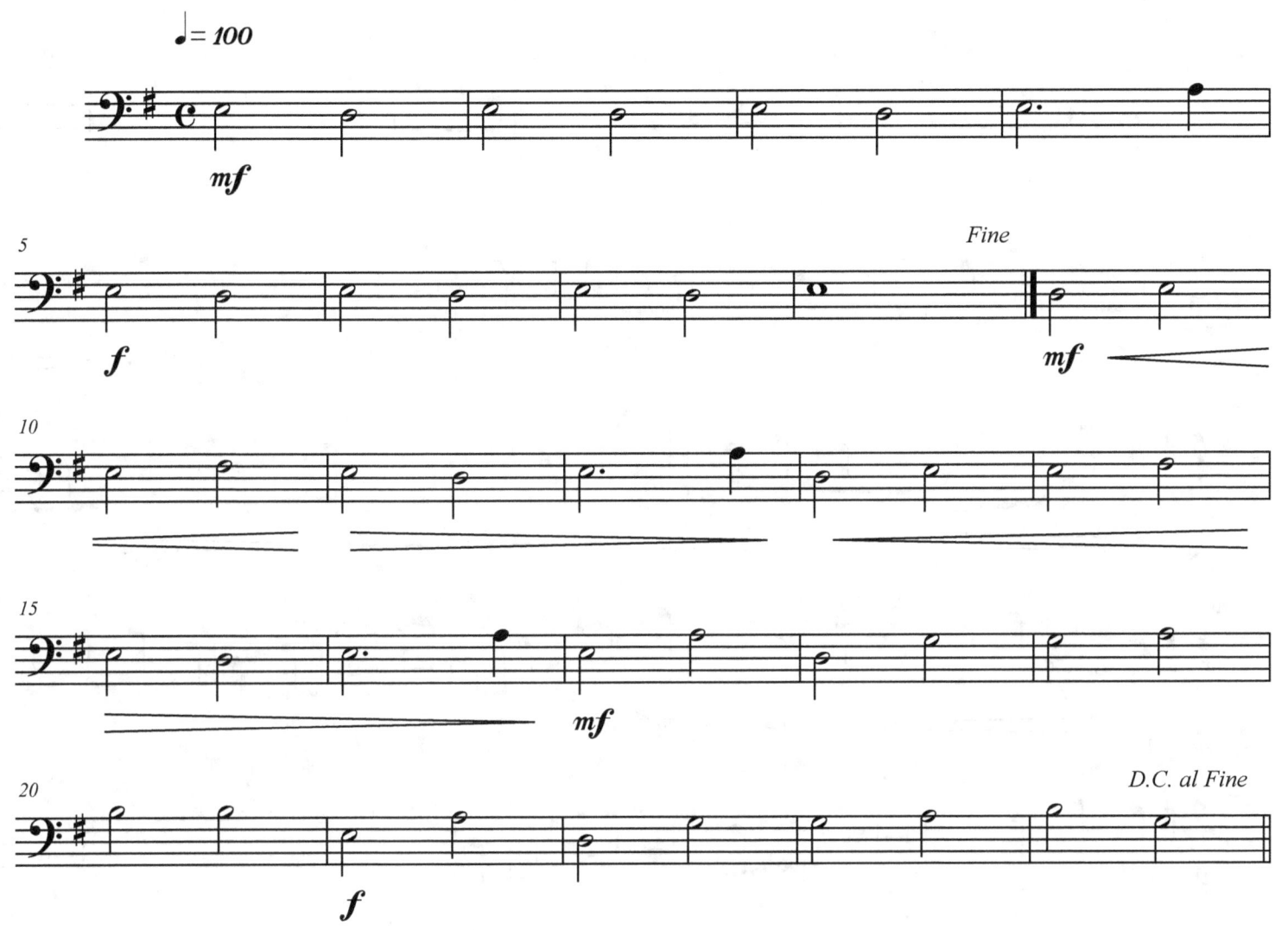

VII

Part 1: Es Alto Sax.

Joost de Groot

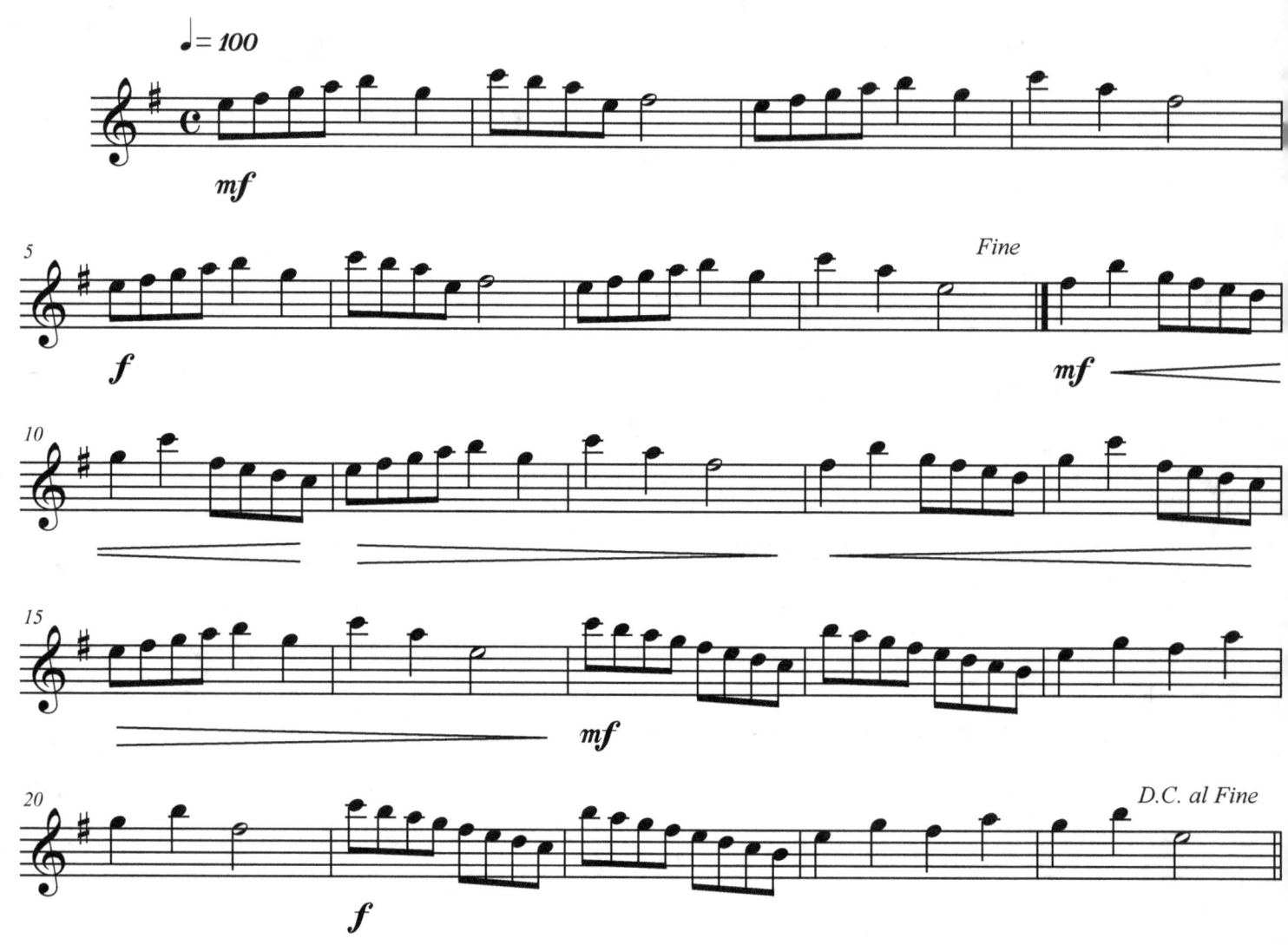

Part 1: C Flute

VIII

Joost de Groot

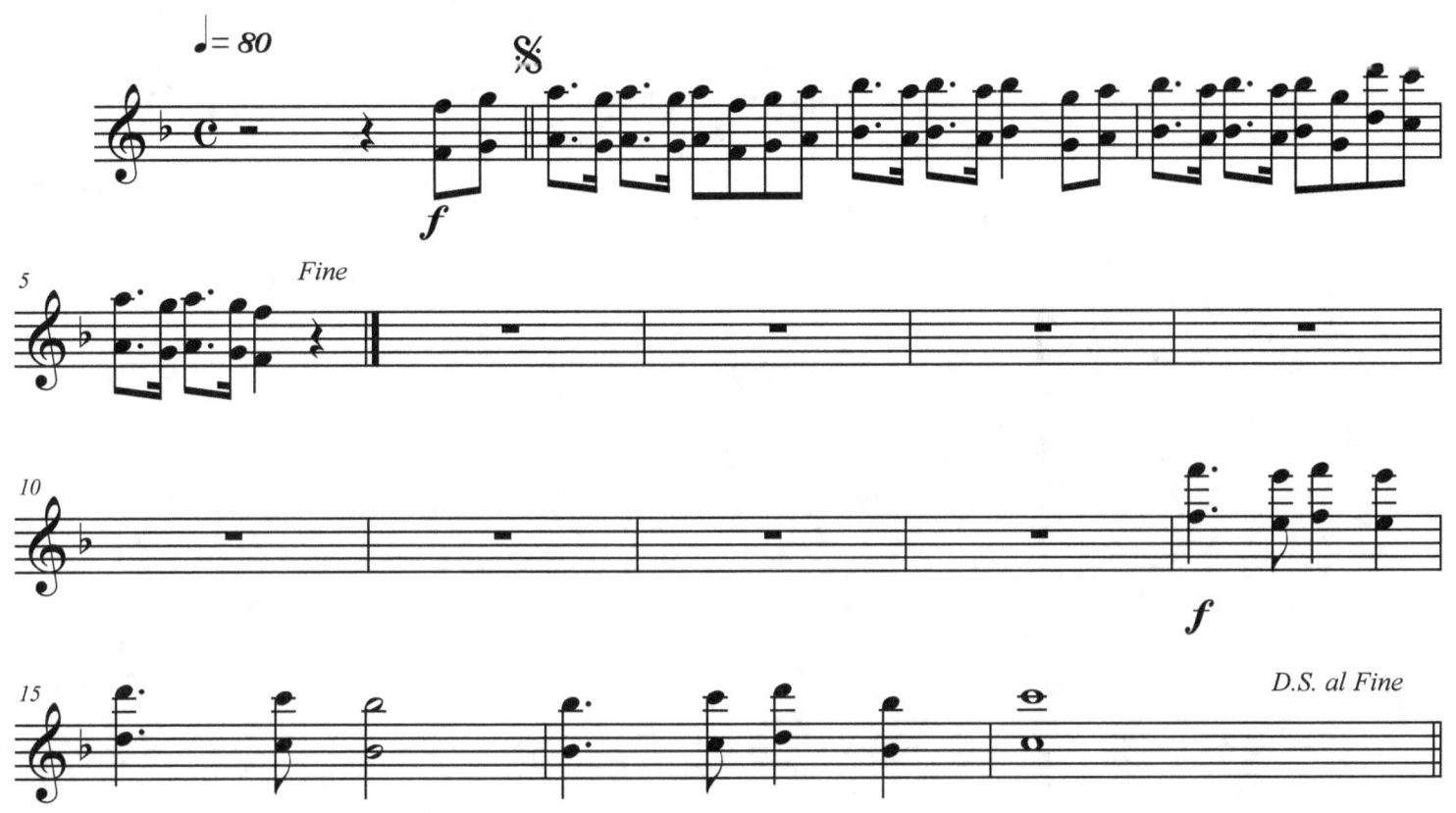

© 2008

VIII

Part 1: C Oboe

Joost de Groot

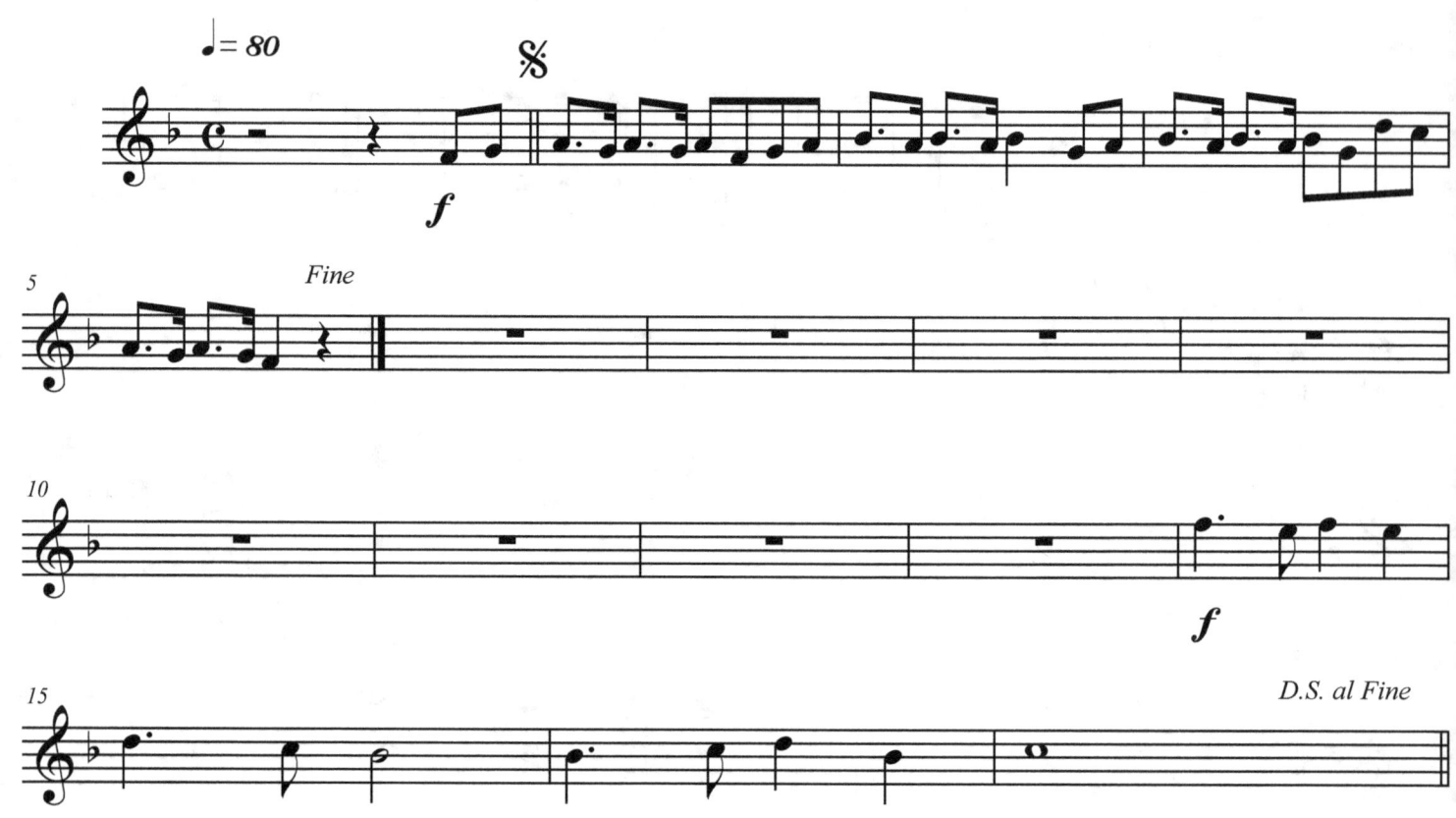

VIII

Part 4: C Bassoon

Joost de Groot

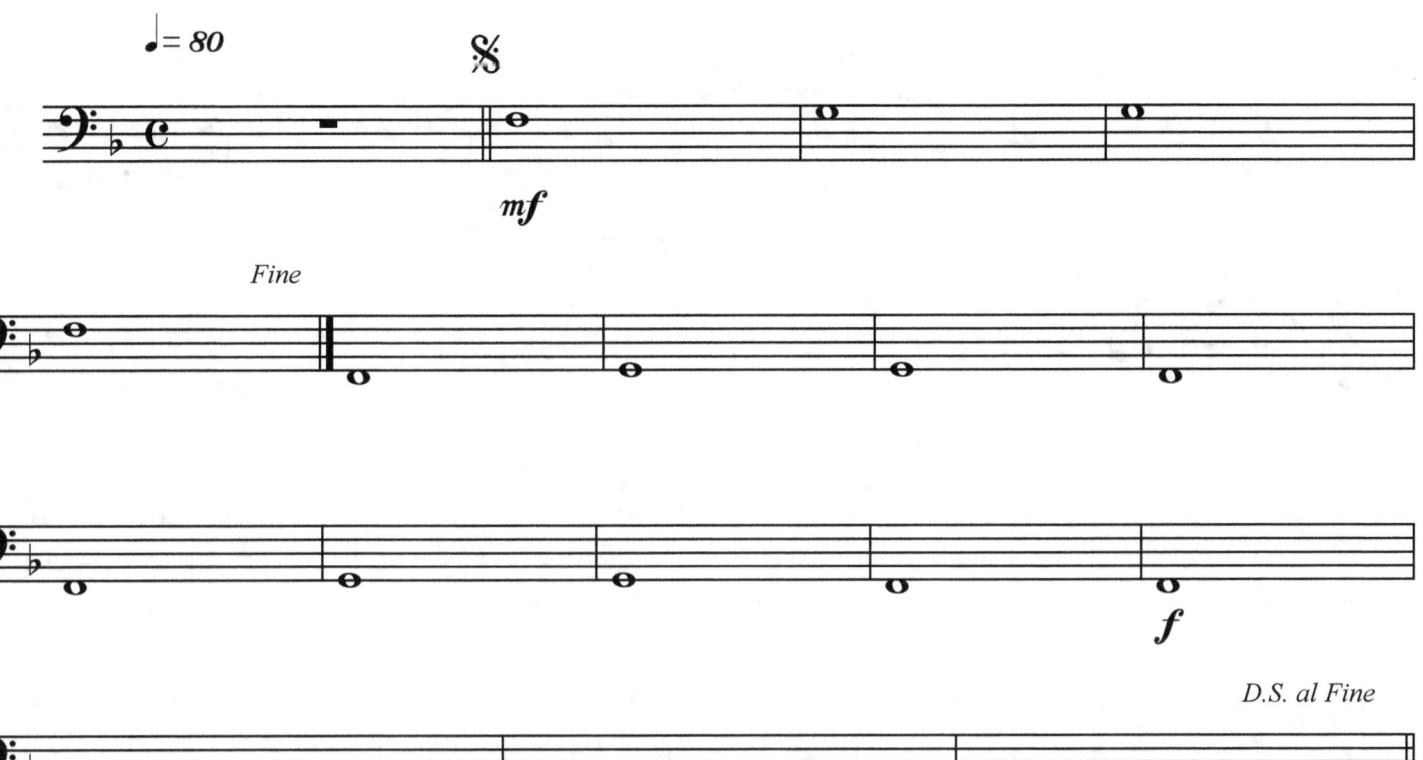

VIII

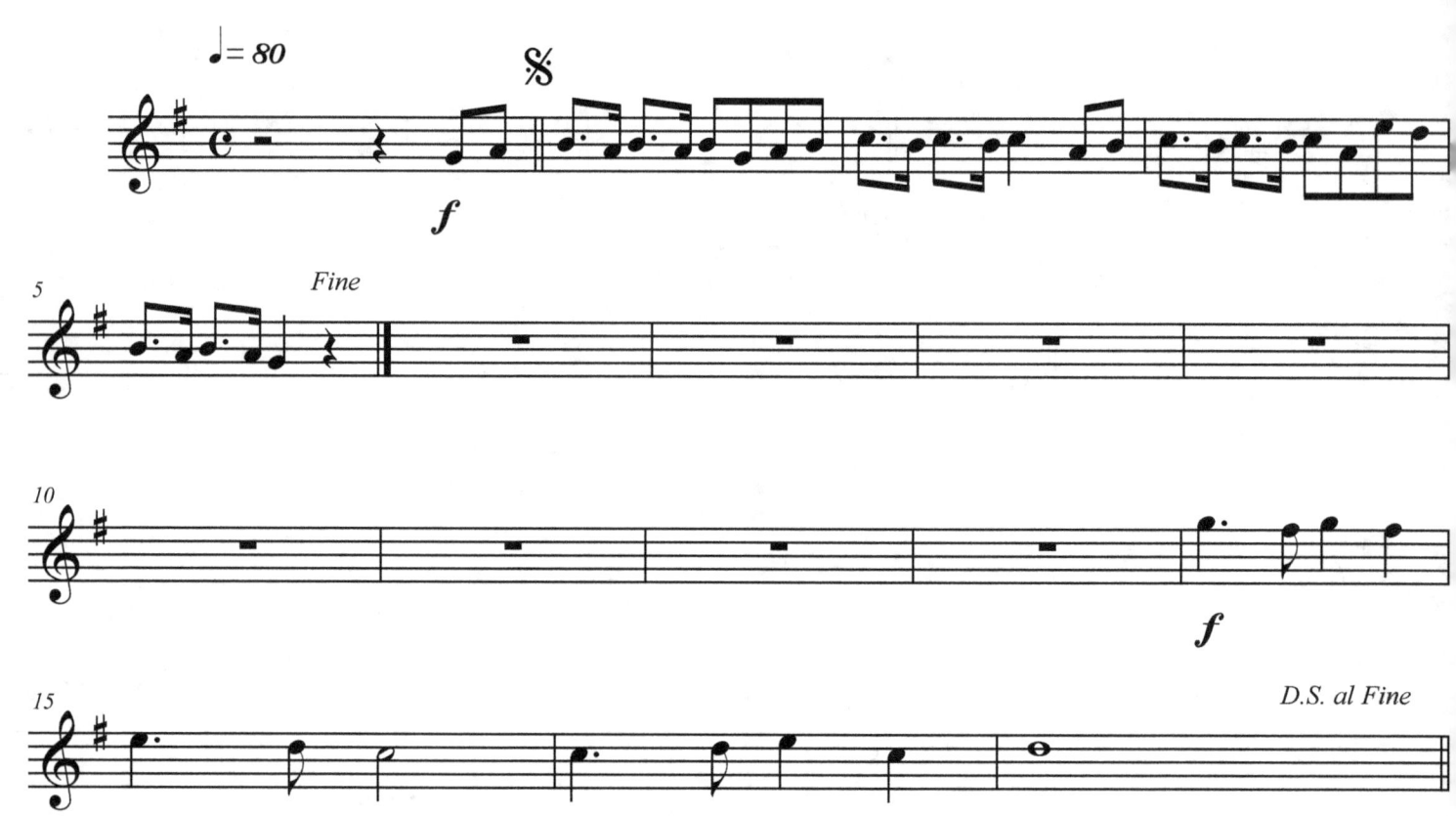

Part 2: Bes Clarinet 2 + 3

VIII

Joost de Groot

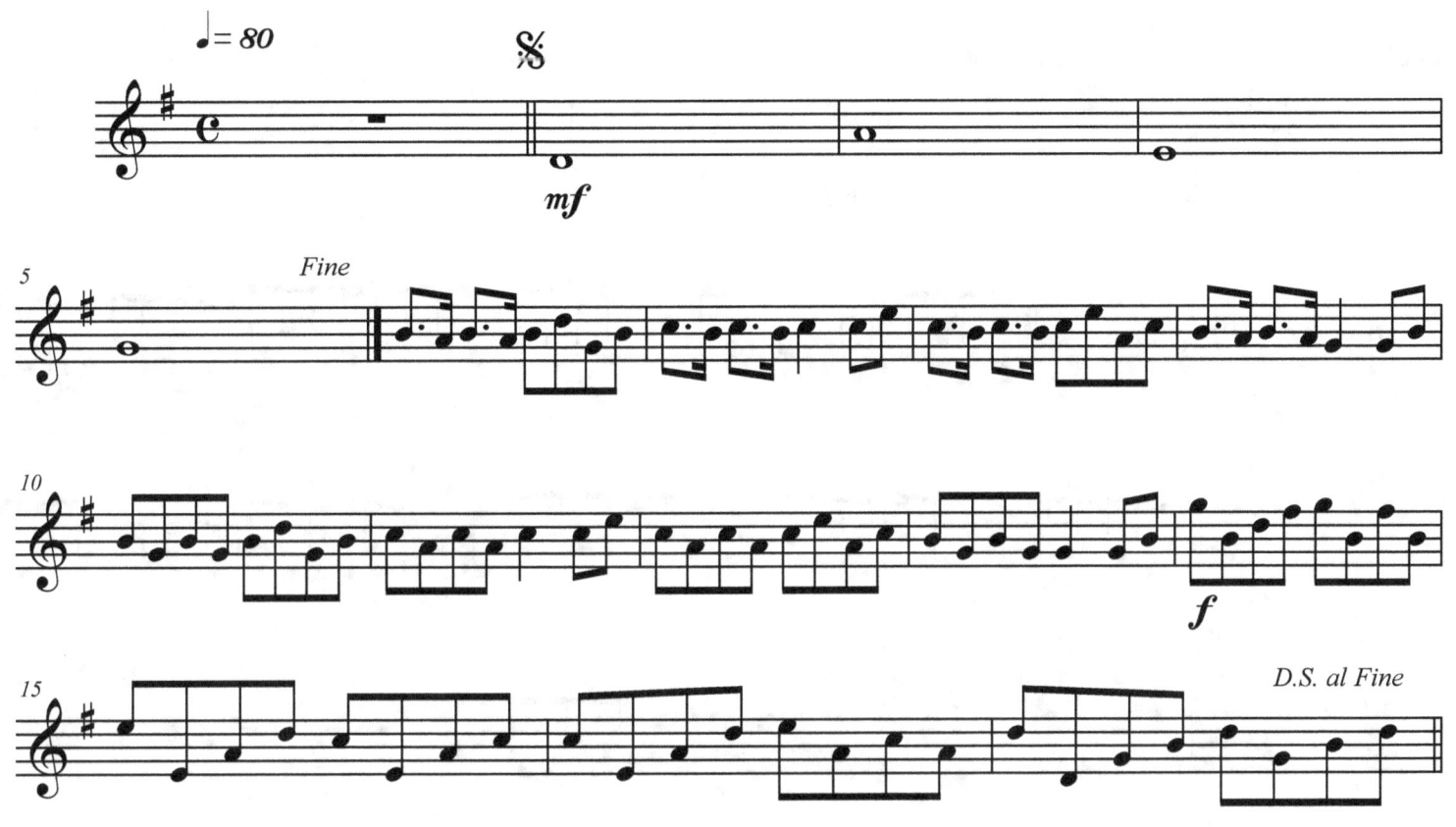

VIII

Part 3: Es Alto Clarinet

Joost de Groot

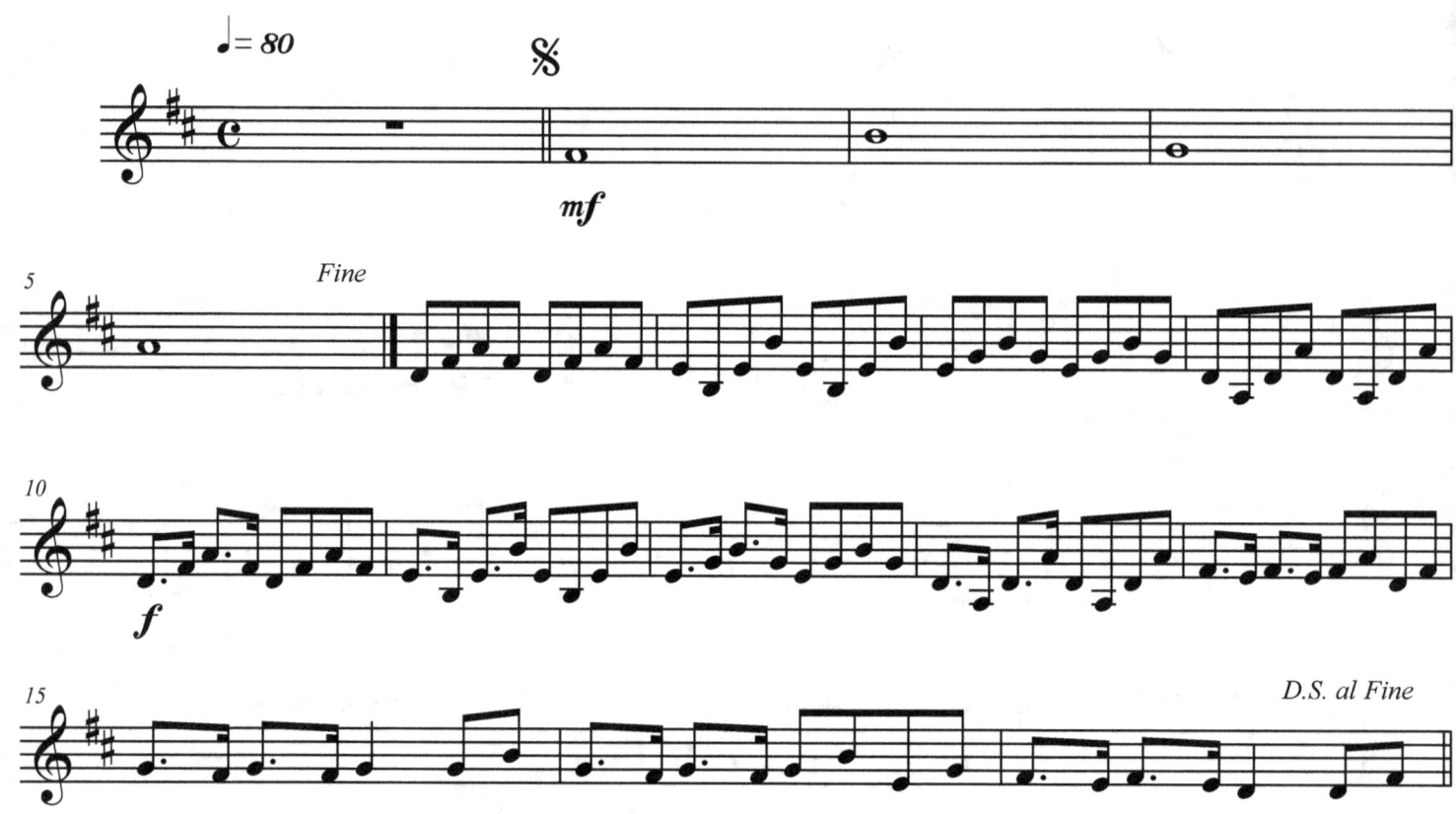

Part 4: Bes Bass Clarinet

VIII

Joost de Groot

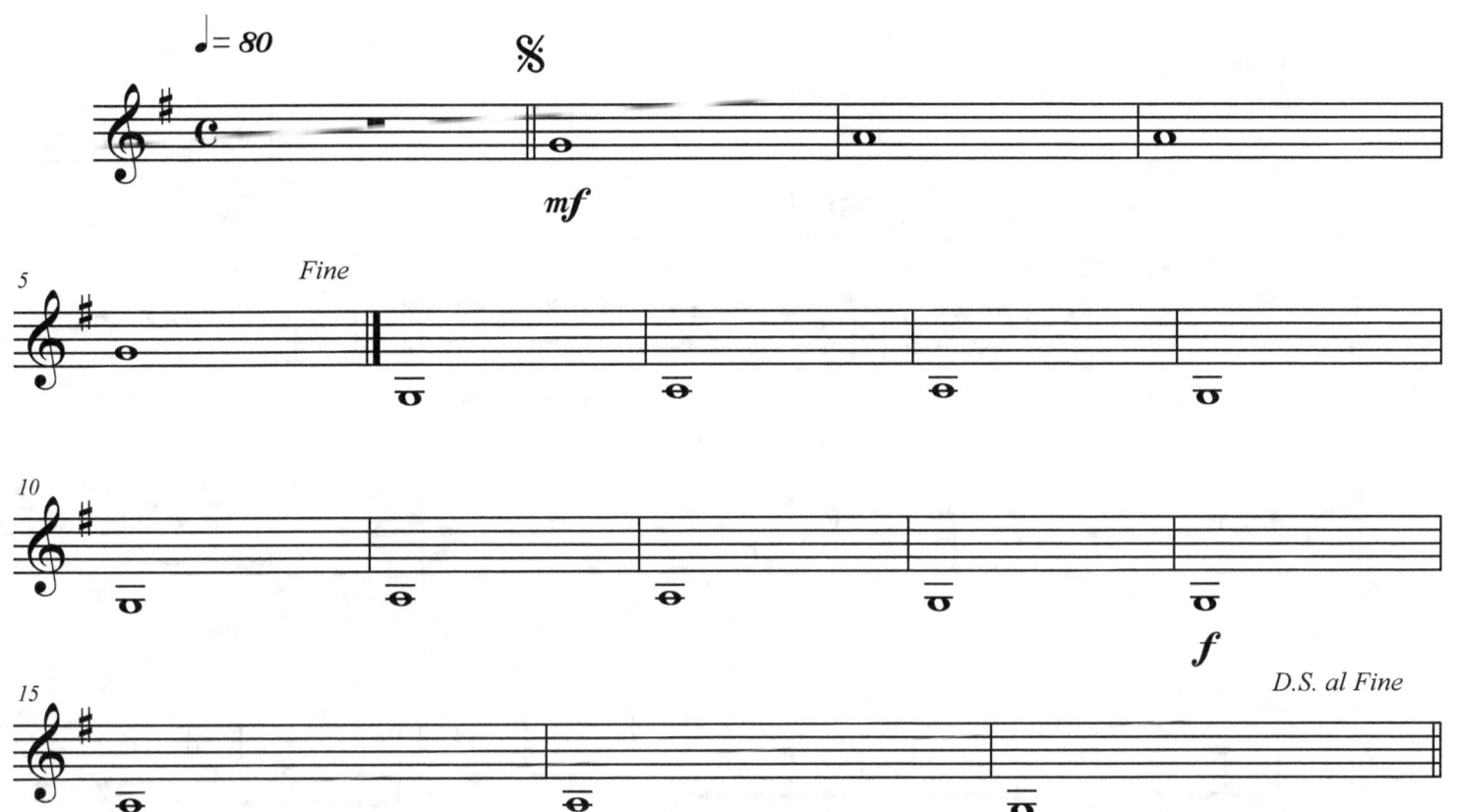

© 2008

Part 2: Es Alto Sax.

VIII

Joost de Groot

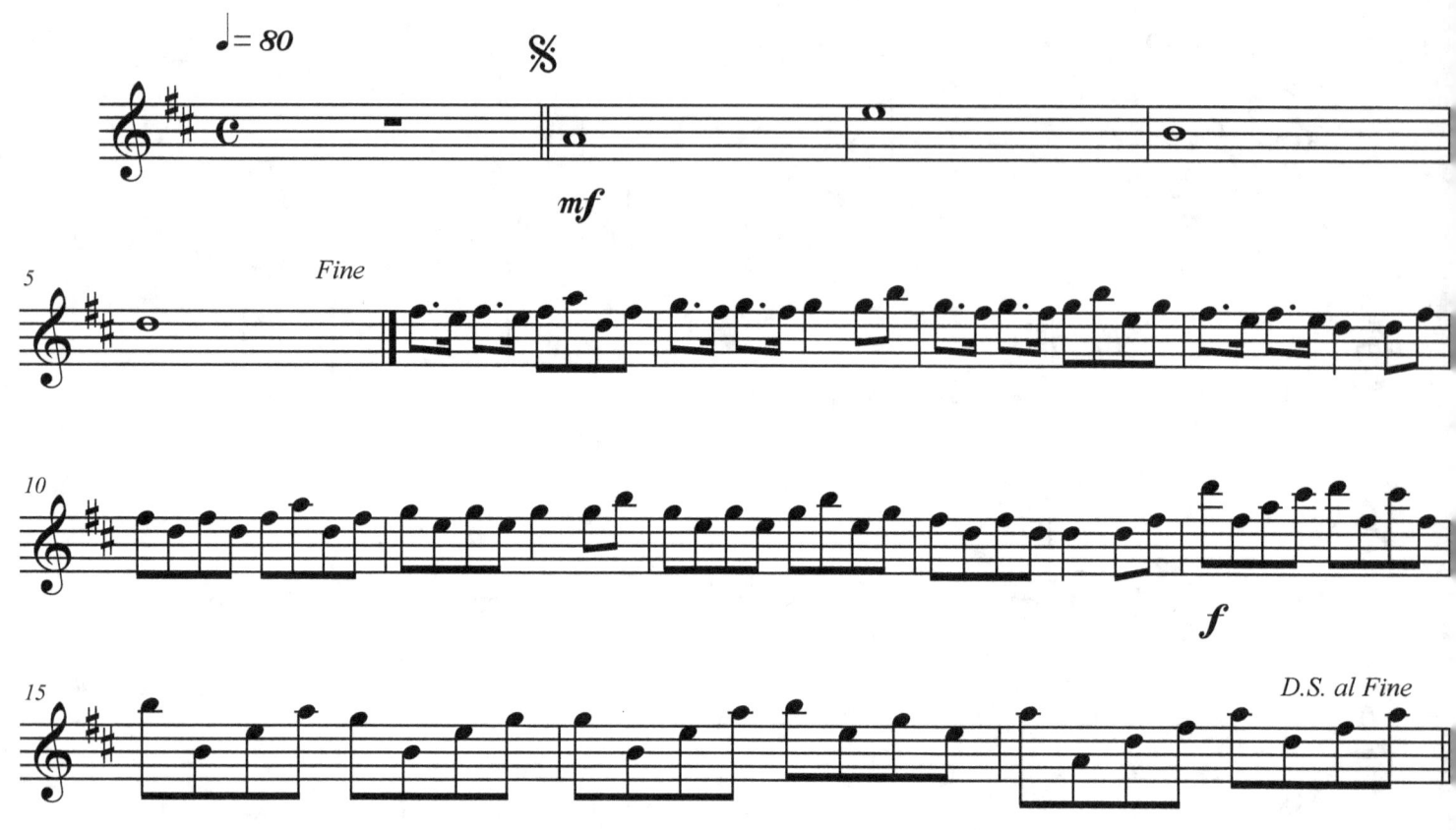

© 2008

Part 3: Bes Tenor Sax.

VIII

Joost de Groot

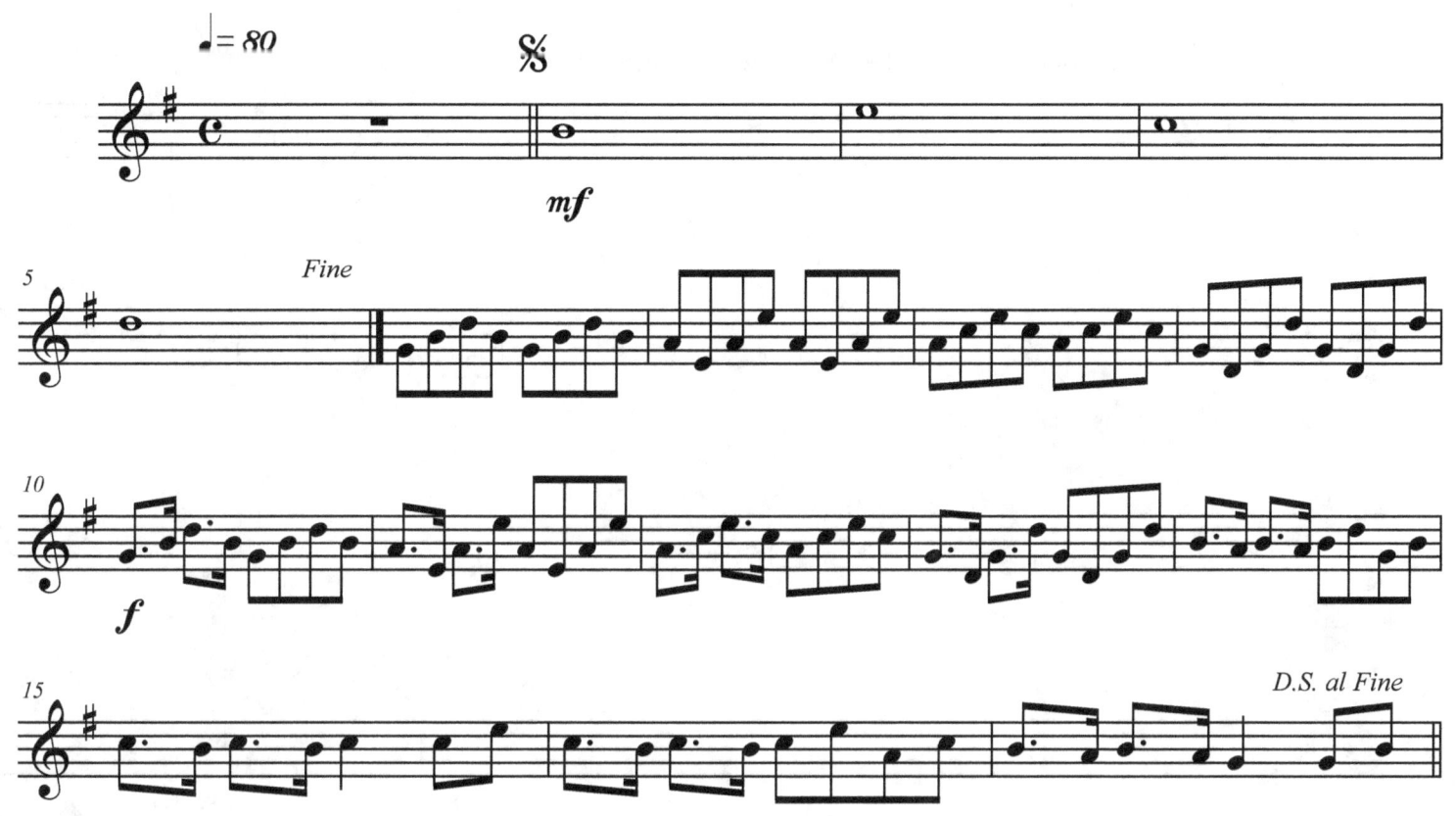

Part 4: Es Baritone Sax.

VIII

Joost de Groot

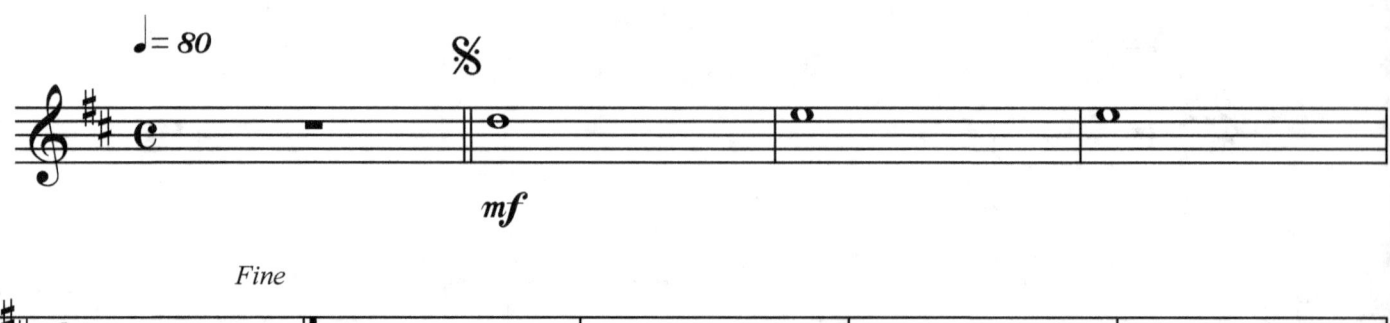
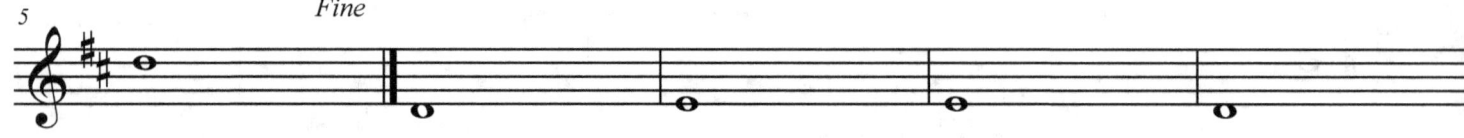
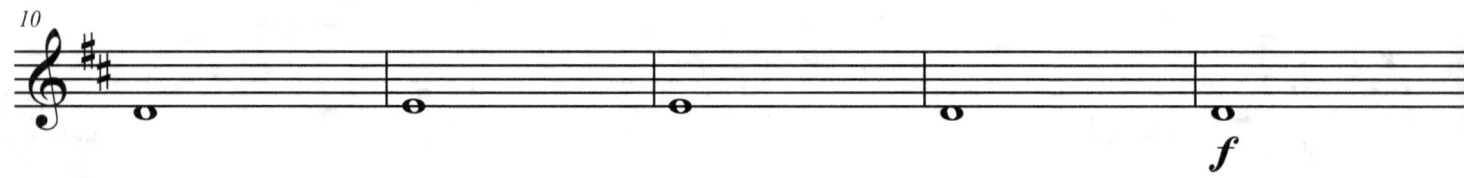
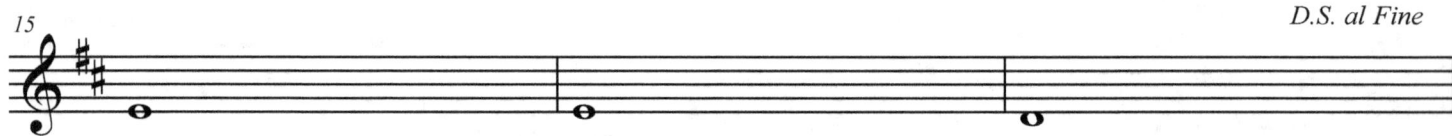

VIII

Part 1: Bes Trumpet 1

Joost de Groot

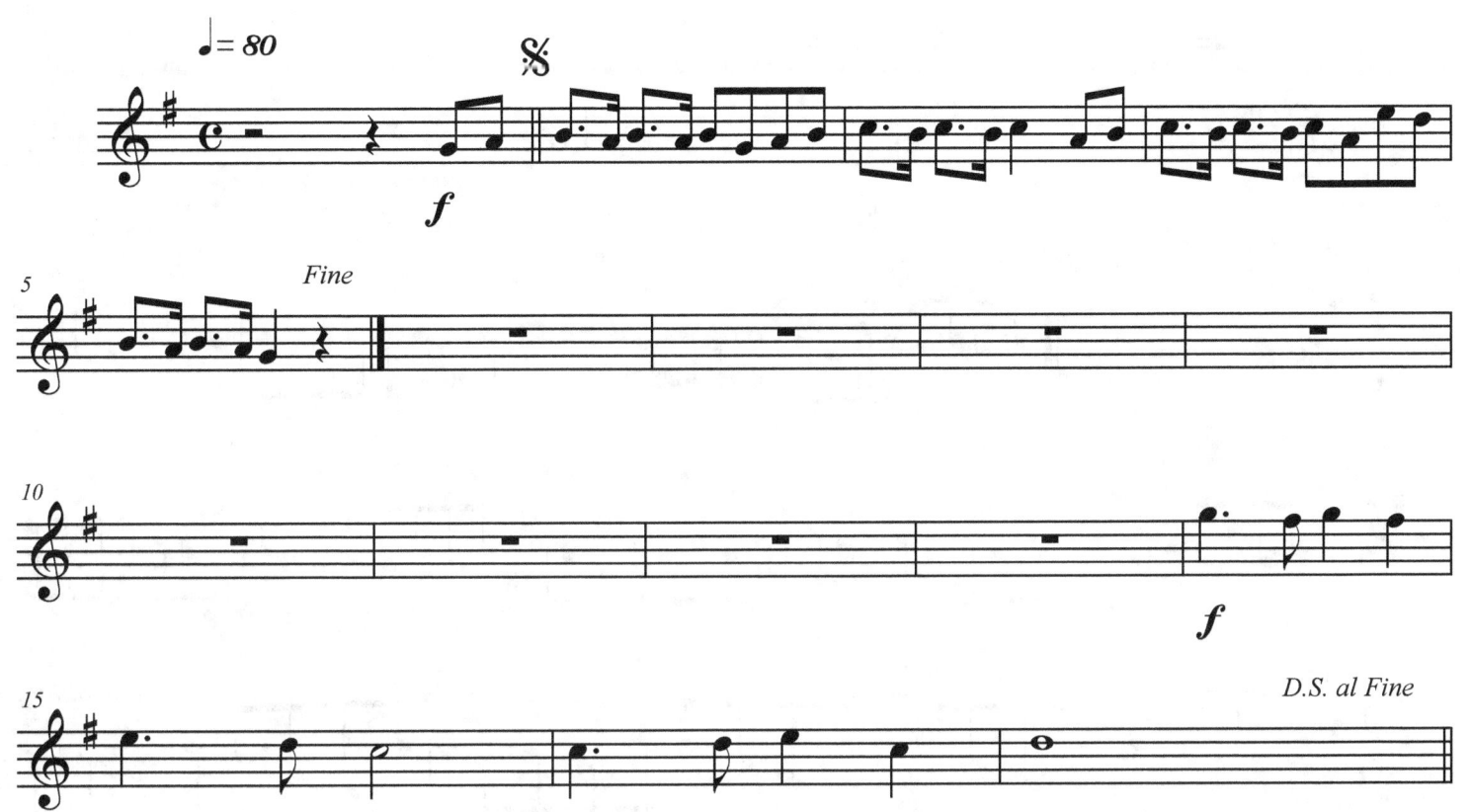

VIII

Part 2: Bes Trumpet 2 + 3

Joost de Groot

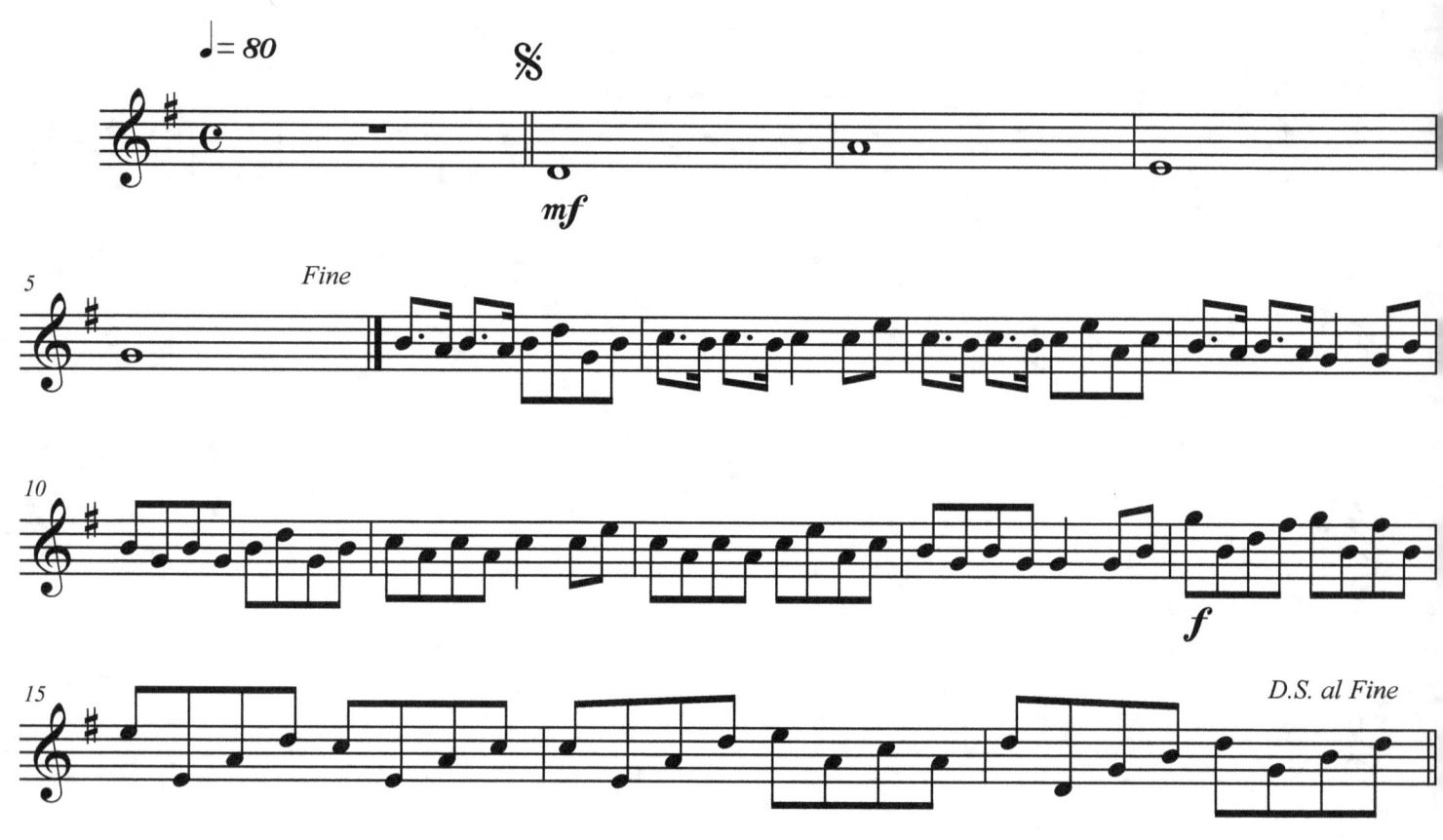

VIII

Part 2: F Horn 1 + 2

Joost de Groot

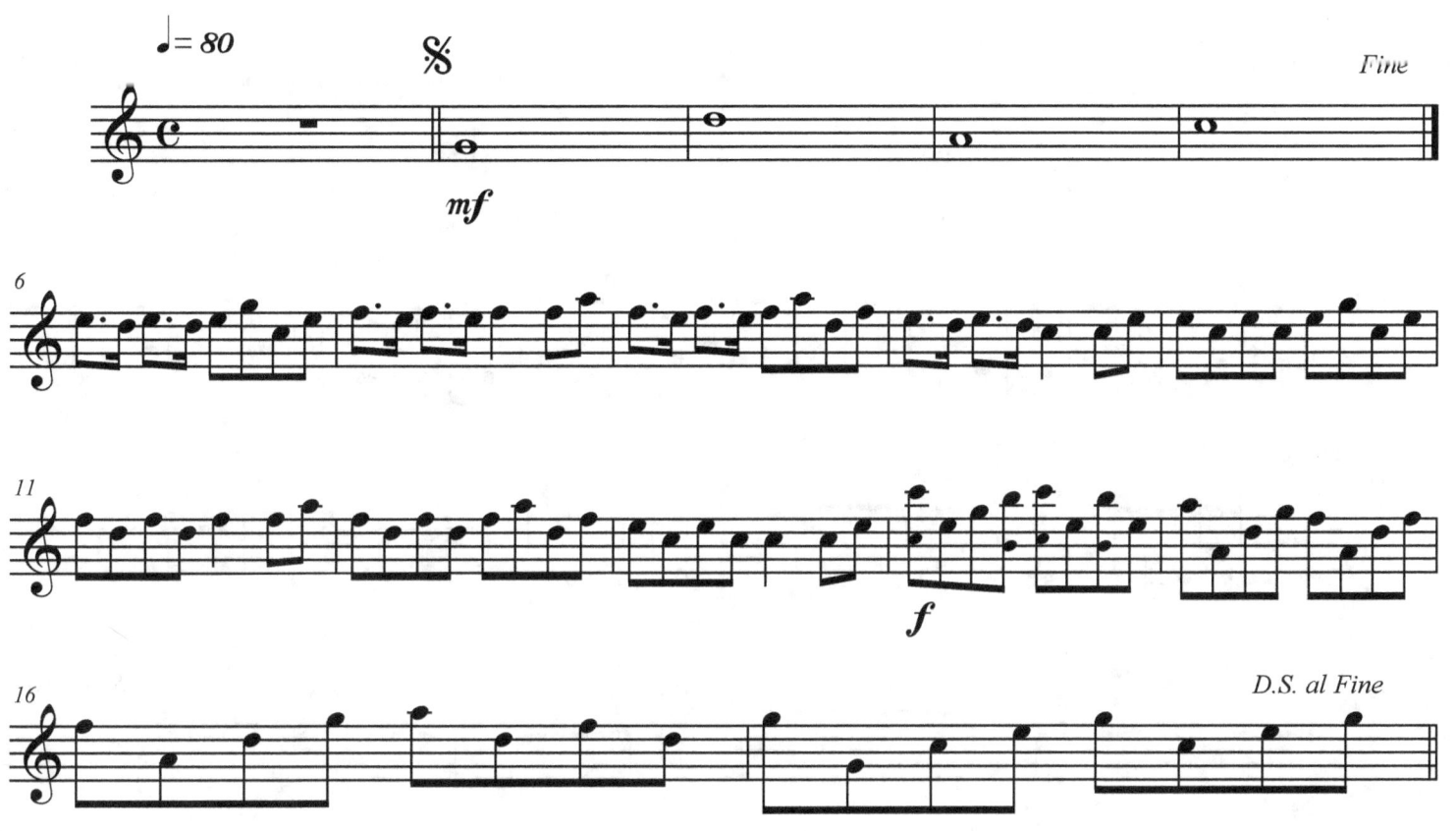

Part 3: F Horn 3 + 4

VIII

Joost de Groot

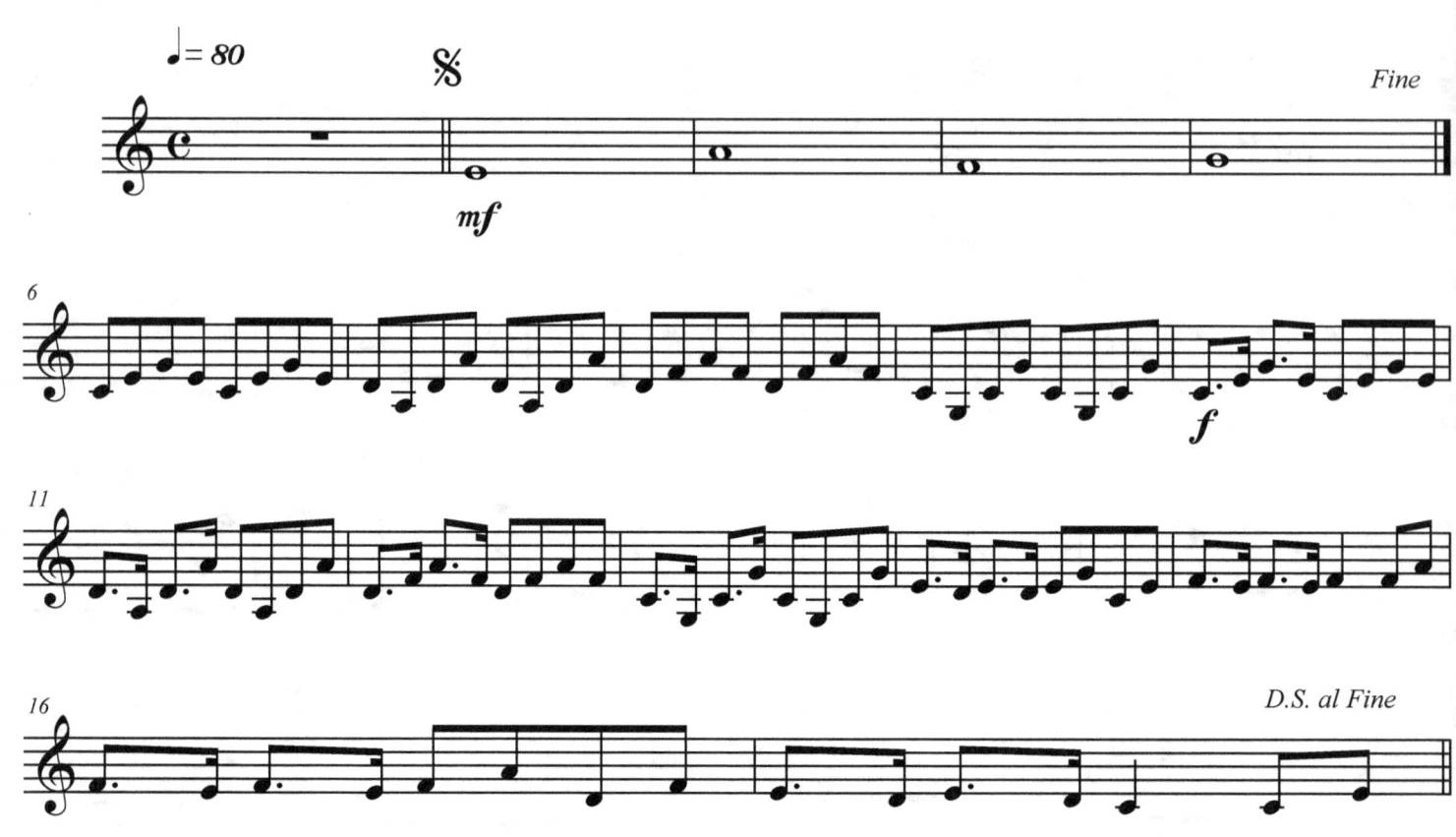

VIII

Part 3: C Trombone 1 + 2

Joost de Groot

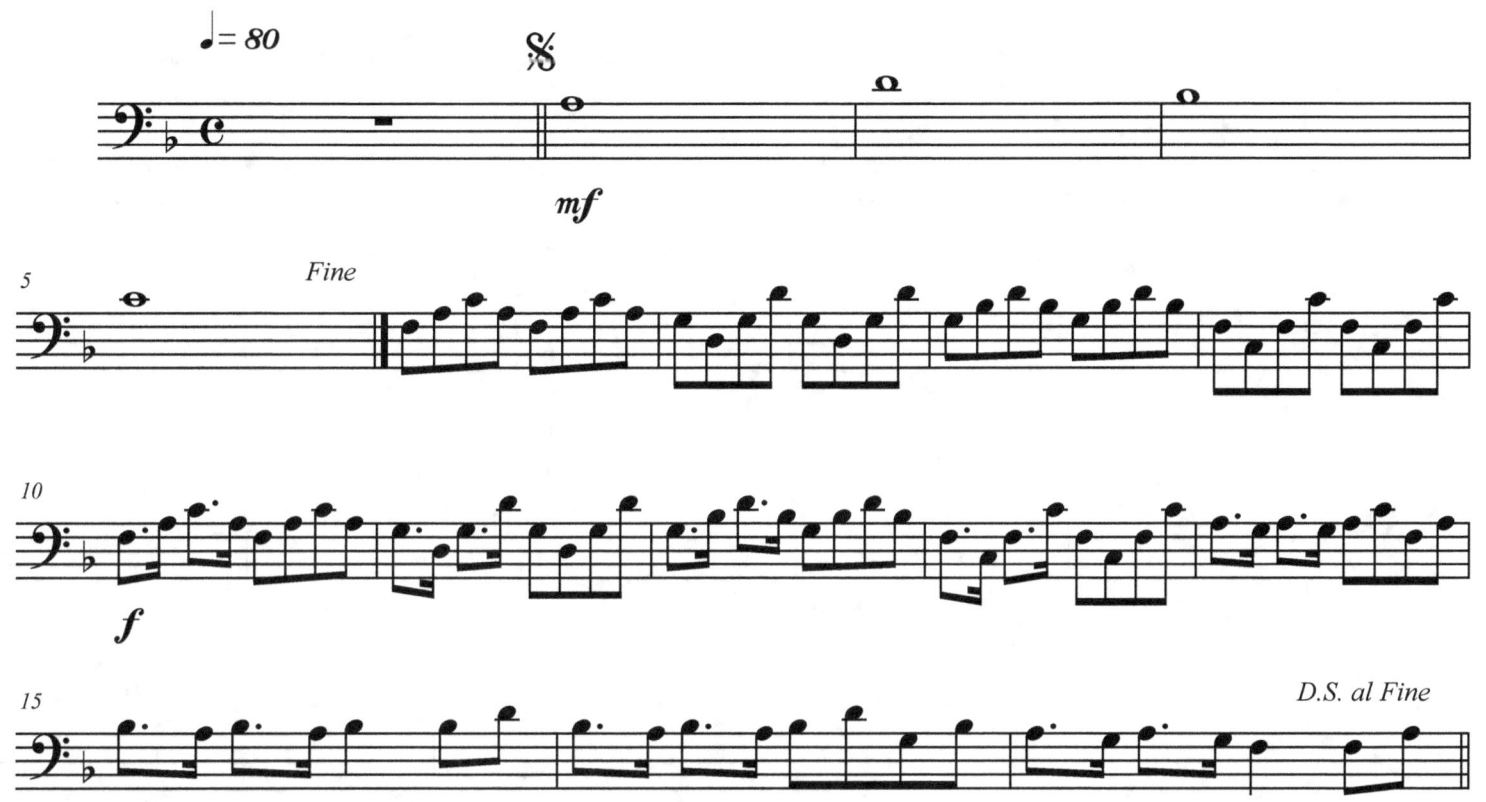

VIII

Part 4: C Bass Trombone

Joost de Groot

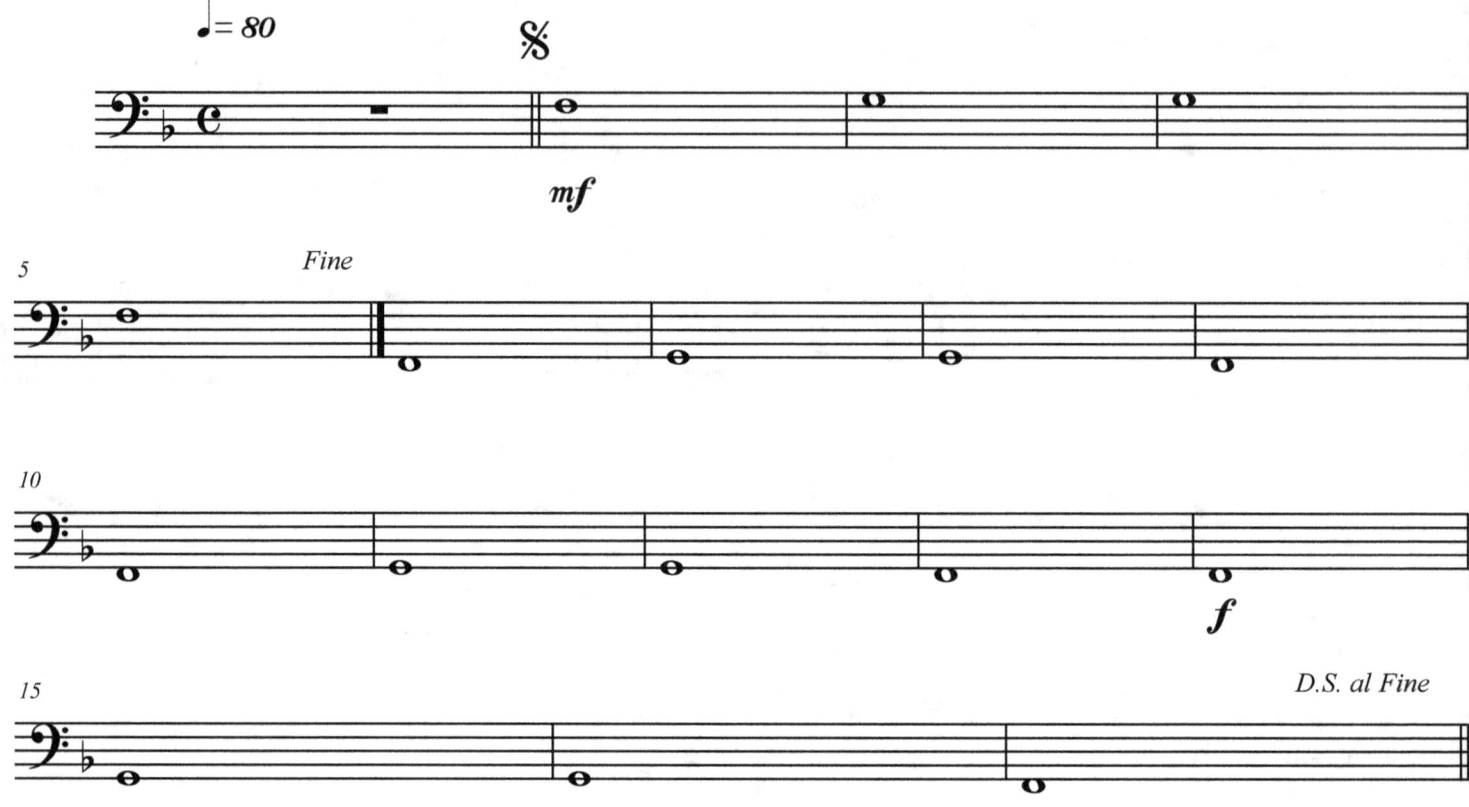

Part 3: C Baritone

VIII

Joost de Groot

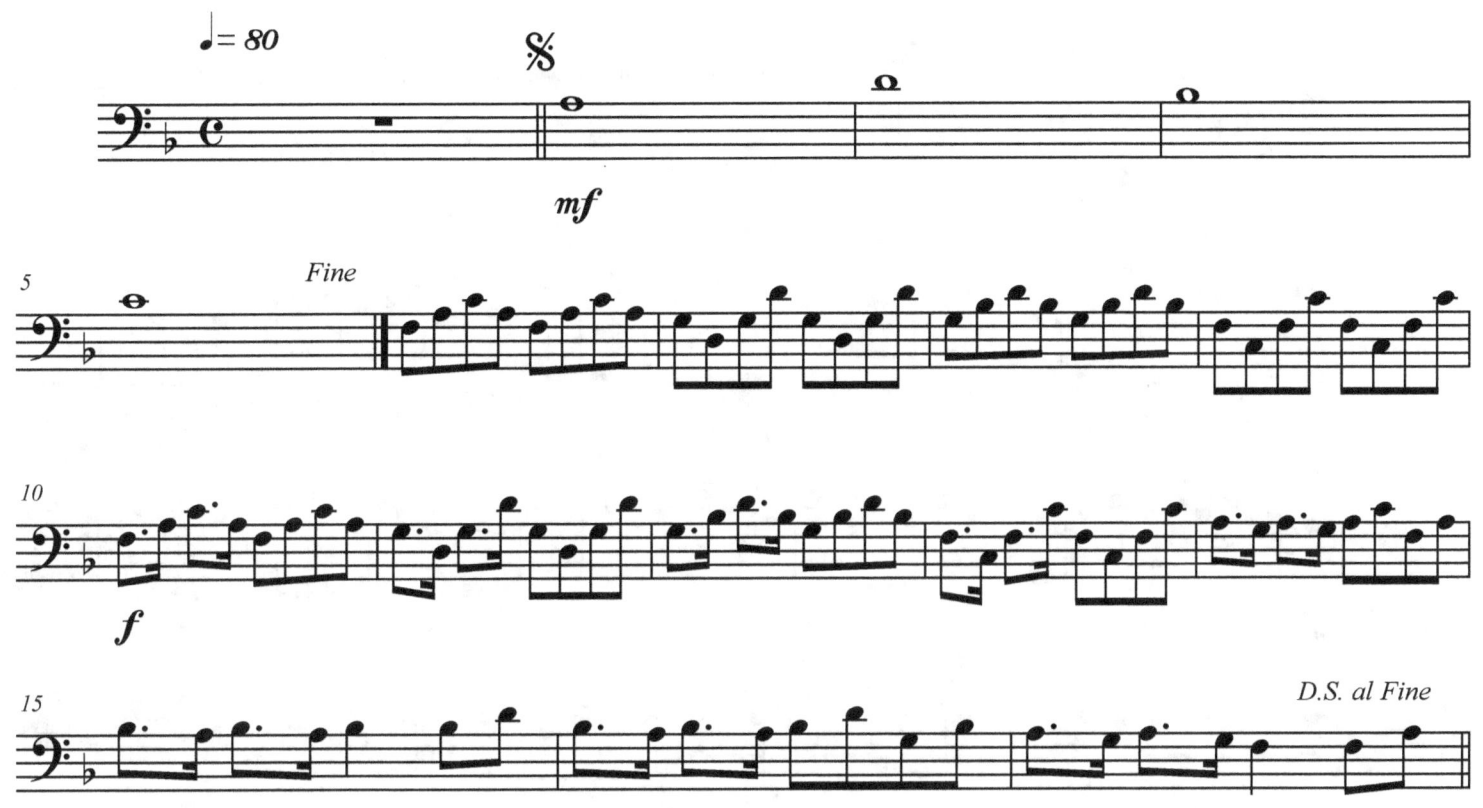

Part 3: Bes Baritone

VIII

Joost de Groot

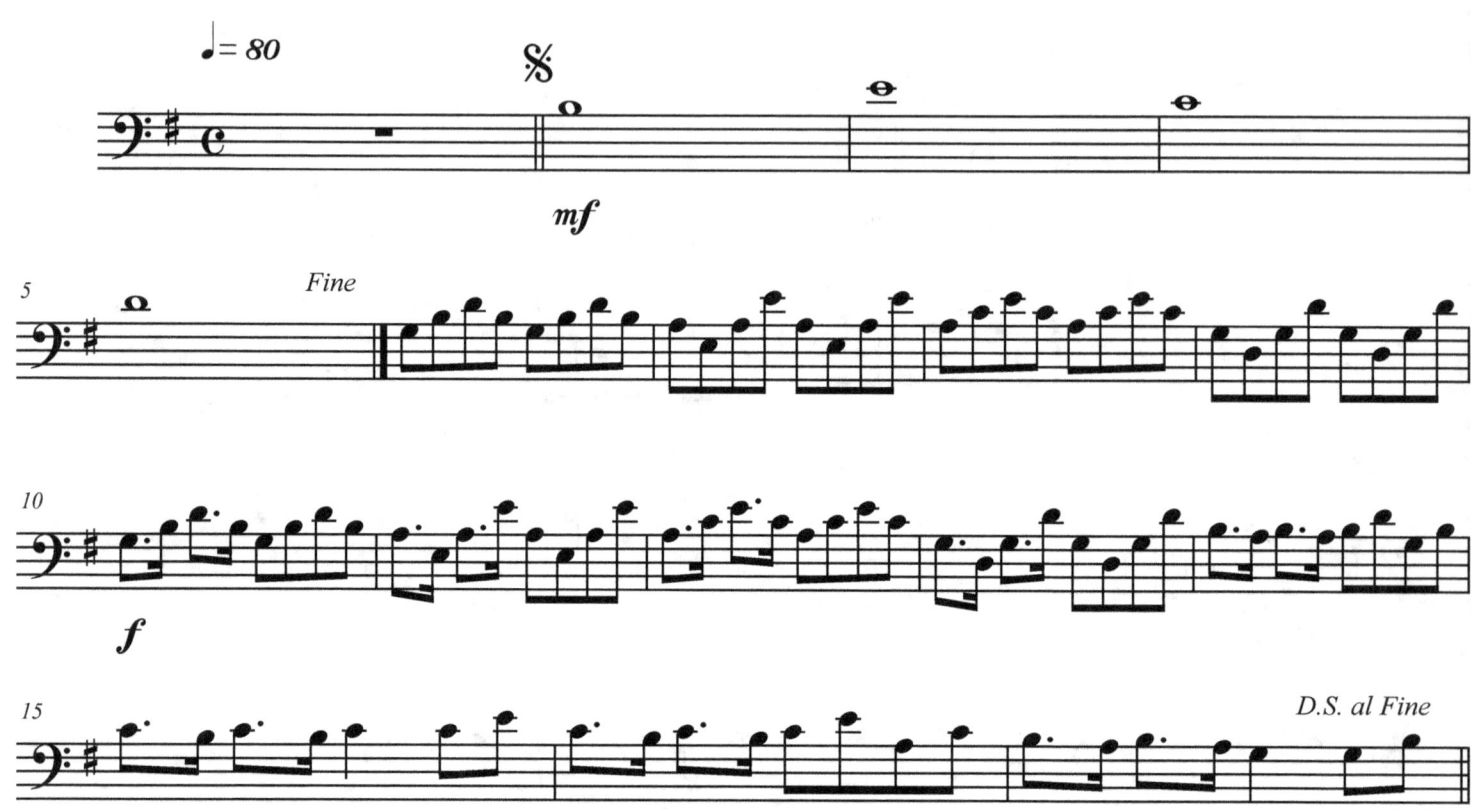

Part 3: Bes Baritone

VIII

Joost de Groot

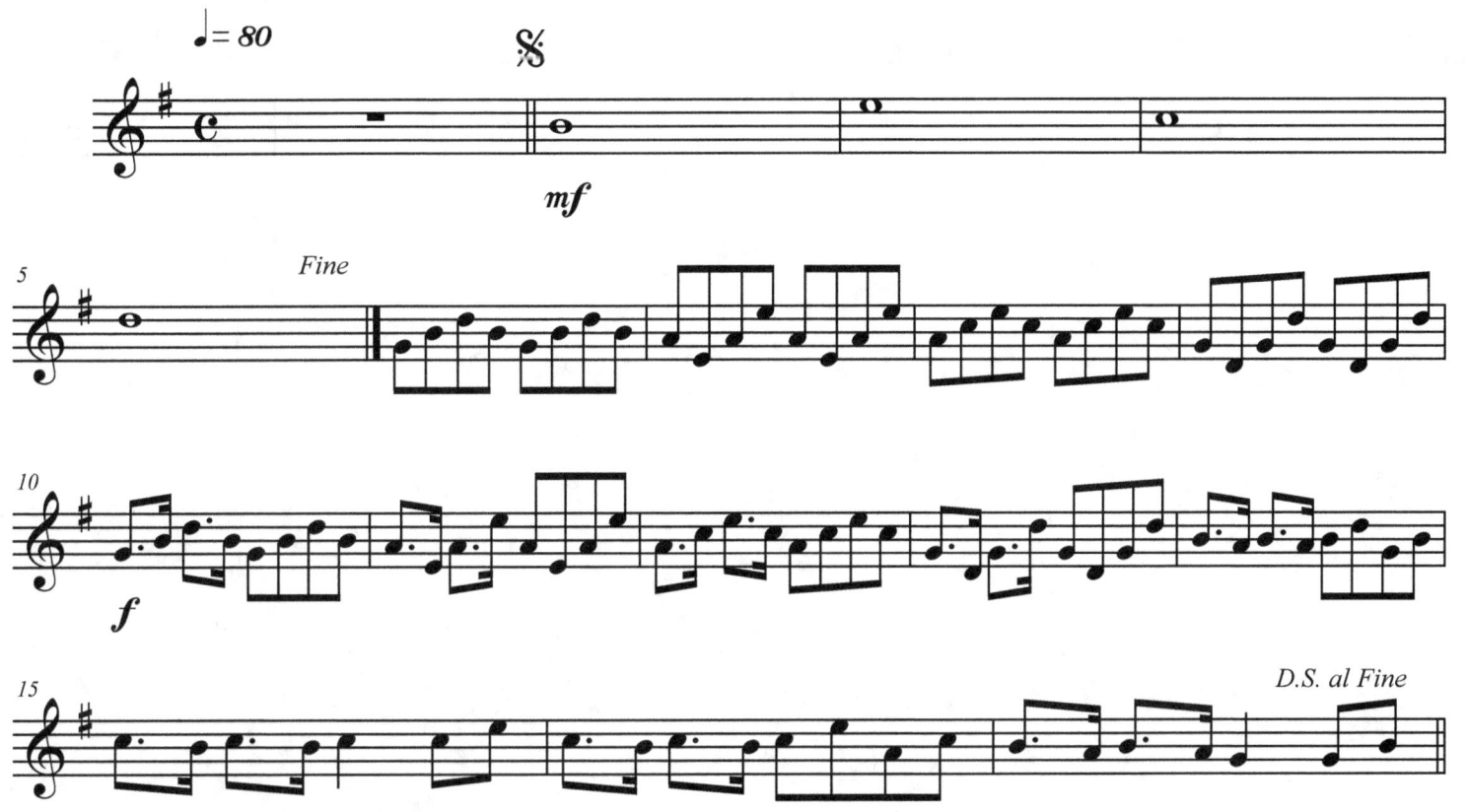

Part 4: C Bass Tuba

VIII

Joost de Groot

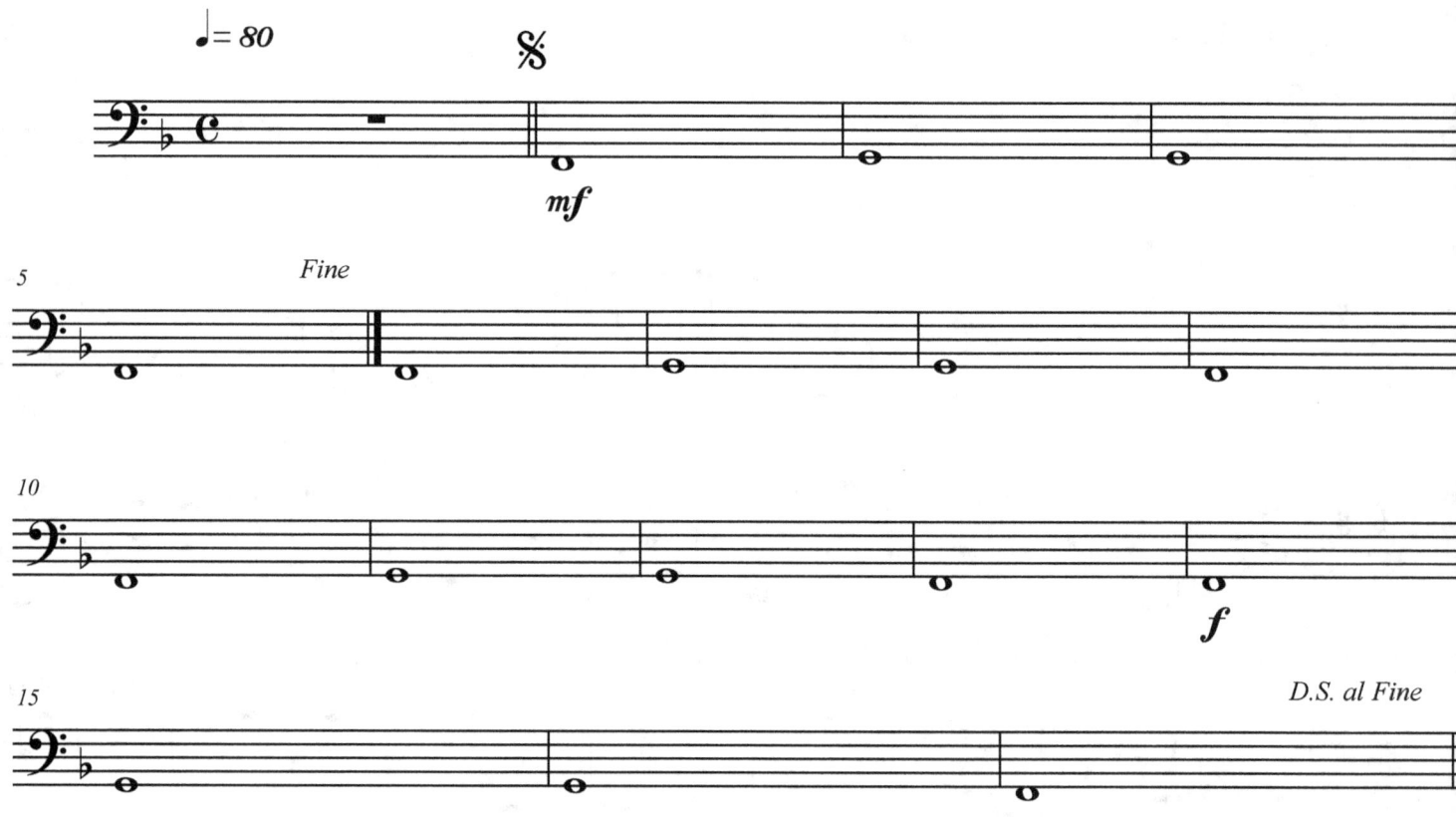

© 2008

VIII

Part 4: Bes Bass Tuba

Joost de Groot

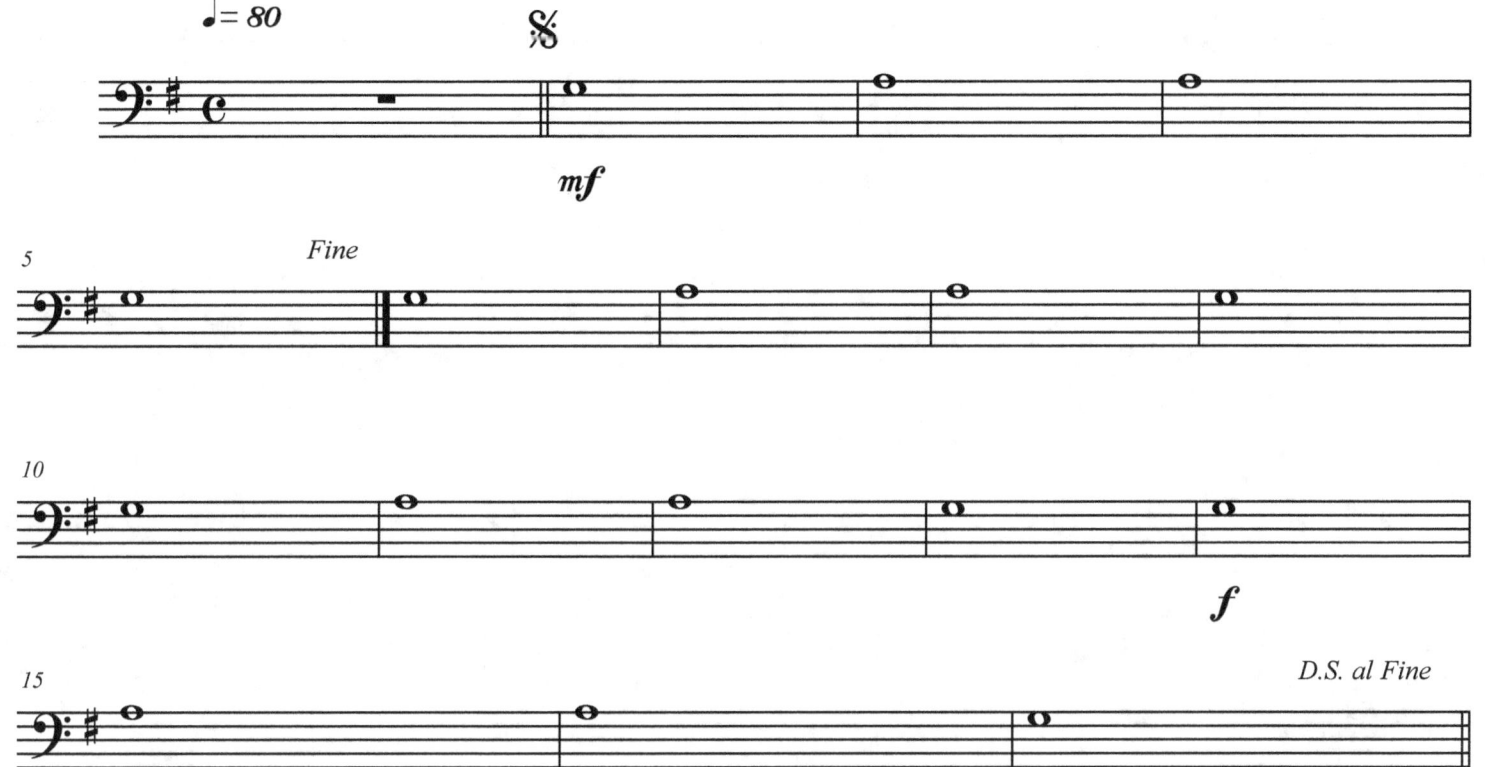

Part 4: Es Bass Tuba

VIII

Joost de Groot

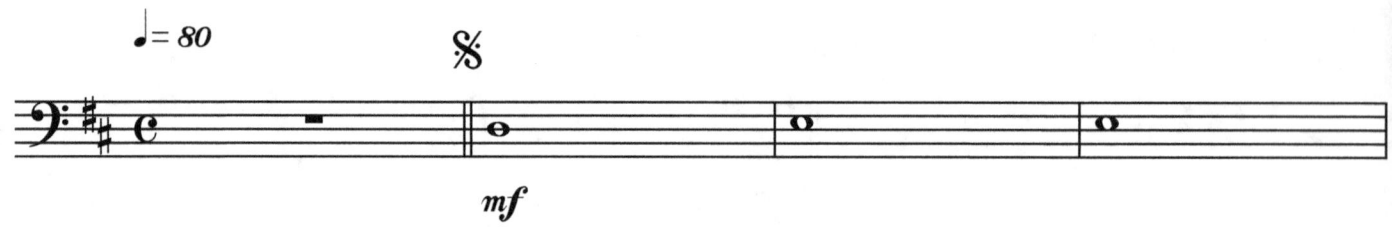
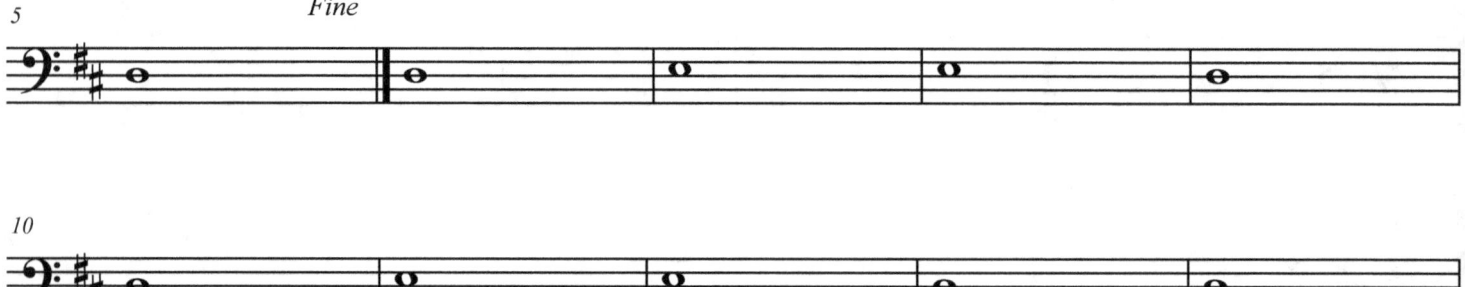
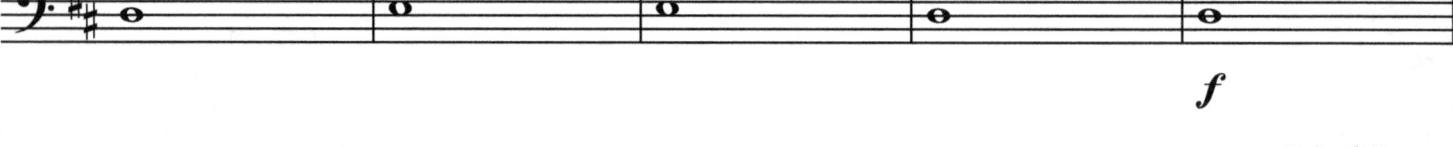

© 2008

VIII

Part 1: Es Alto Sax.

Joost de Groot

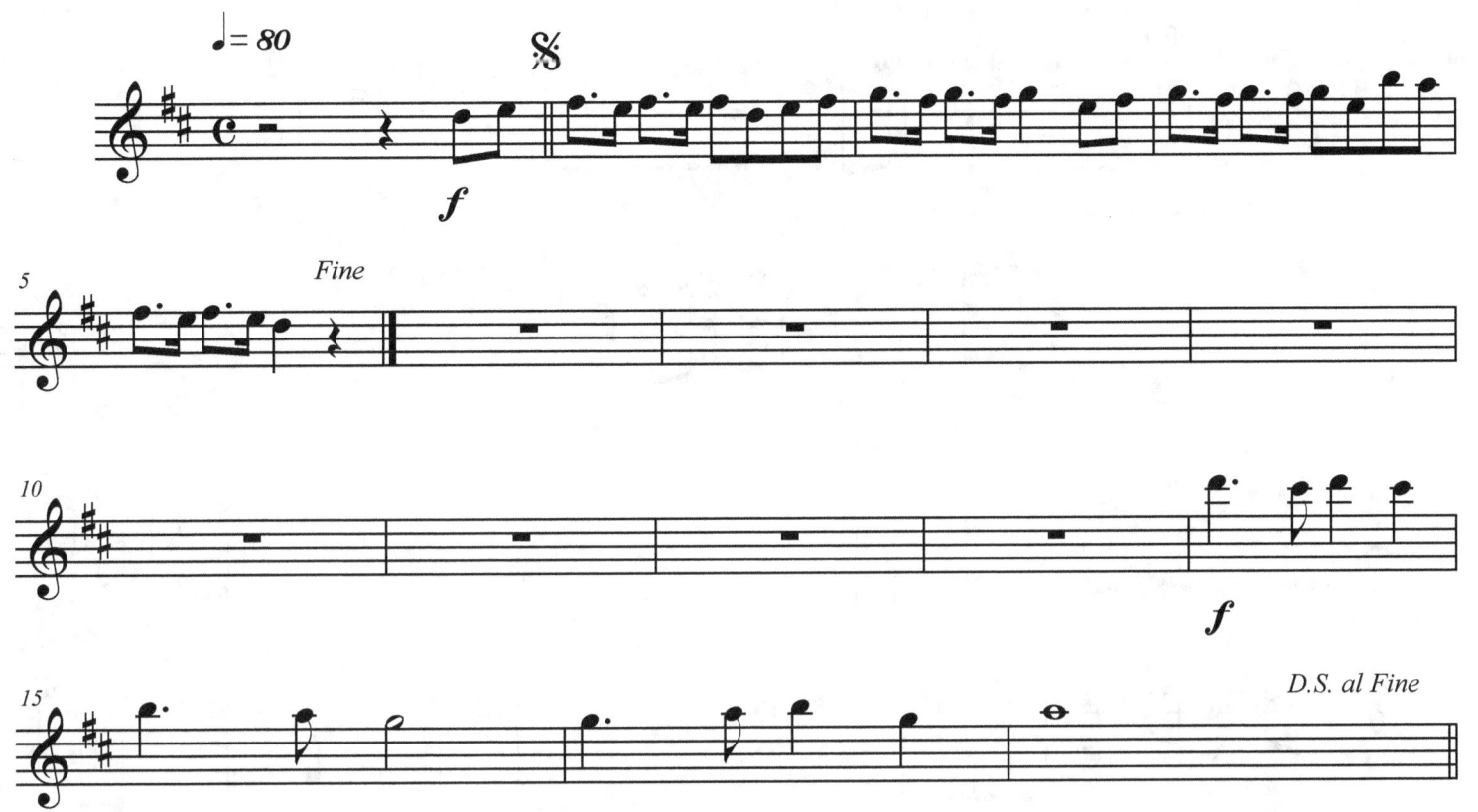

© 2008

IX

Part 1: C Flute

Joost de Groot

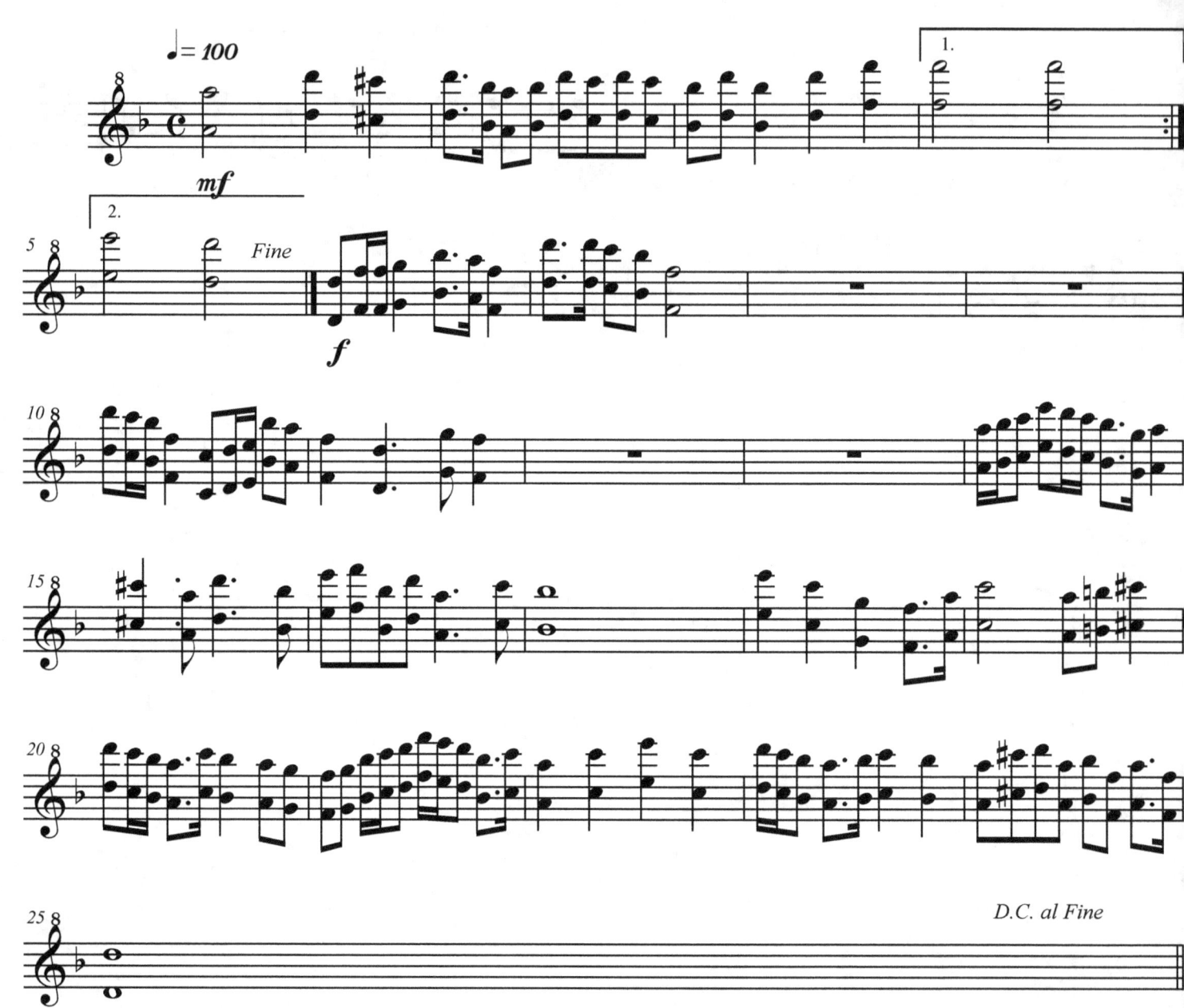

IX

Part 1: C Oboe

Joost de Groot

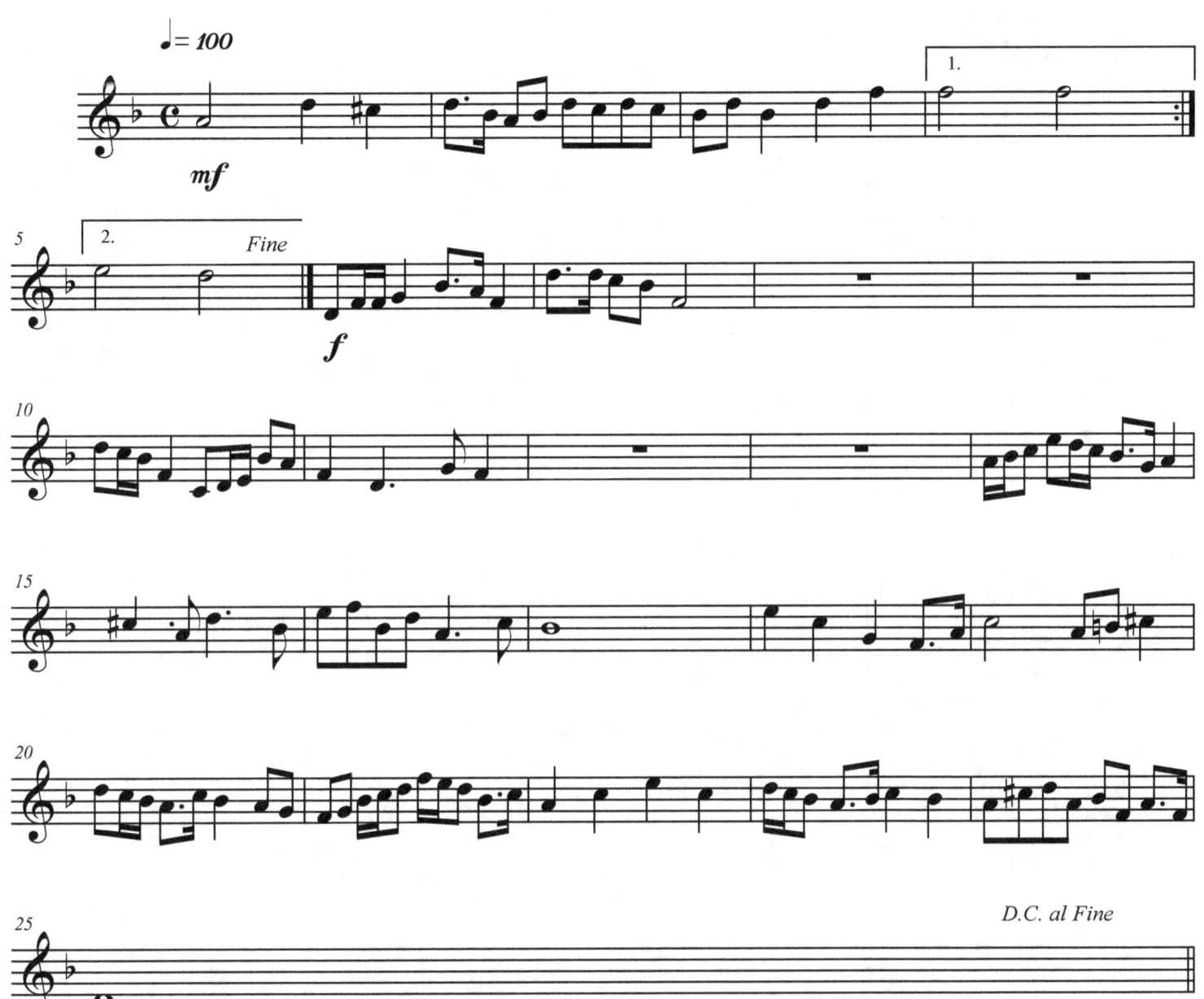

IX

Part 4: C Bassoon

Joost de Groot

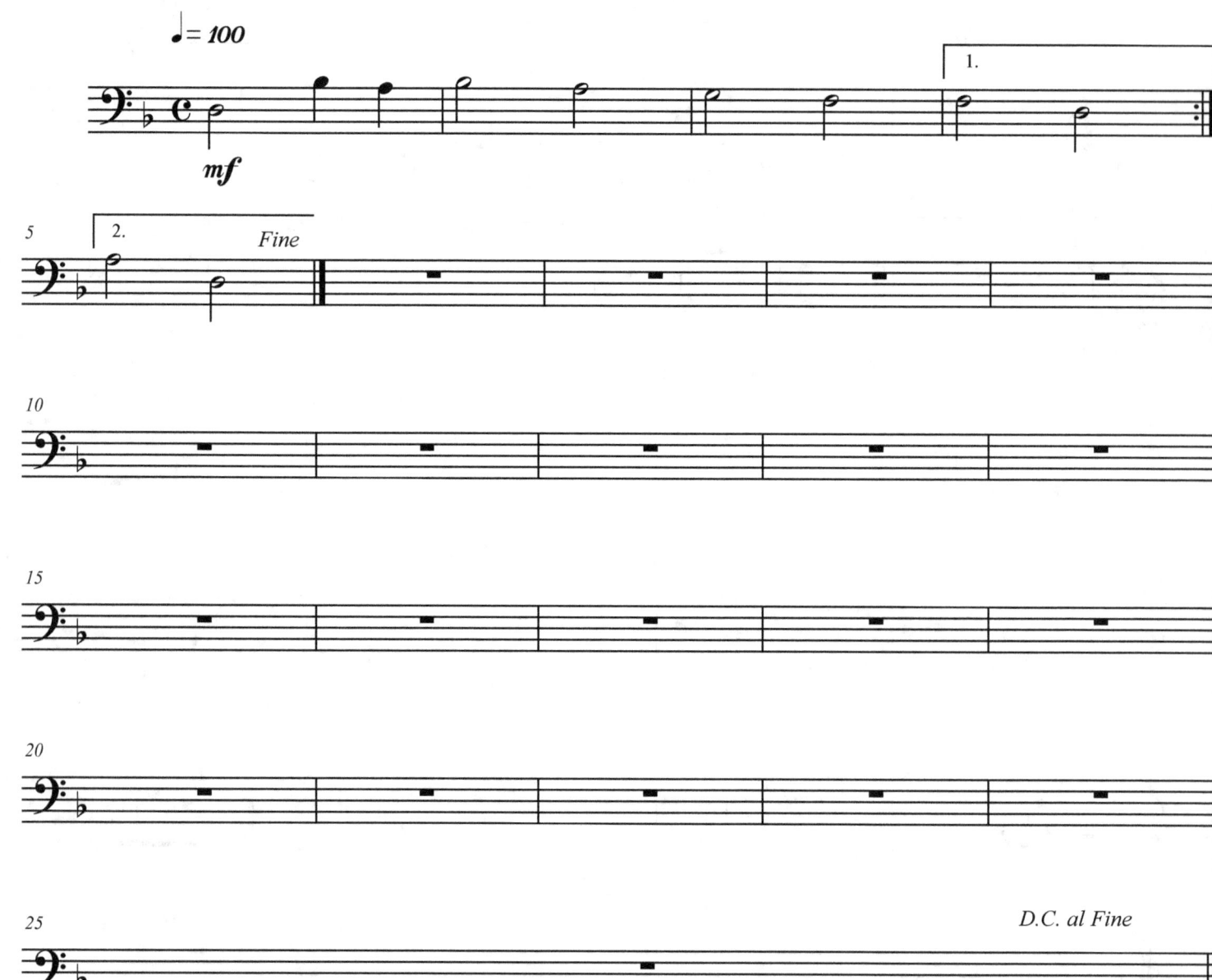

IX

Part 1: Bes Clarinet 1

Joost de Groot

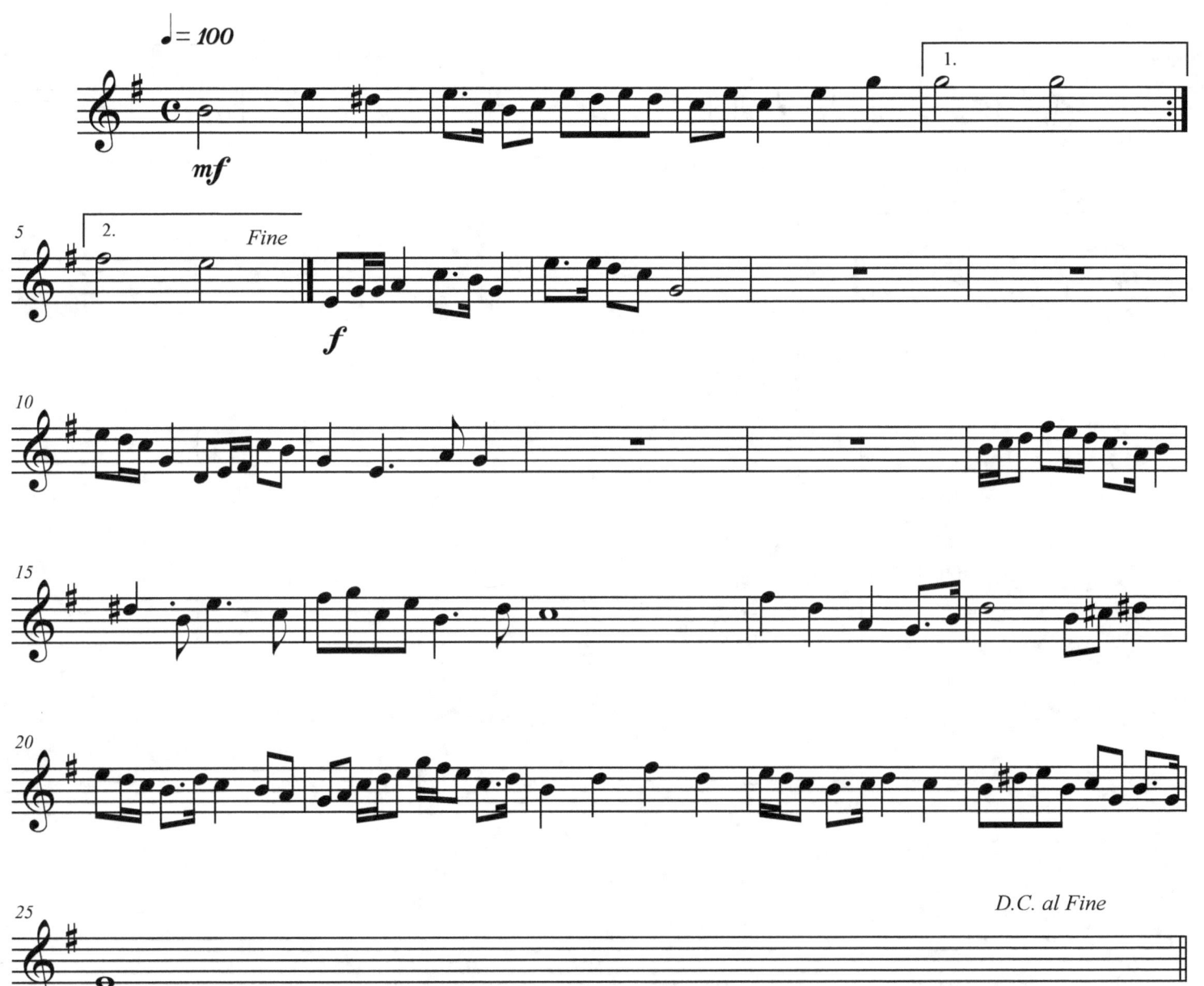

Part 2: Bes Clarinet 2 + 3

IX

Joost de Groot

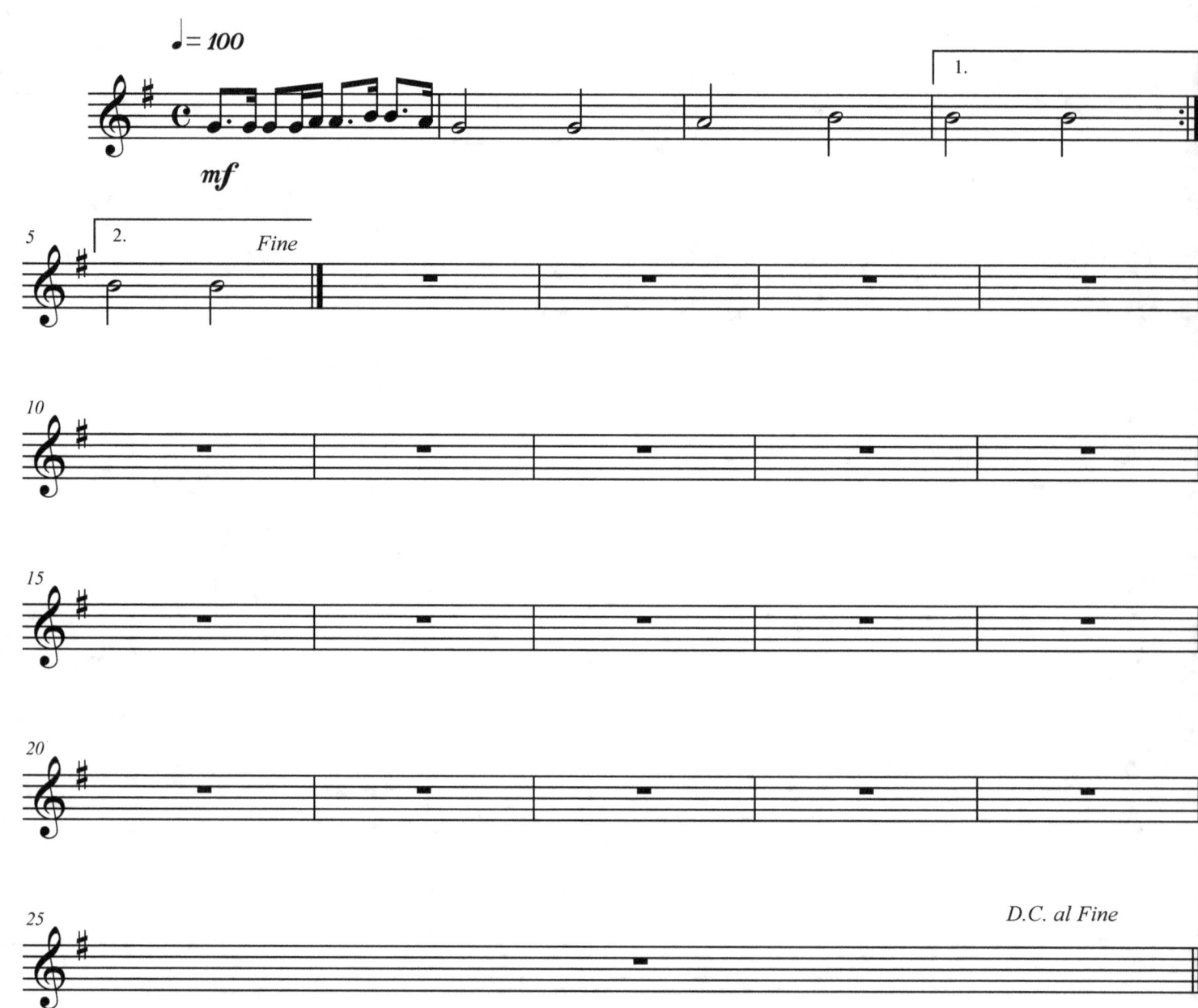

© 2008

IX

Part 3: Es Alto Clarinet

Joost de Groot

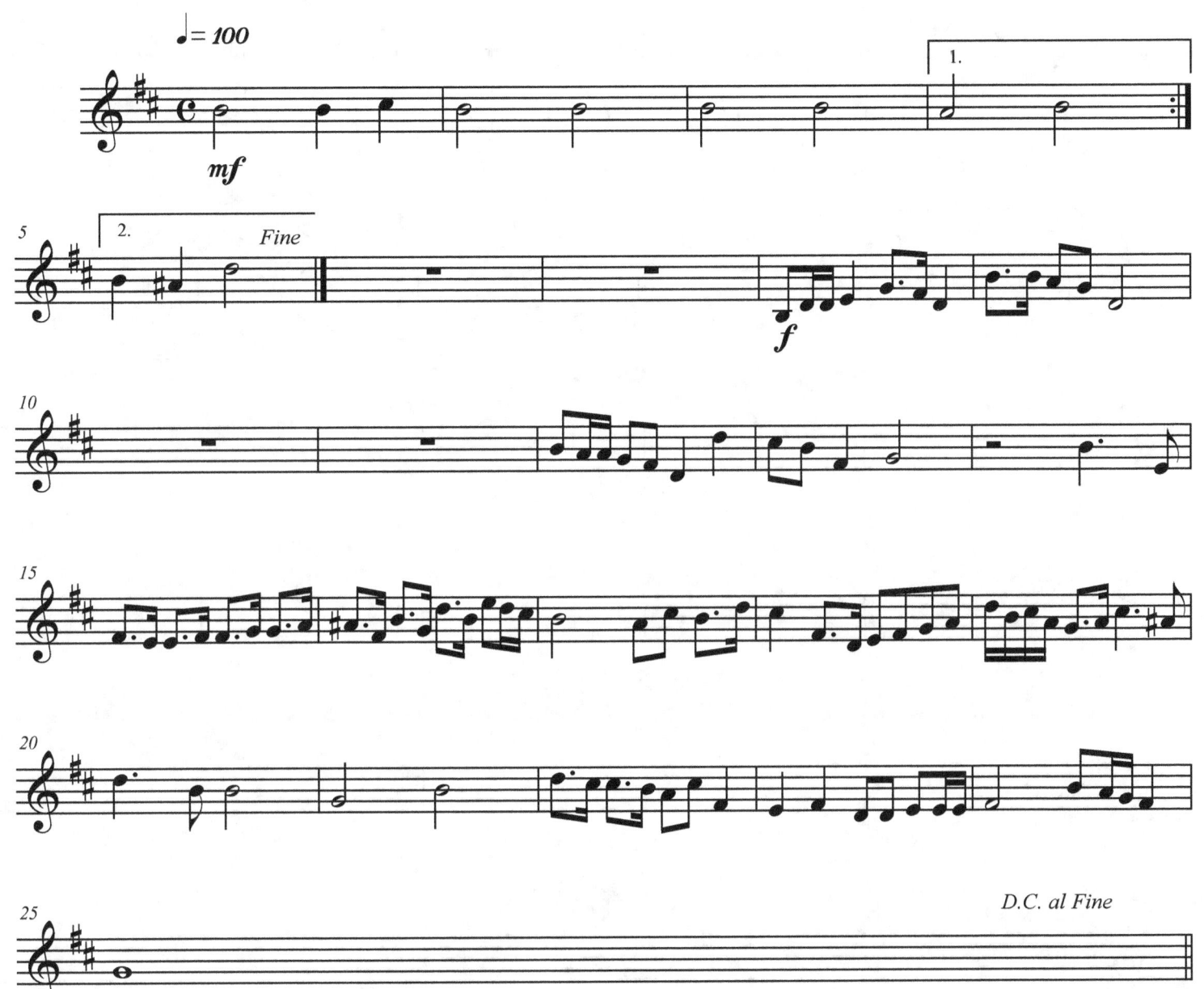

Part 4: Bes Bass Clarinet

IX

Joost de Groot

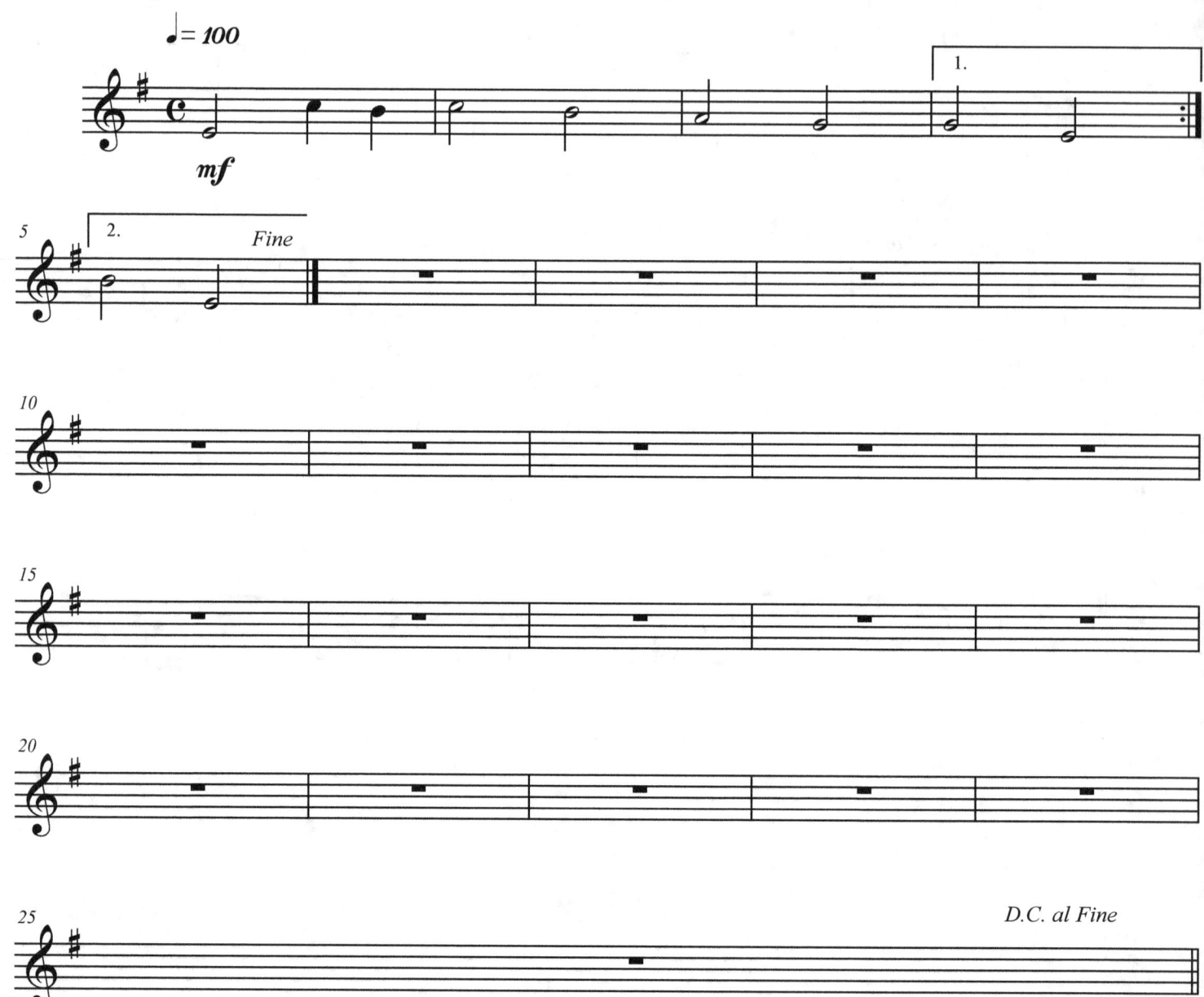

Part 2: Es Alto Sax.

IX

Joost de Groot

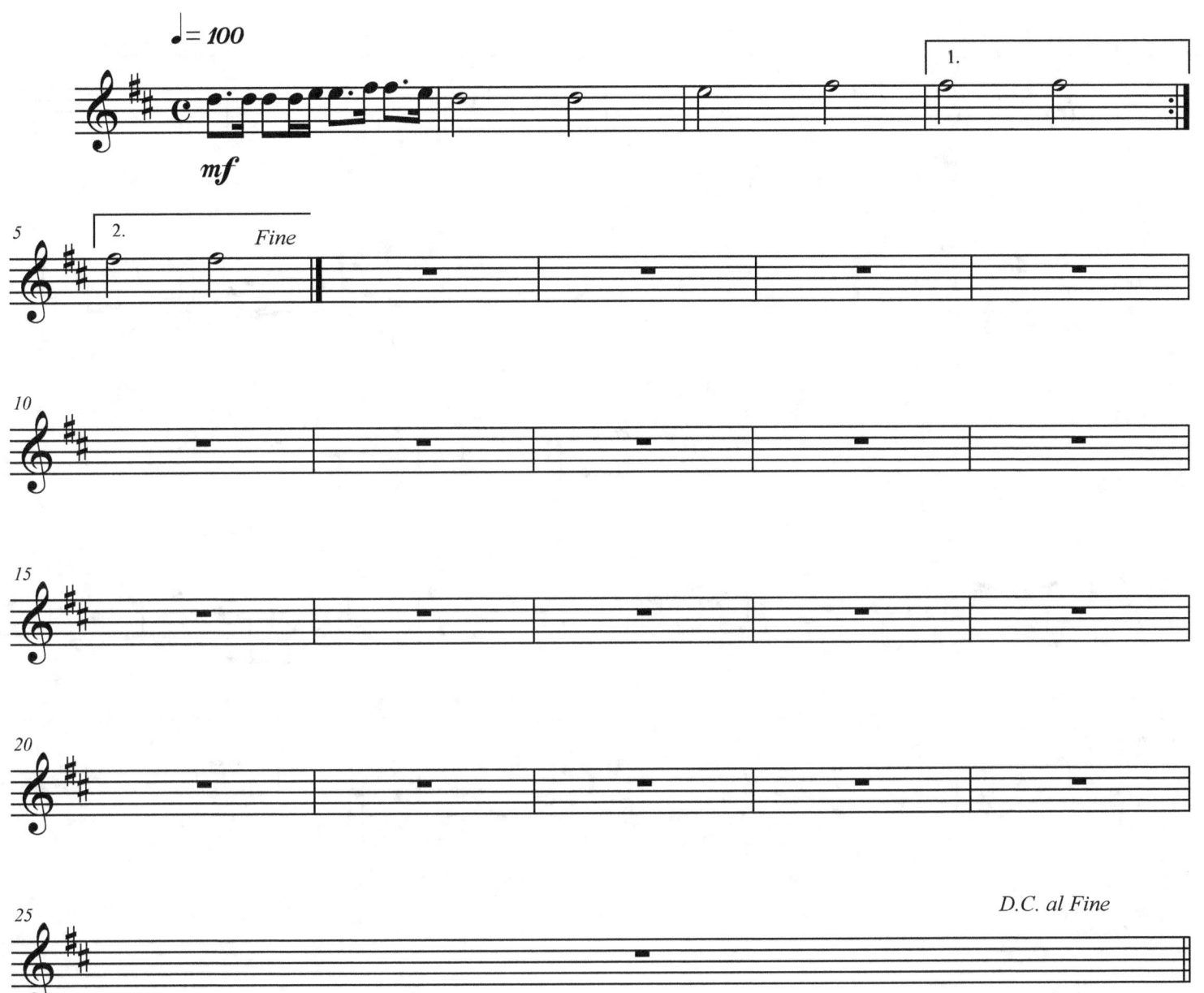

Part 3: Bes Tenor Sax.

IX

Joost de Groot

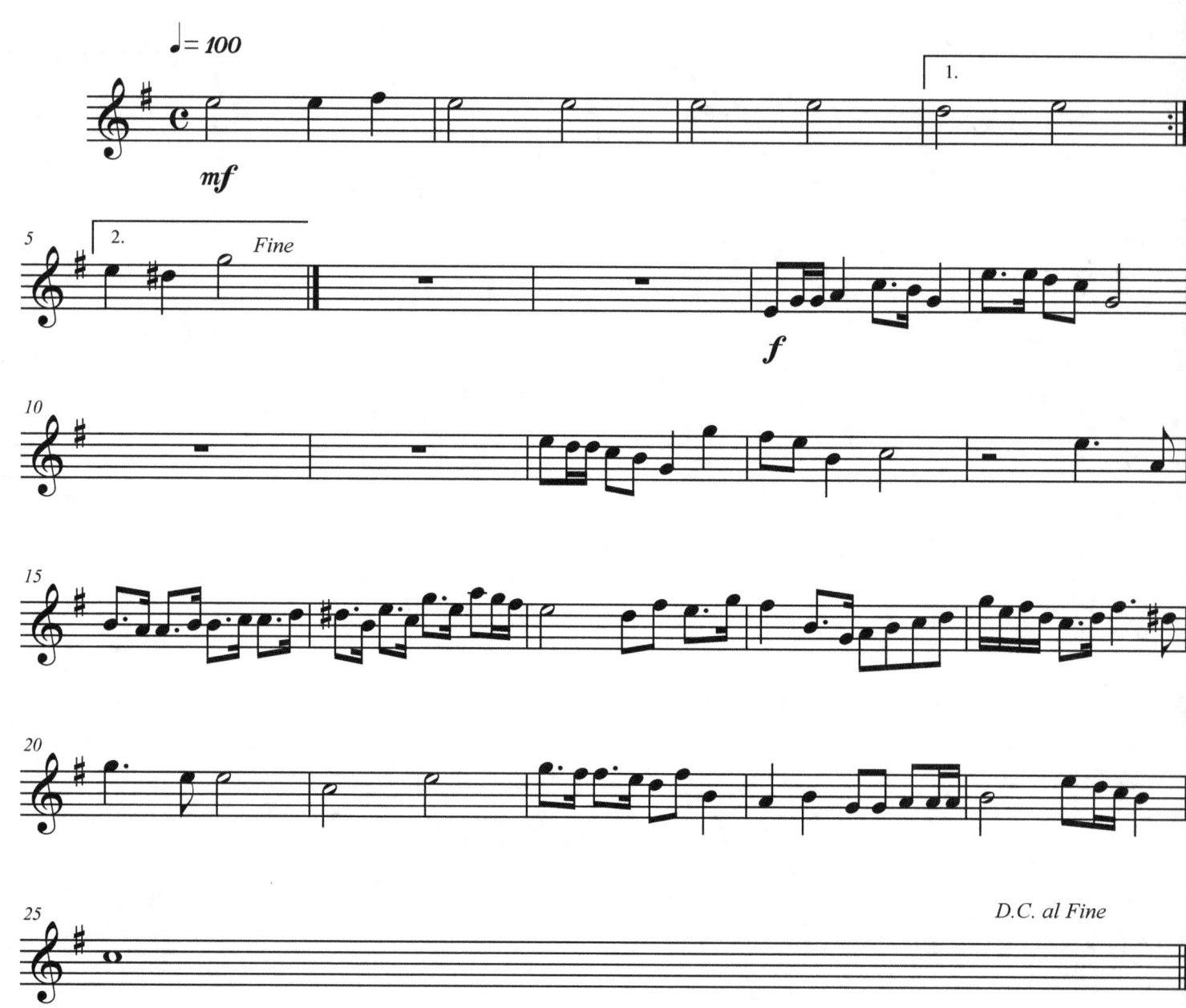

Part 4: Es Baritone Sax.

IX

Joost de Groot

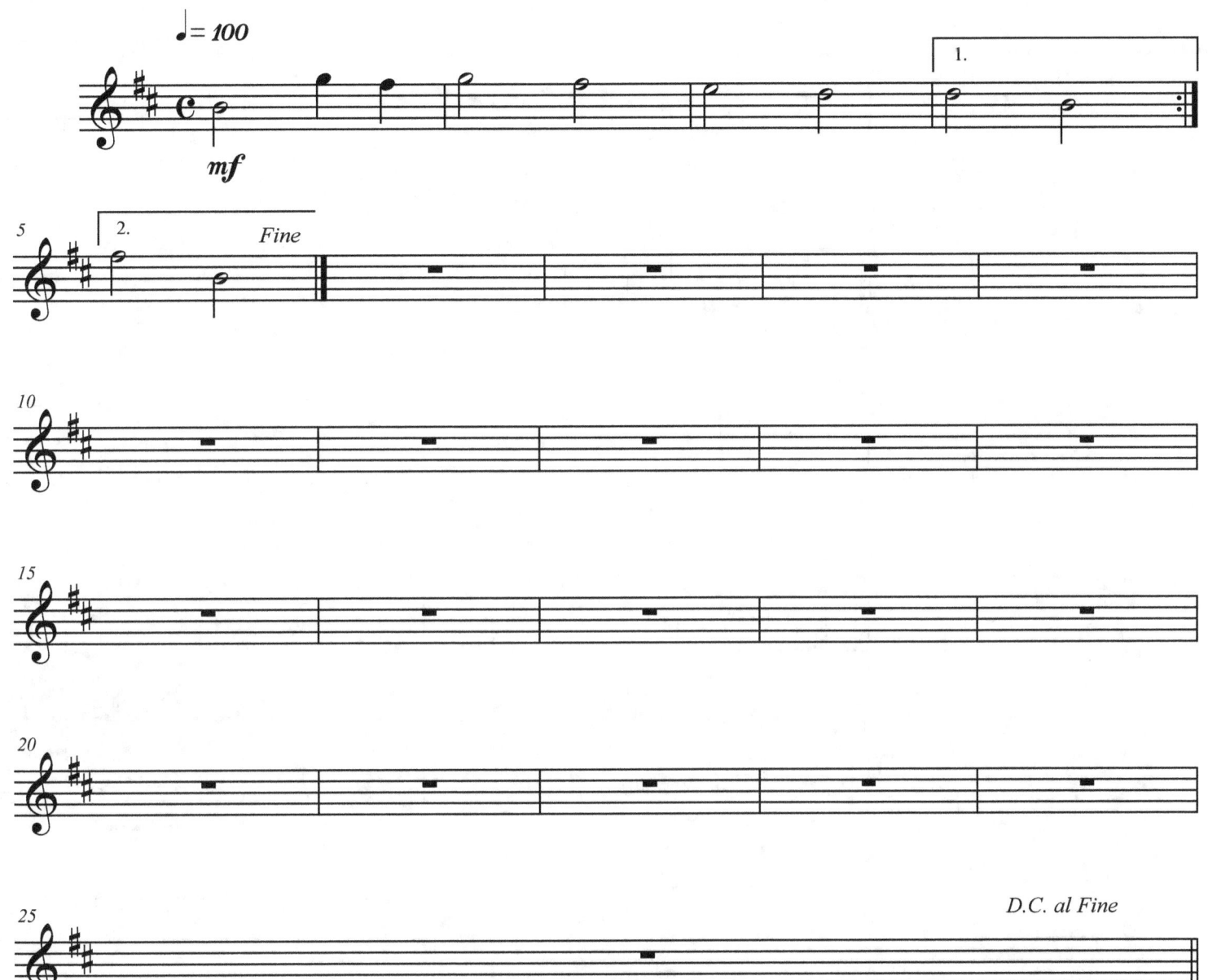

© 2008

Part 1: Bes Trumpet 1

IX

Joost de Groot

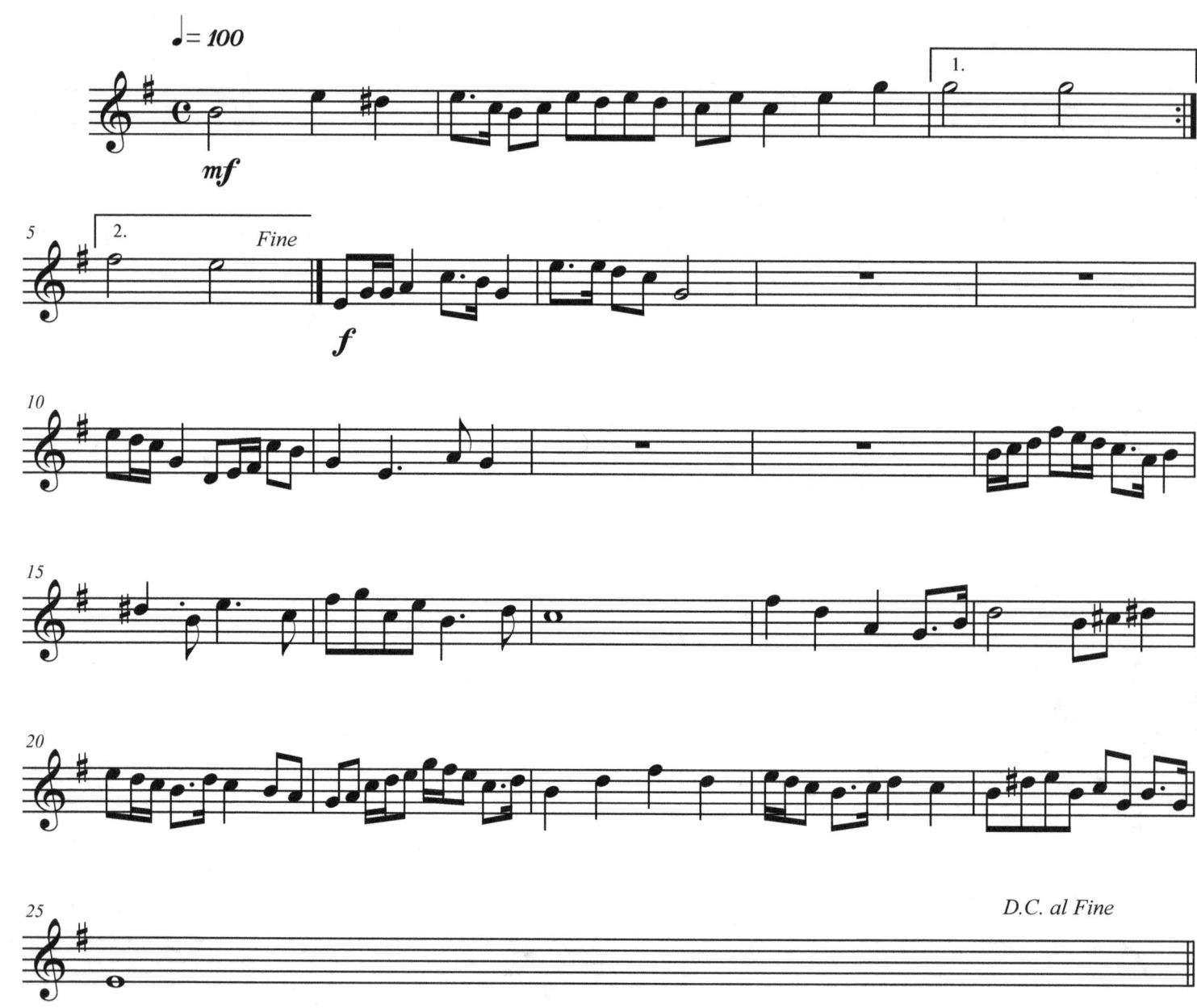

Part 2: Bes Trumpet 2 + 3

IX

Joost de Groot

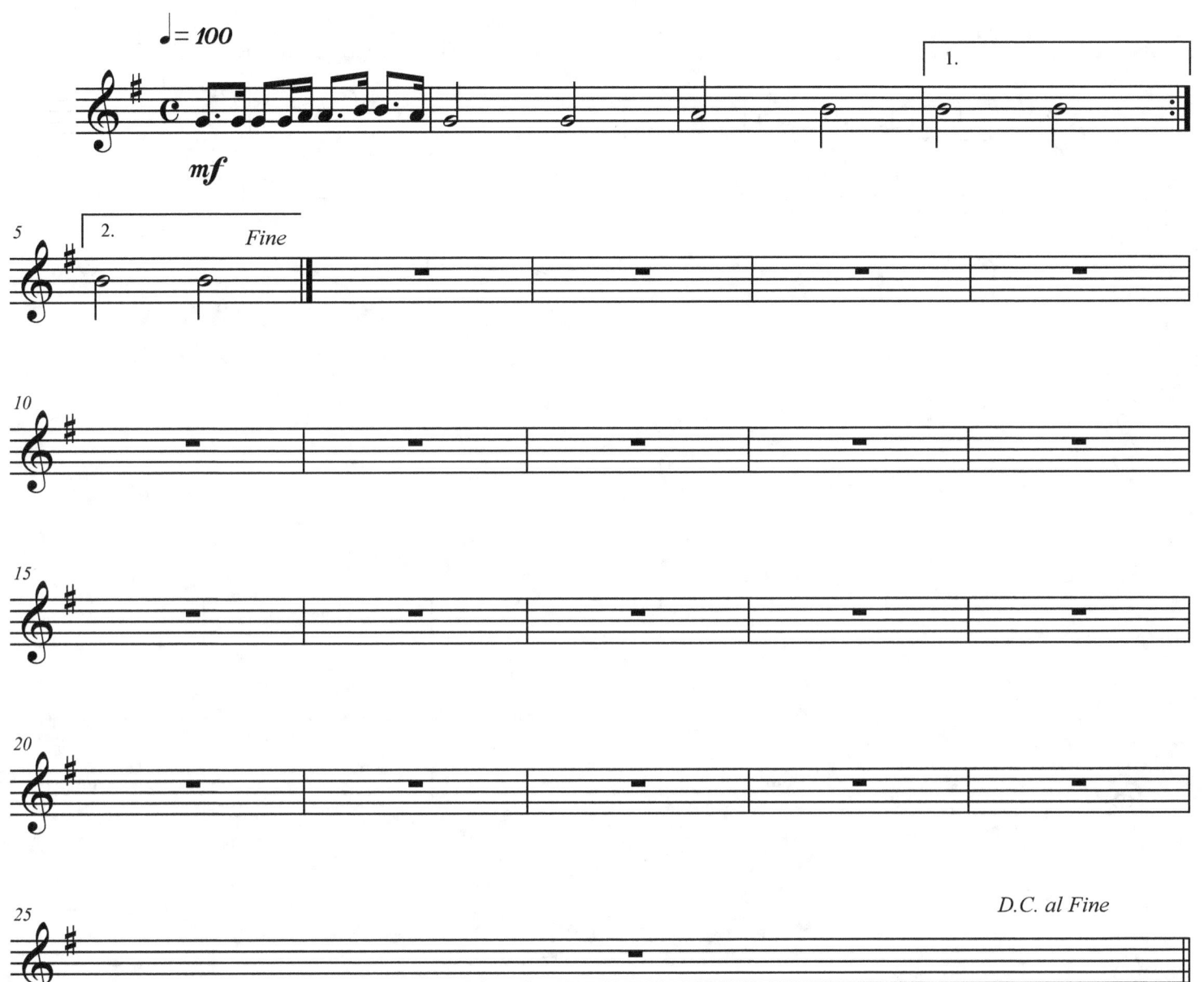

Part 2: F Horn 1 + 2

IX

Joost de Groot

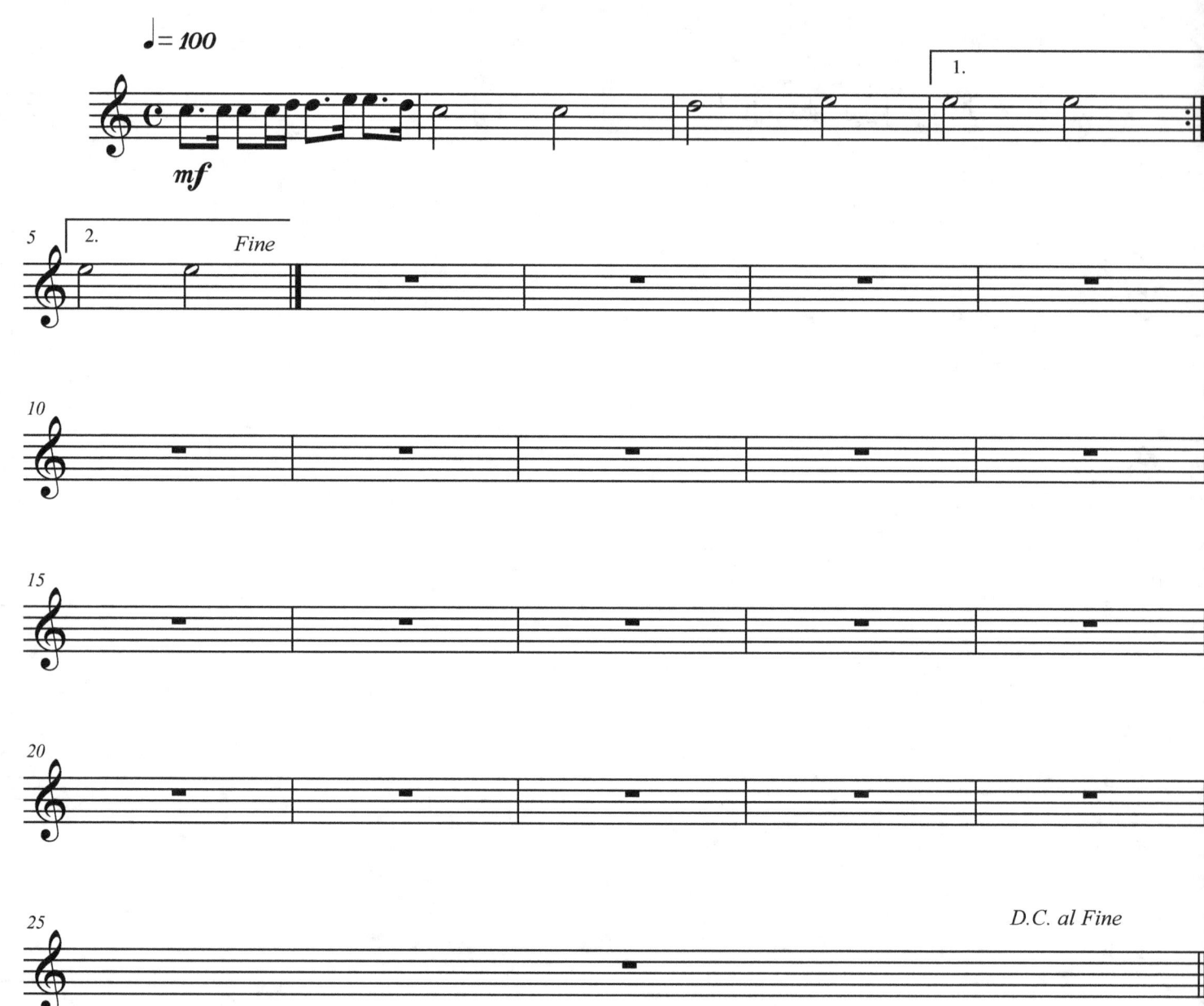

IX

Part 3: F Horn 3 + 4

Joost de Groot

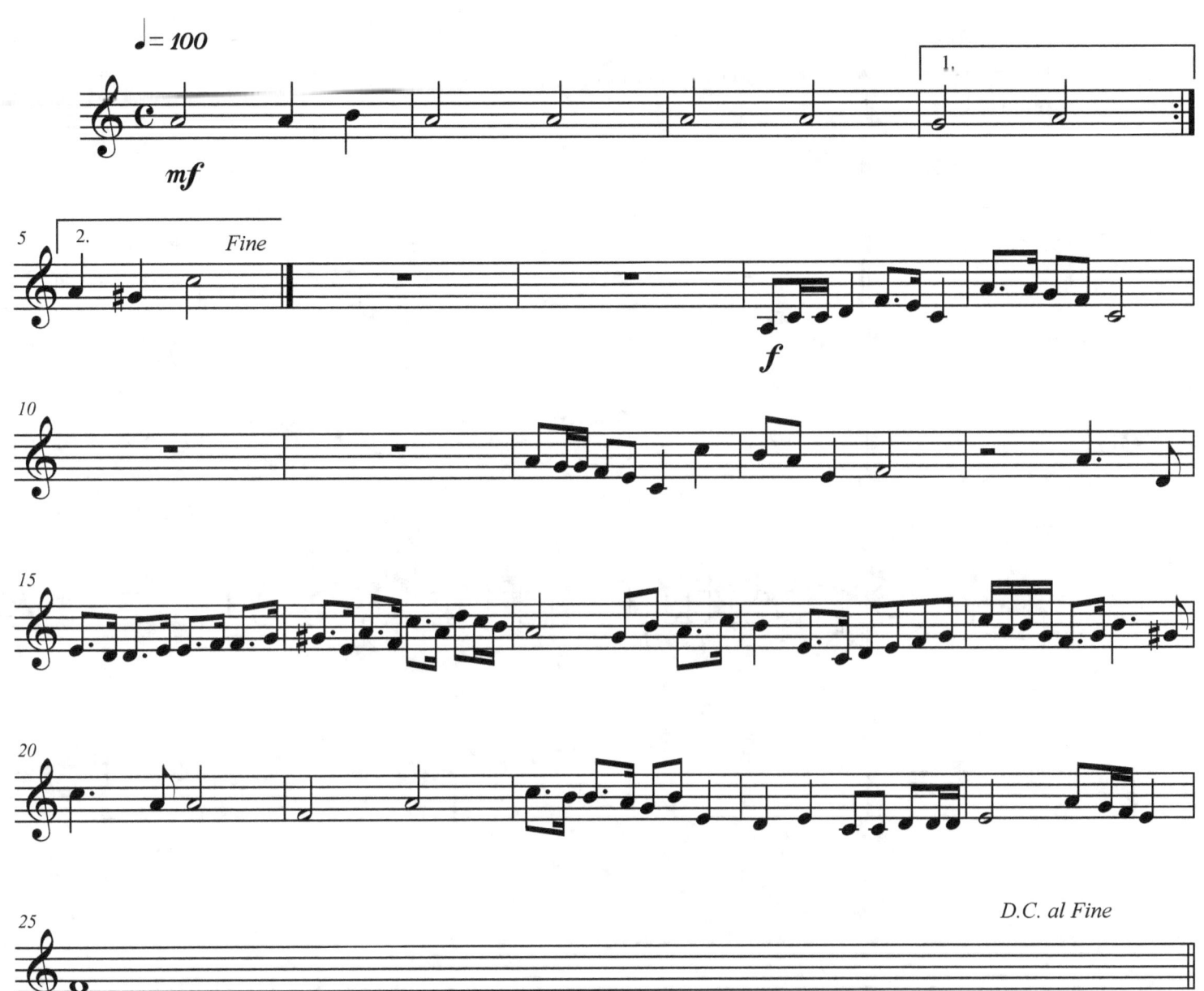

Part 3: C Trombone 1 + 2

IX

Joost de Groot

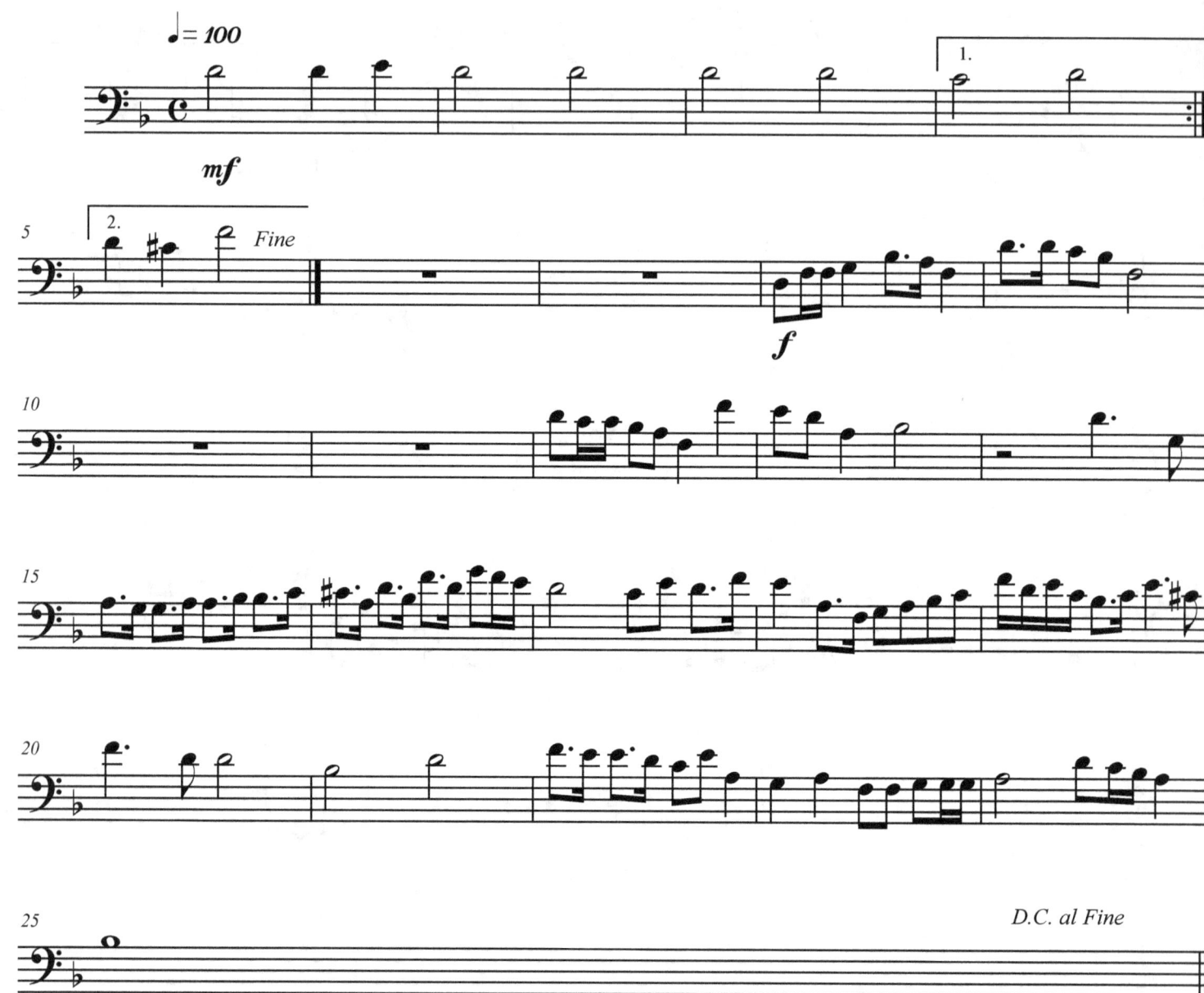

Part 4: C Bass Trombone

IX

Joost de Groot

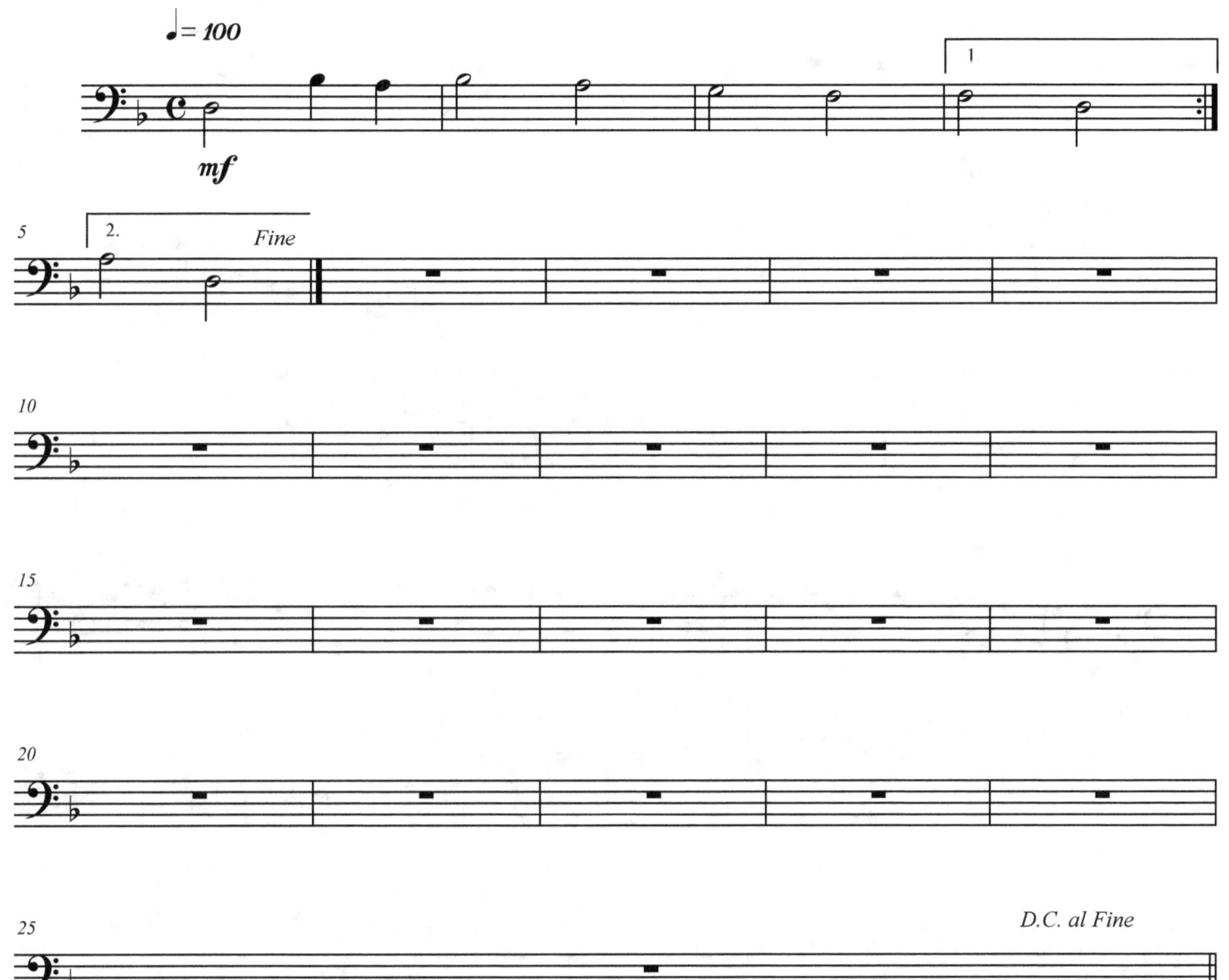

IX

Part 3: C Baritone

Joost de Groot

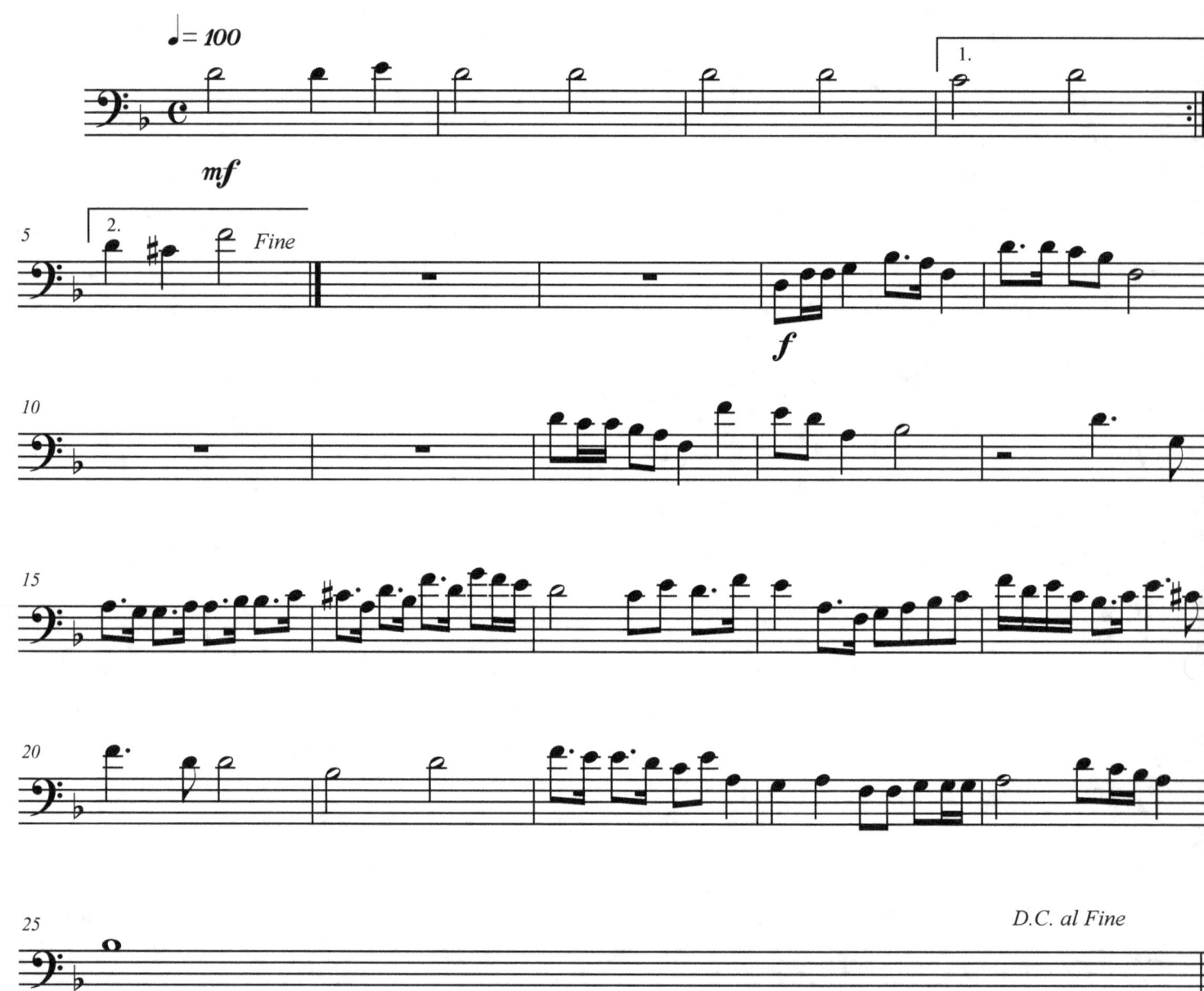

IX

Part 3: Bes Baritone

Joost de Groot

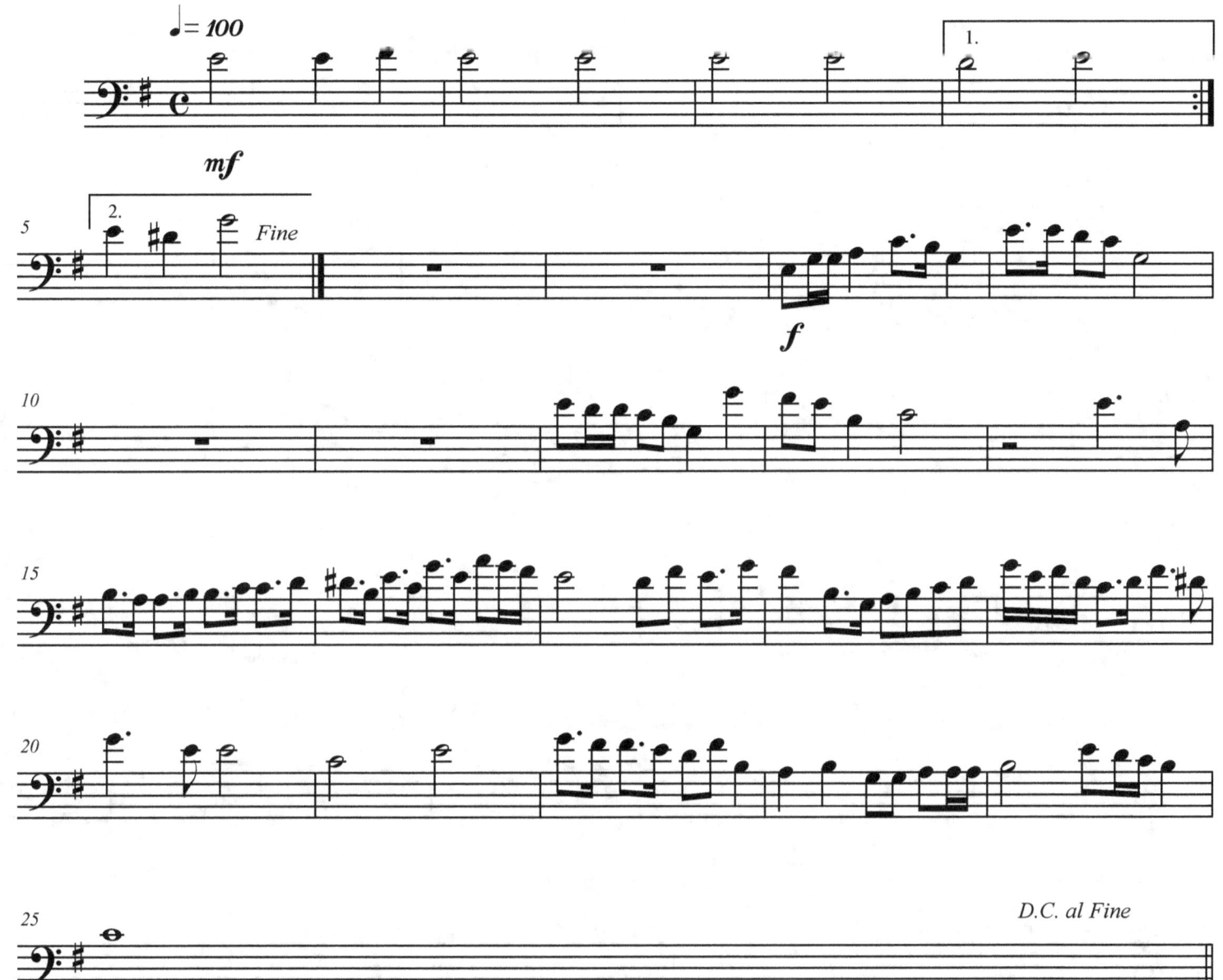

© 2008

Part 3: Bes Baritone

IX

Joost de Groot

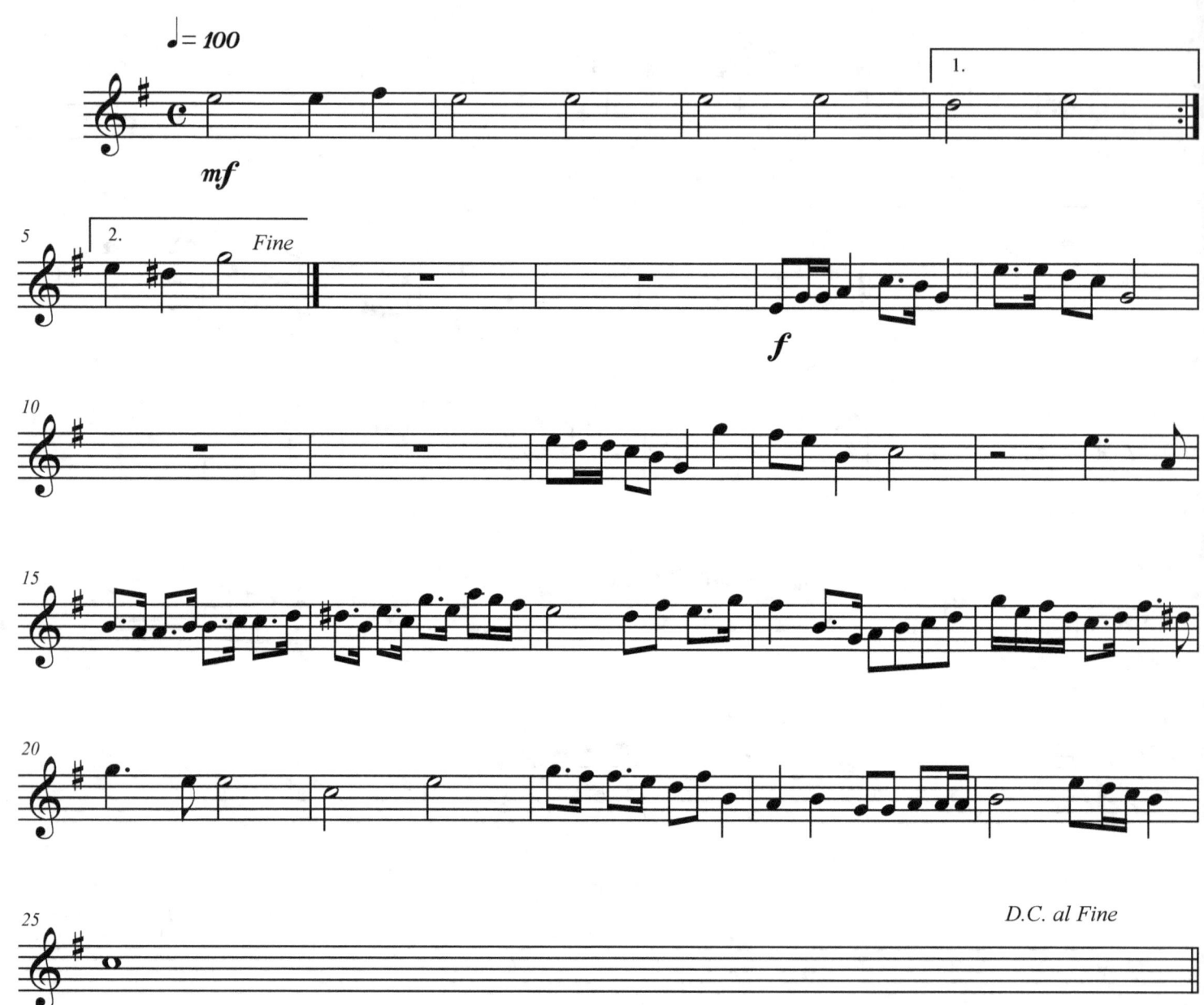

IX

Part 4: C Bass Tuba

Joost de Groot

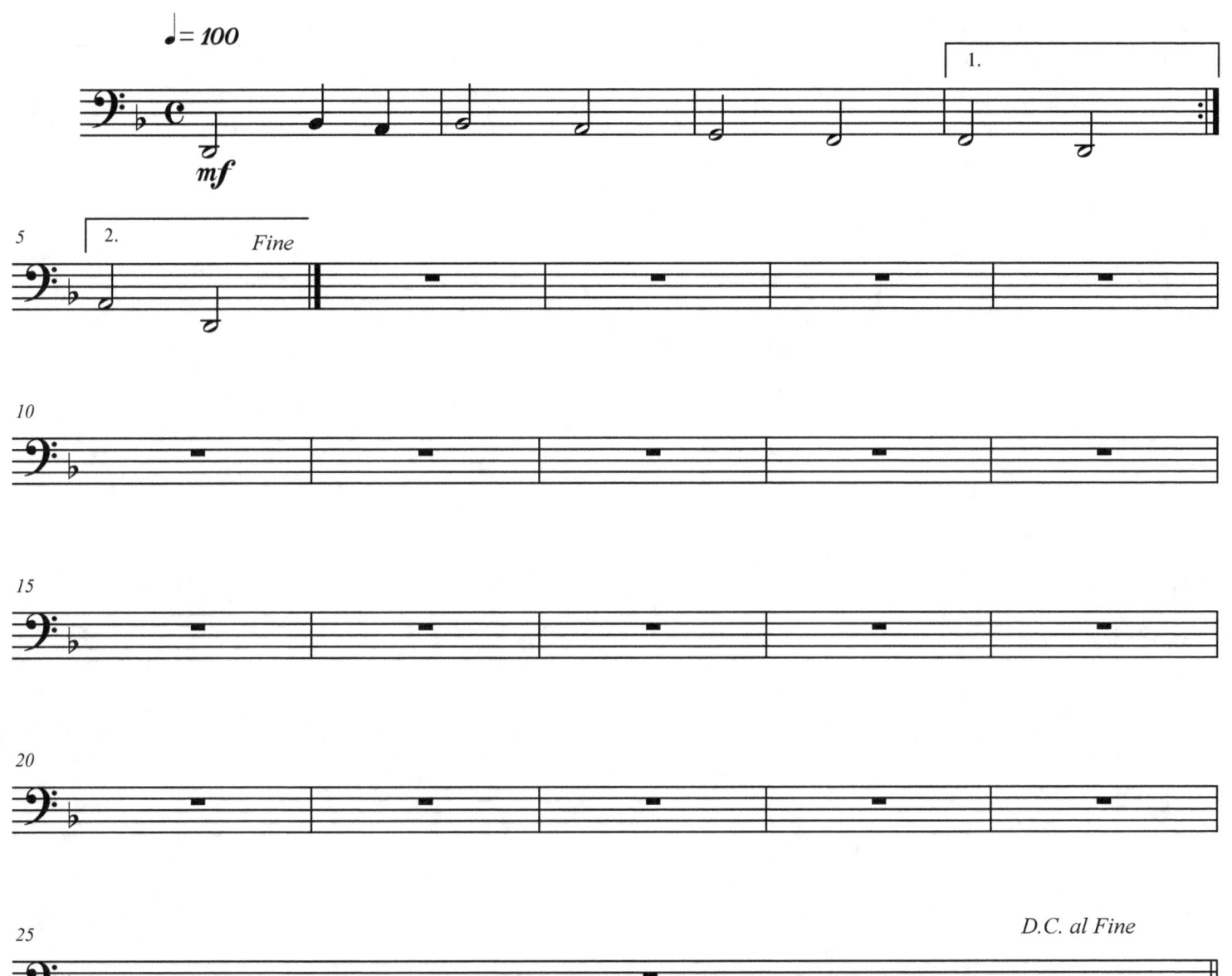

Part 4: Bes Bass Tuba

IX

Joost de Groot

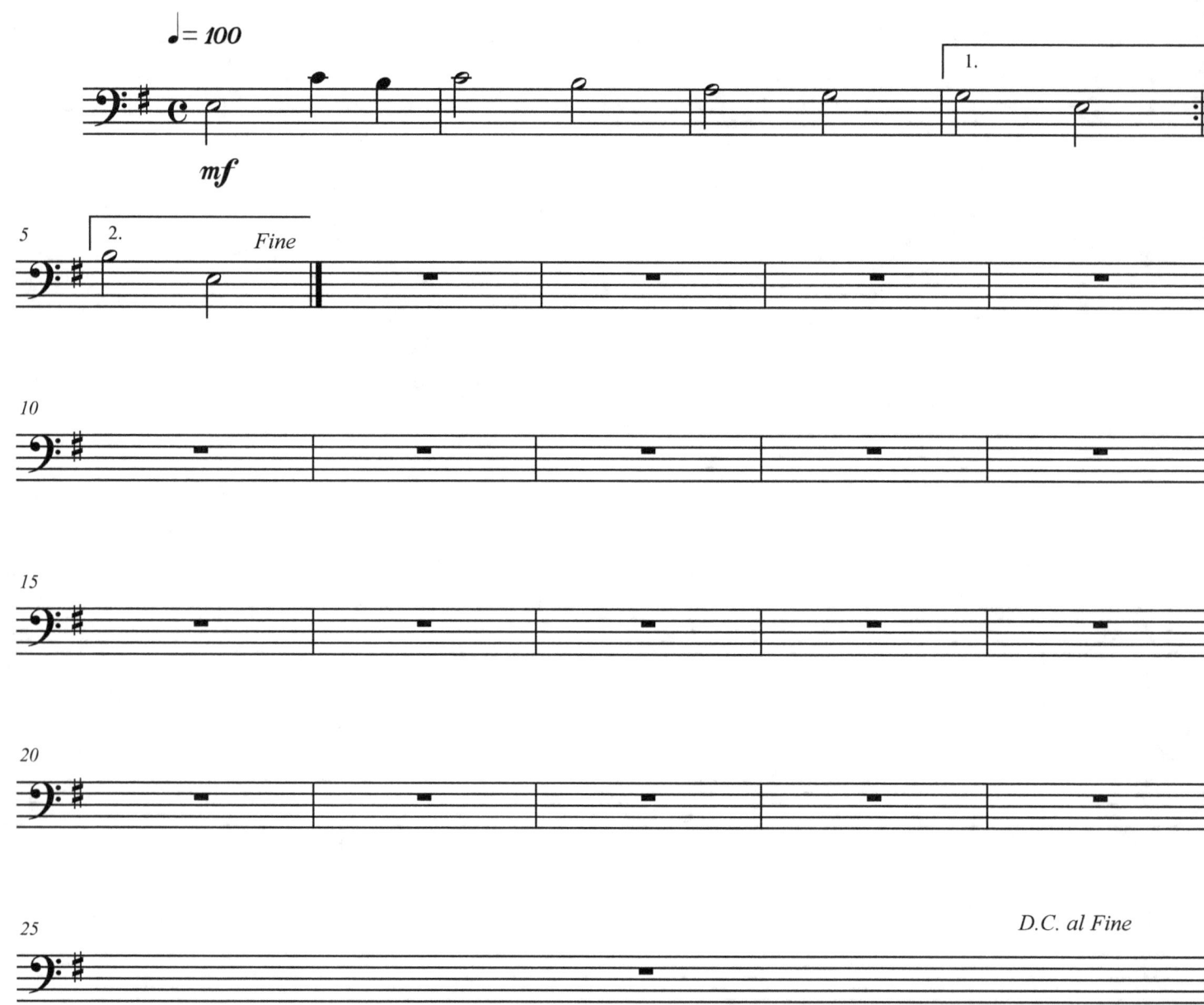

© 2008

Part 4: Es Bass Tuba

IX

Joost de Groot

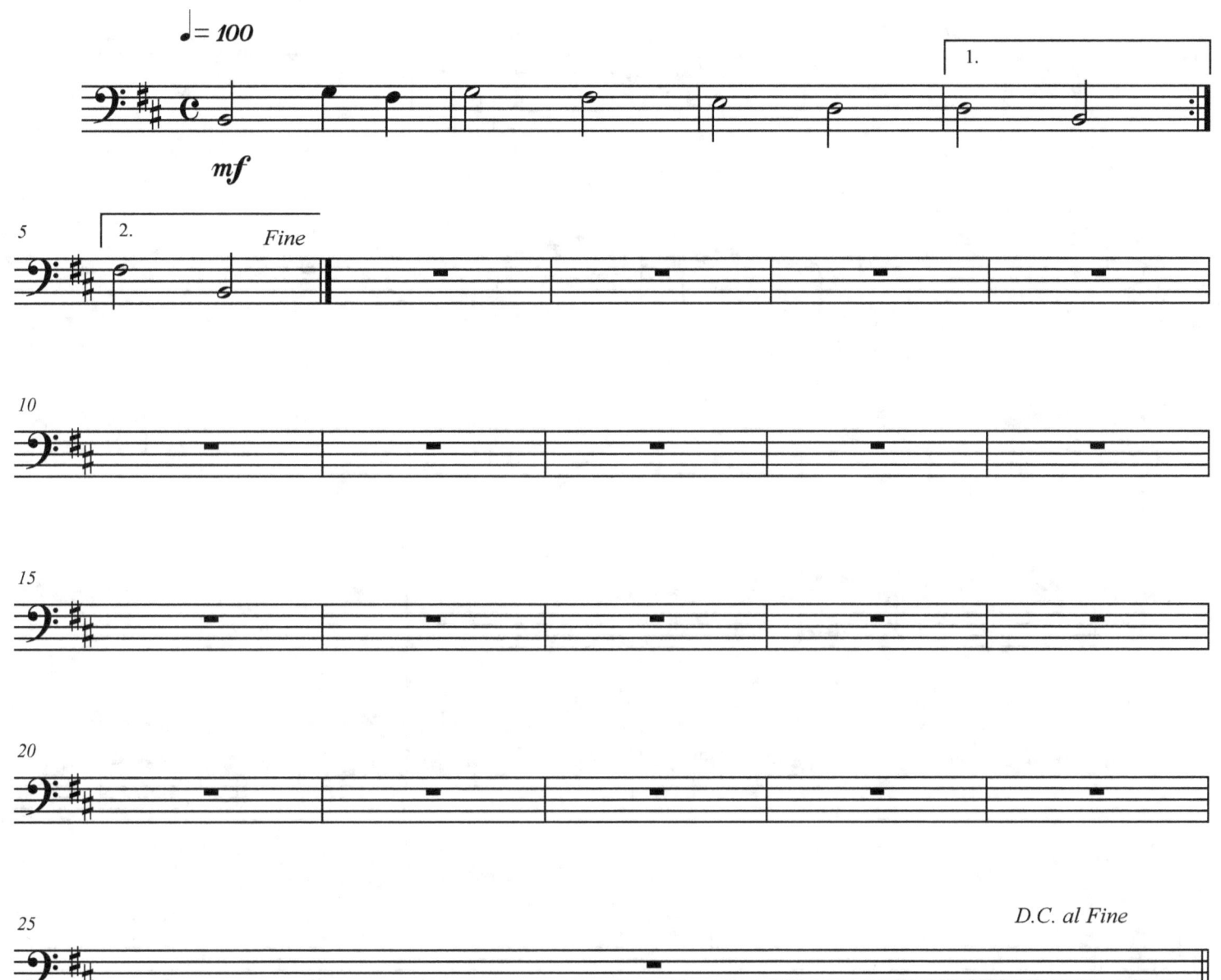

IX

Part 1: Es Alto Sax.

Joost de Groot

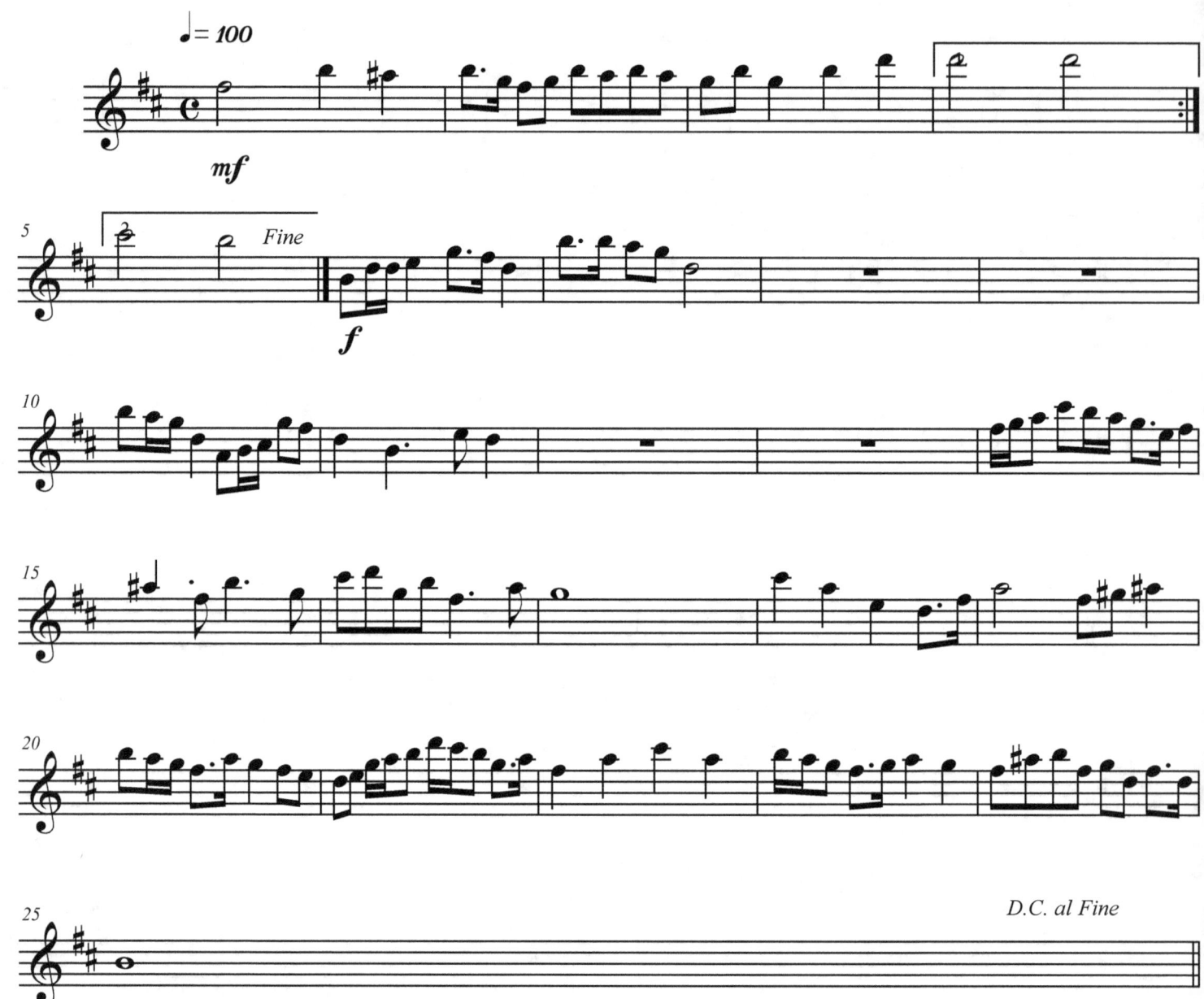

Part 1: C Flute

X

Joost de Groot

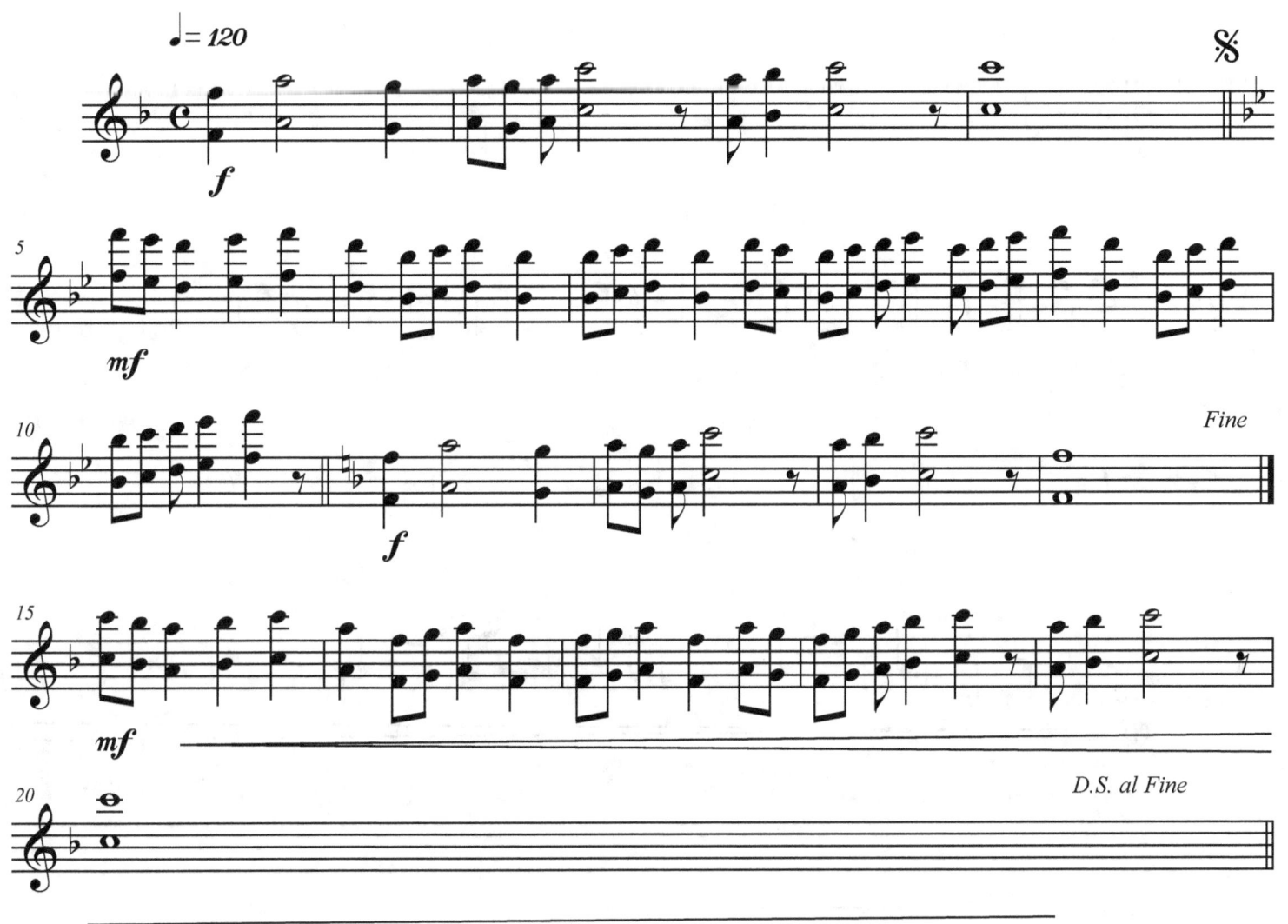

© 2008

Part 1: C Oboe

X

Joost de Groot

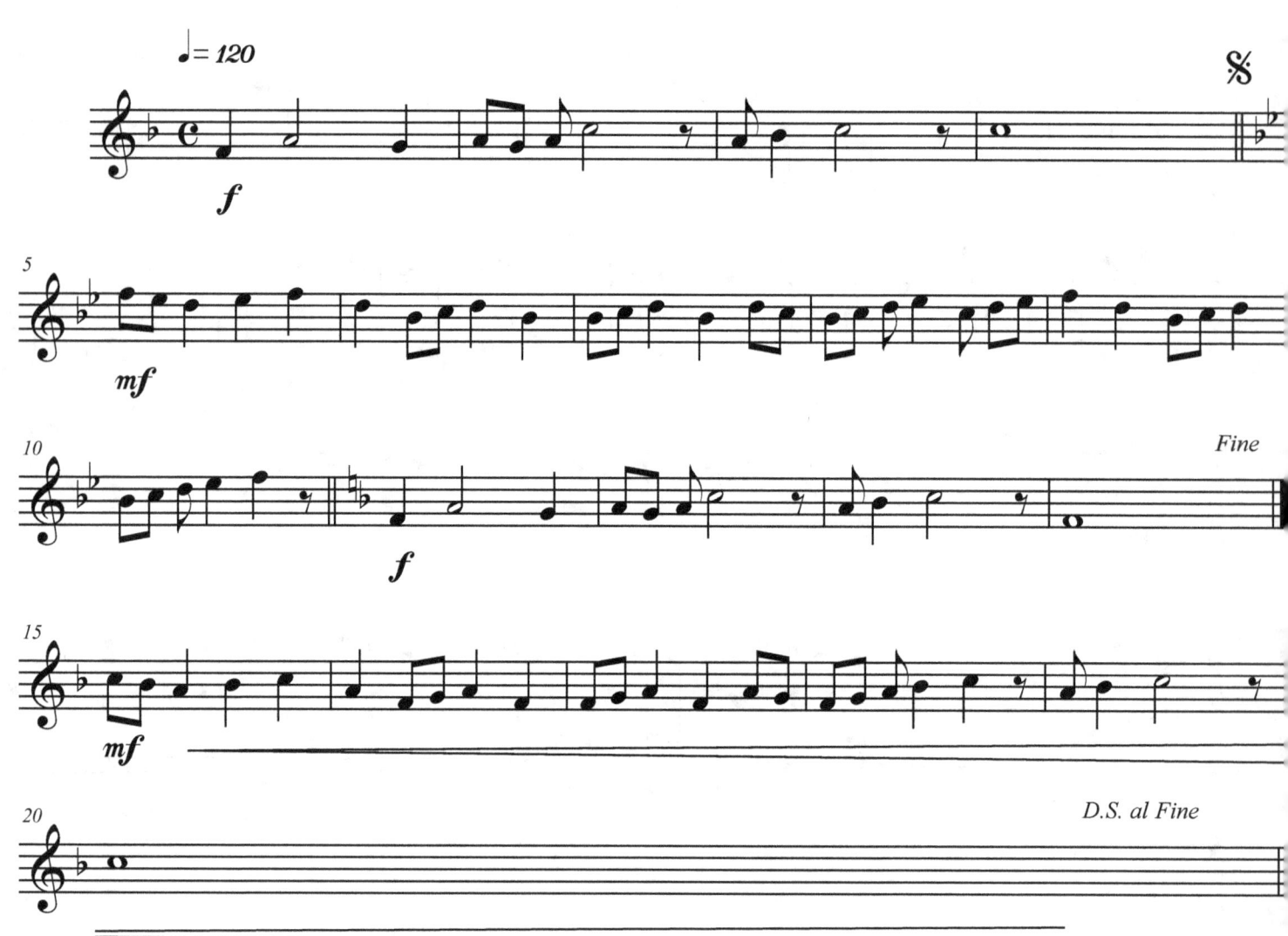

X

Part 4: C Bassoon

Joost de Groot

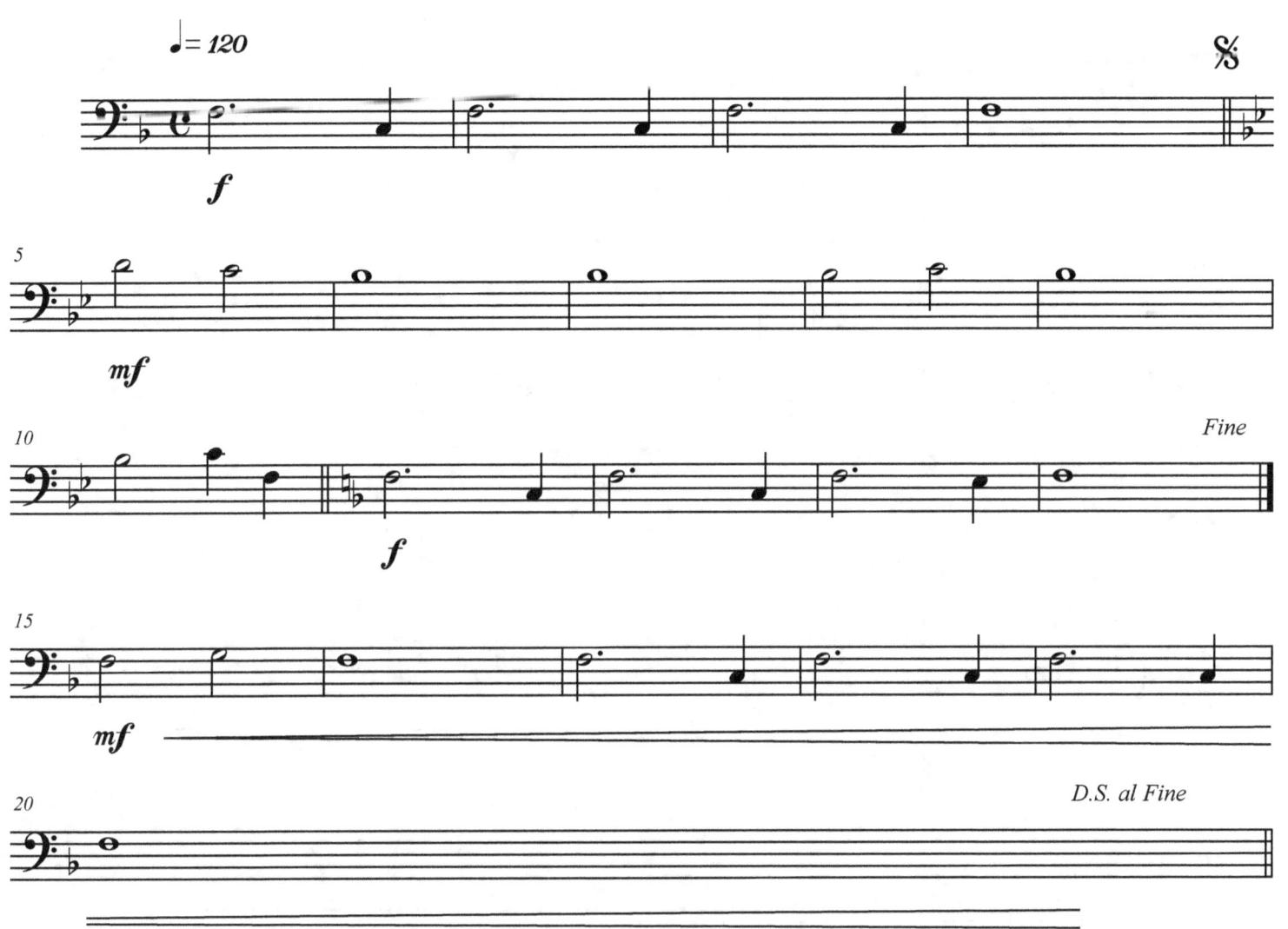

X

Part 1: Bes Clarinet 1

Joost de Groot

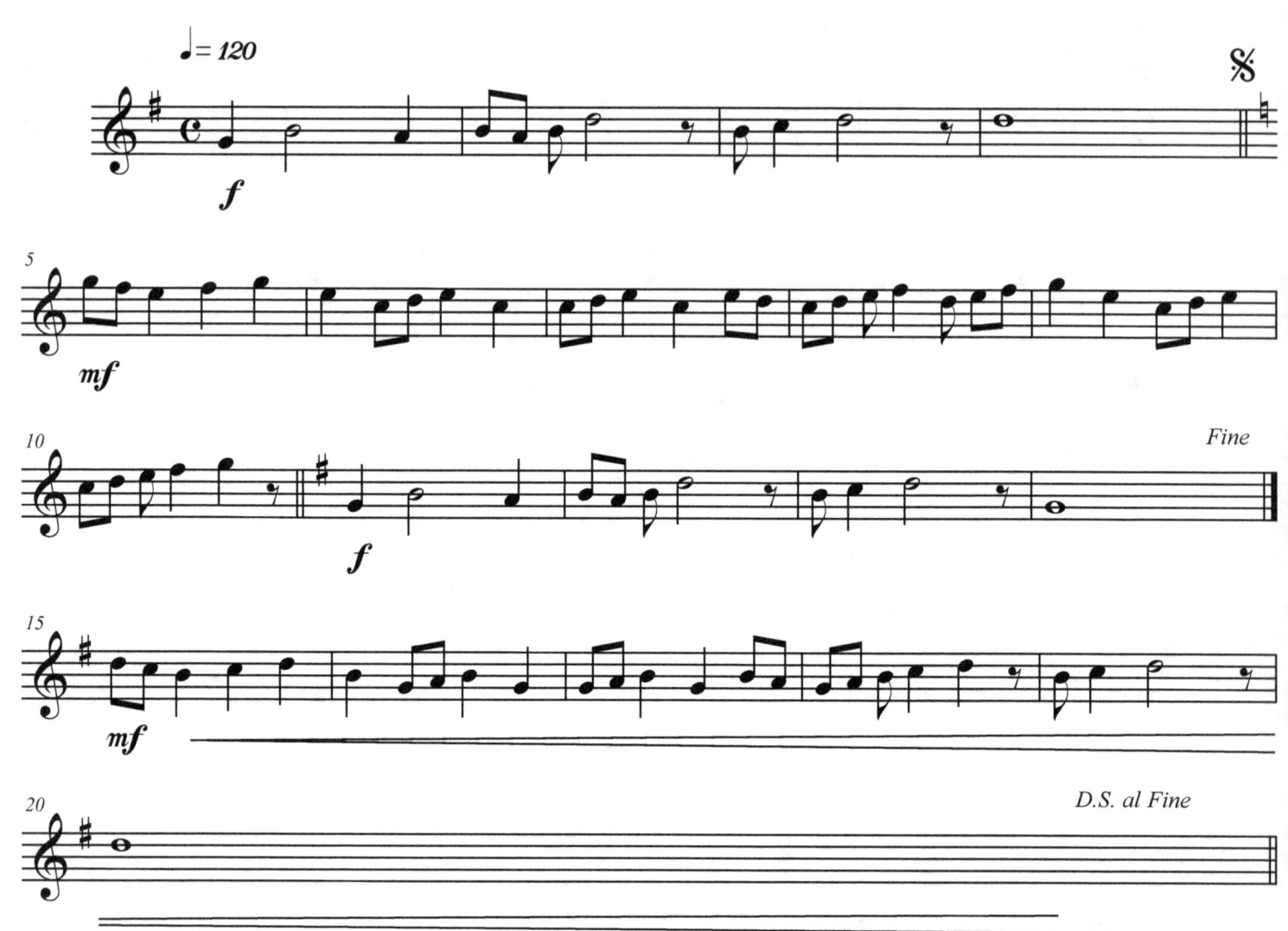

X

Part 2: Bes Clarinet 2 + 3

Joost de Groot

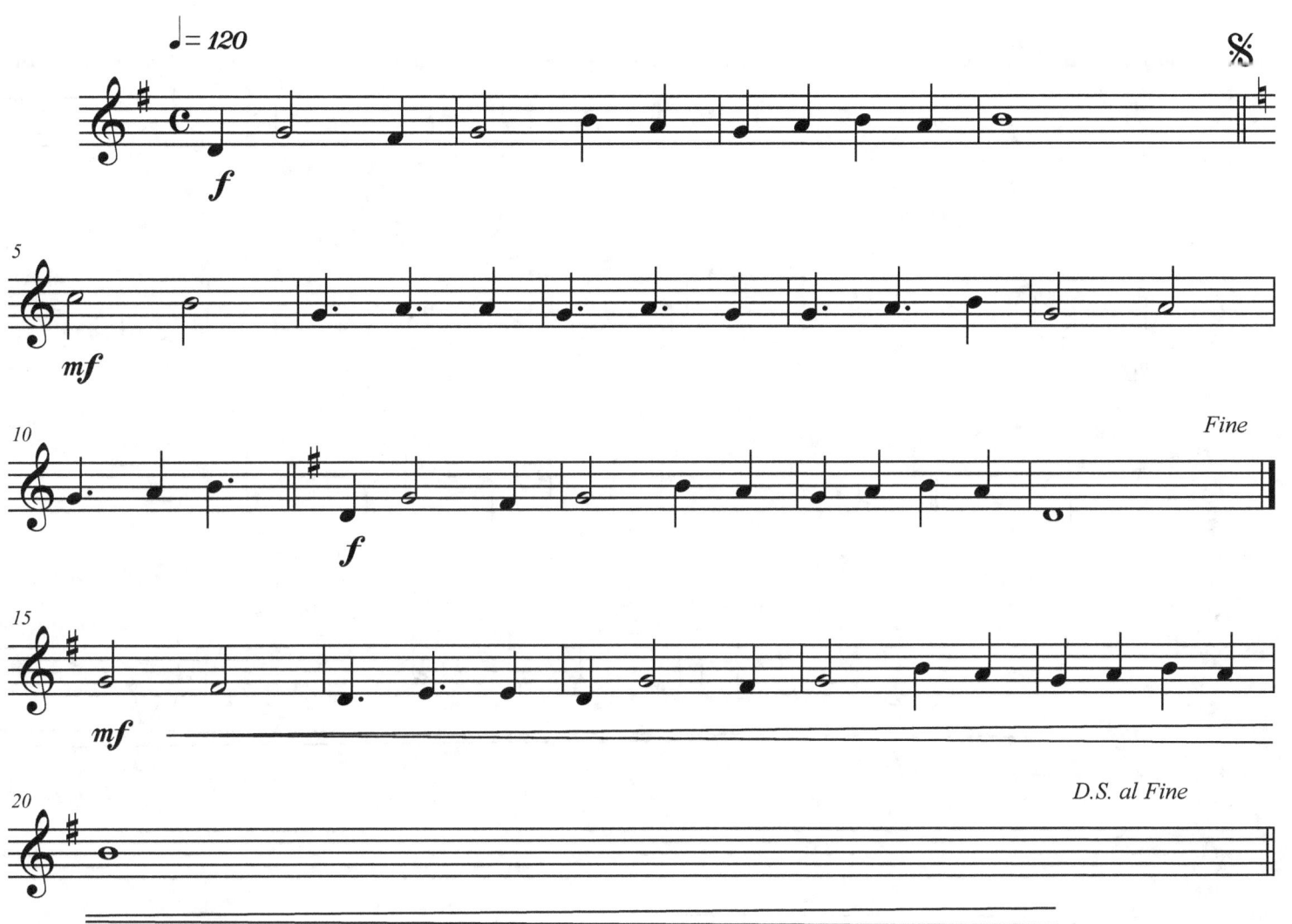

© 2008

Part 3: Es Alto Clarinet

X

Joost de Groot

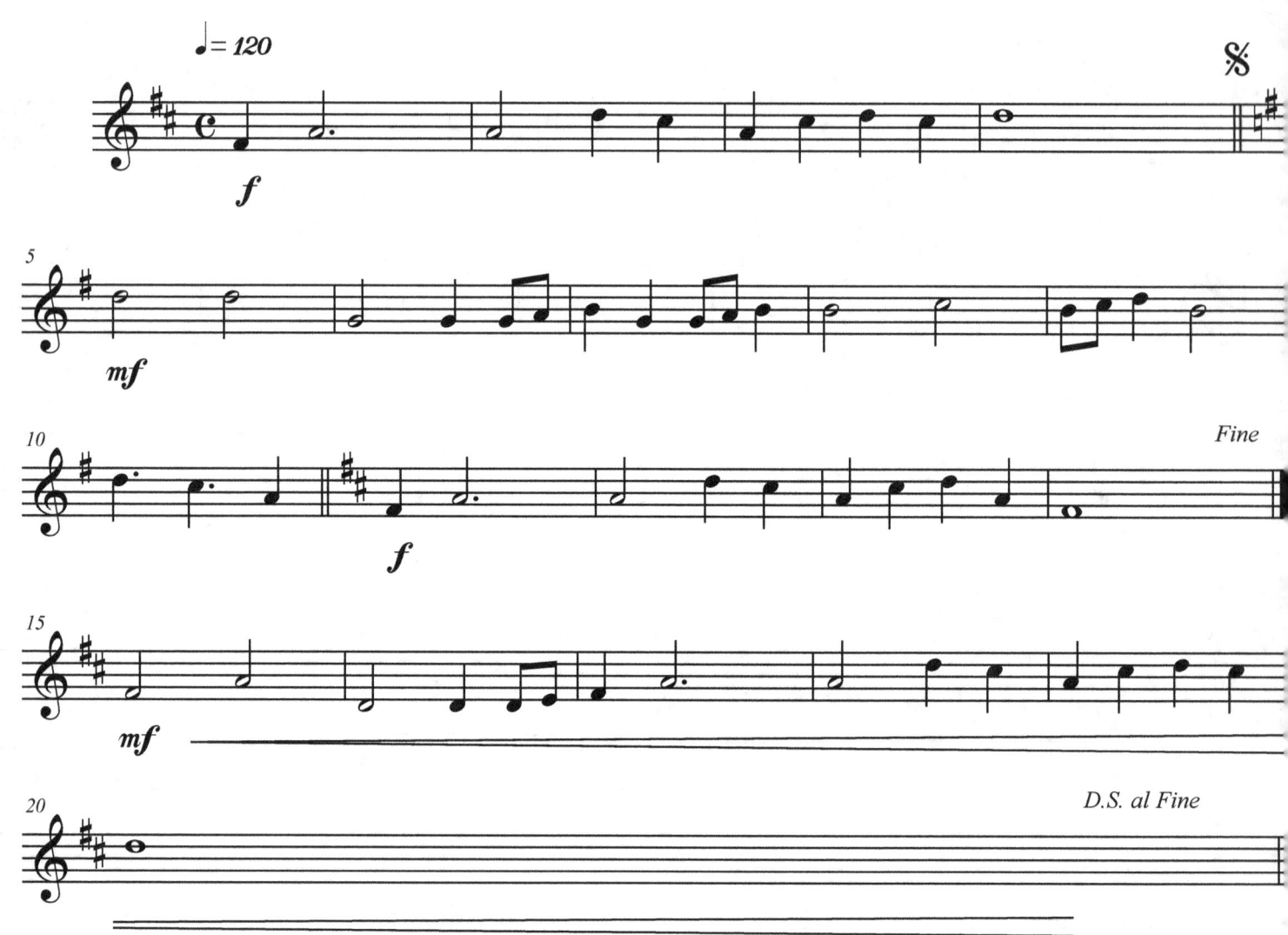

X

Part 4: Bes Bass Clarinet

Joost de Groot

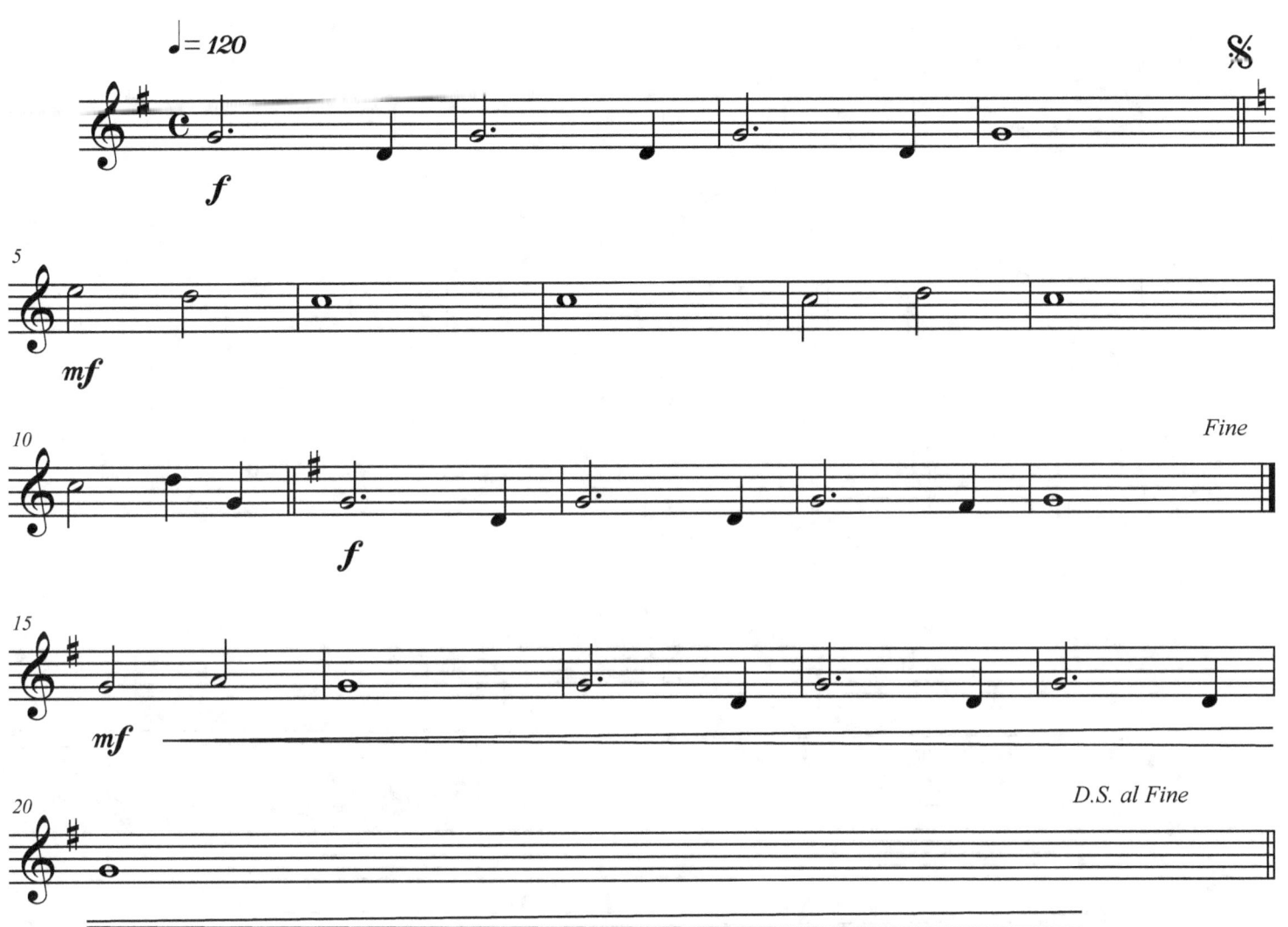

X

Part 2: Es Alto Sax.

Joost de Groot

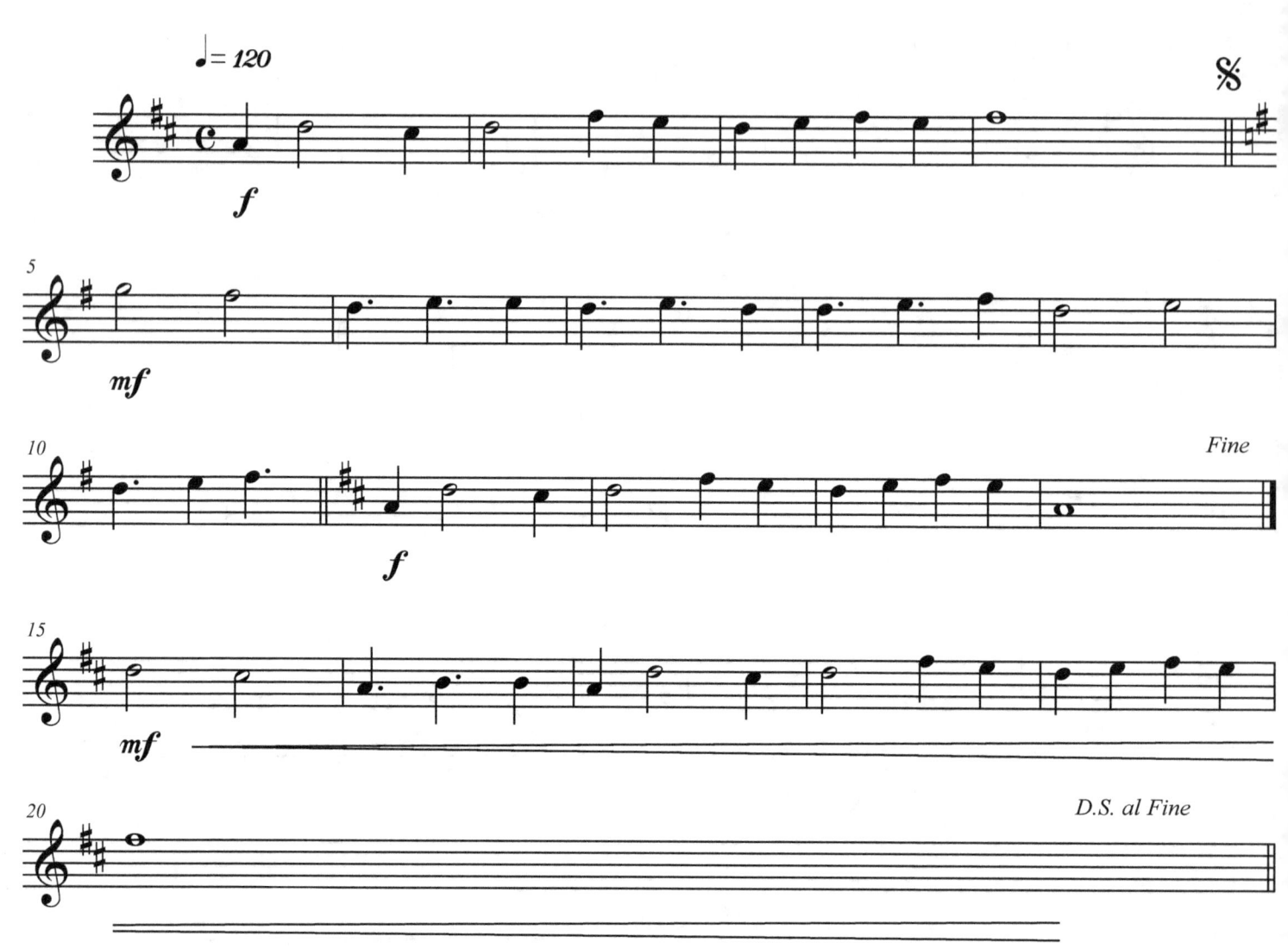

Part 3: Bes Tenor Sax.

X

Joost de Groot

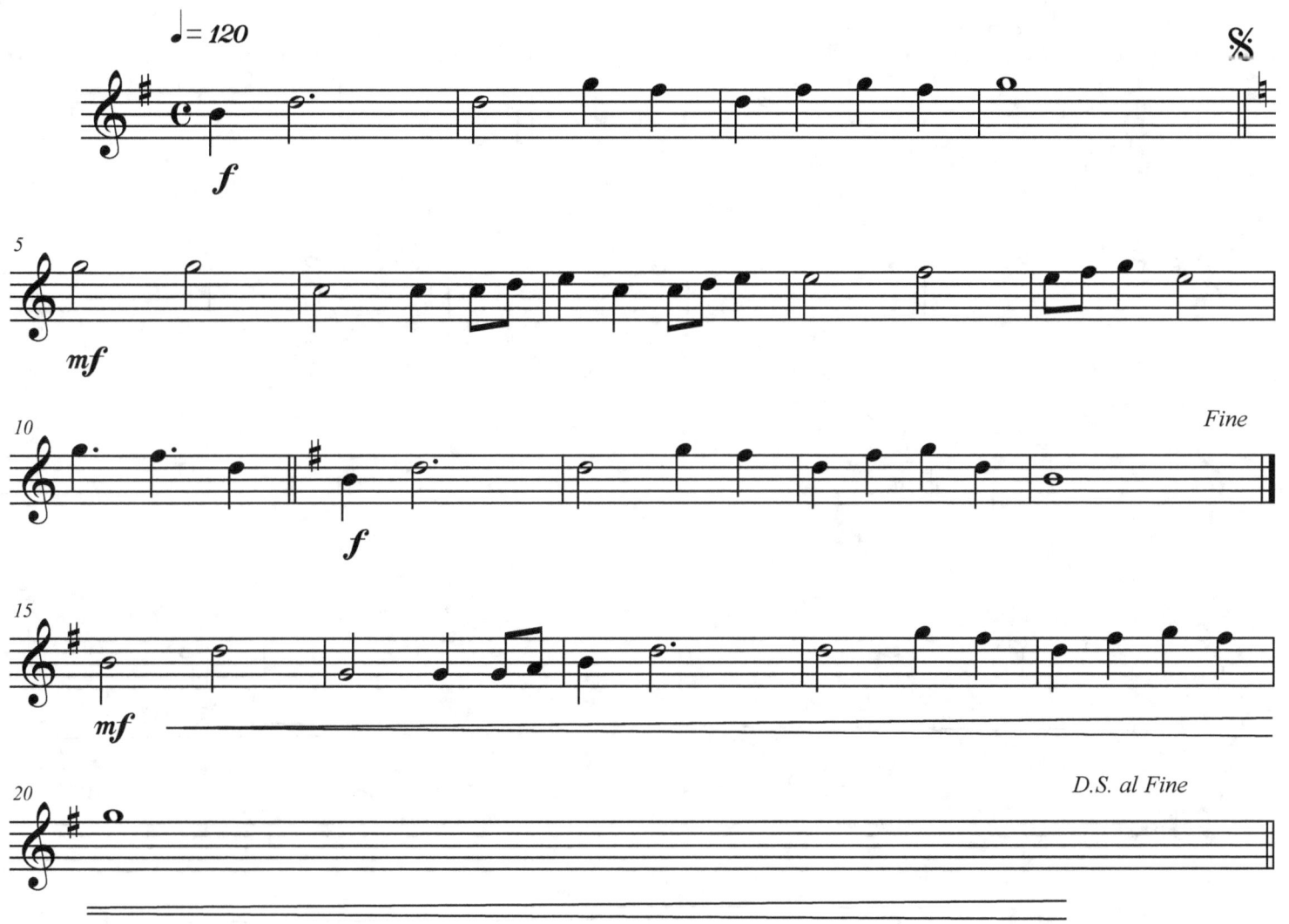

Part 4: Es Baritone Sax.

X

Joost de Groot

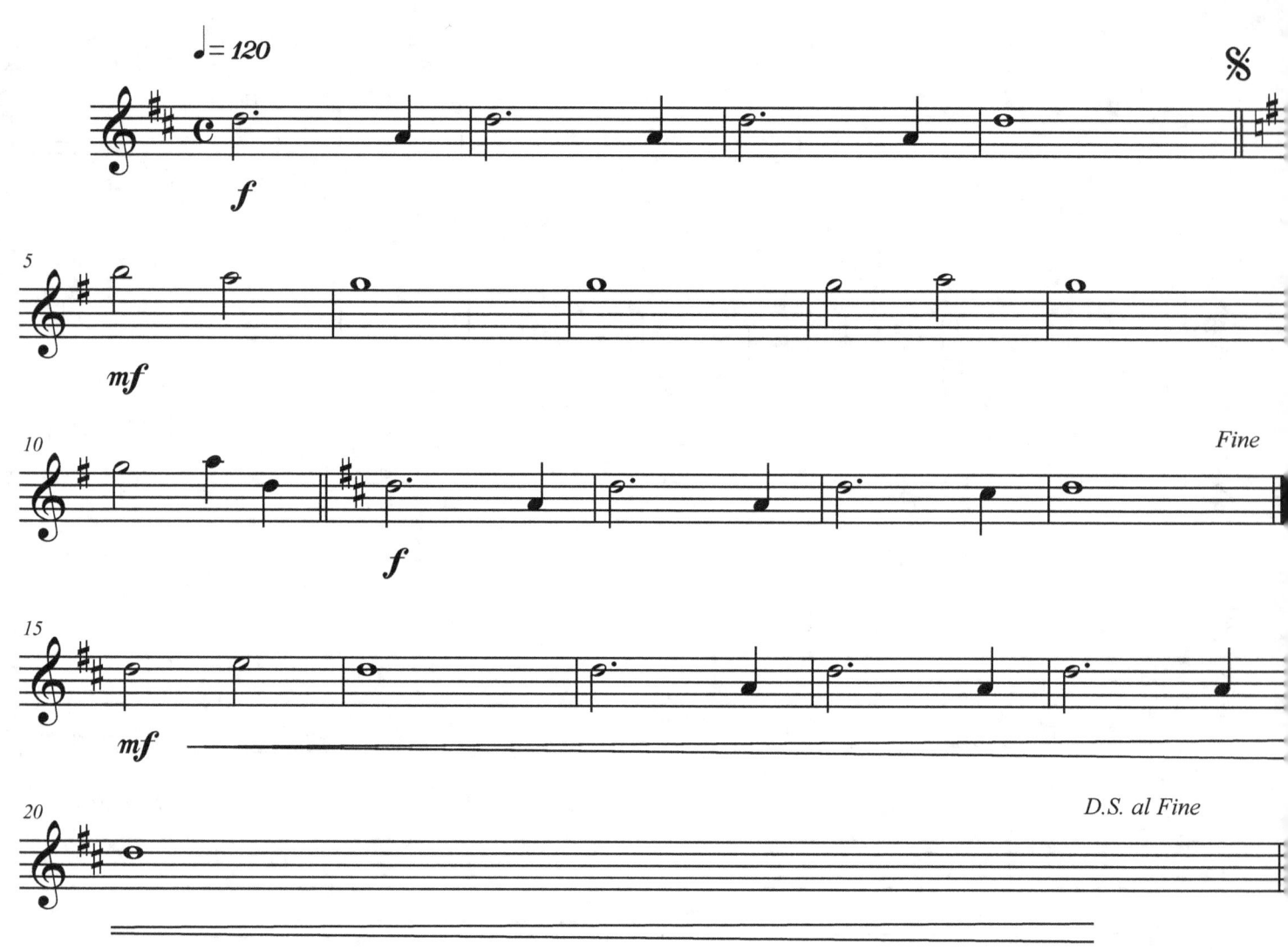

X

Part 1: Bes Trumpet 1

Joost de Groot

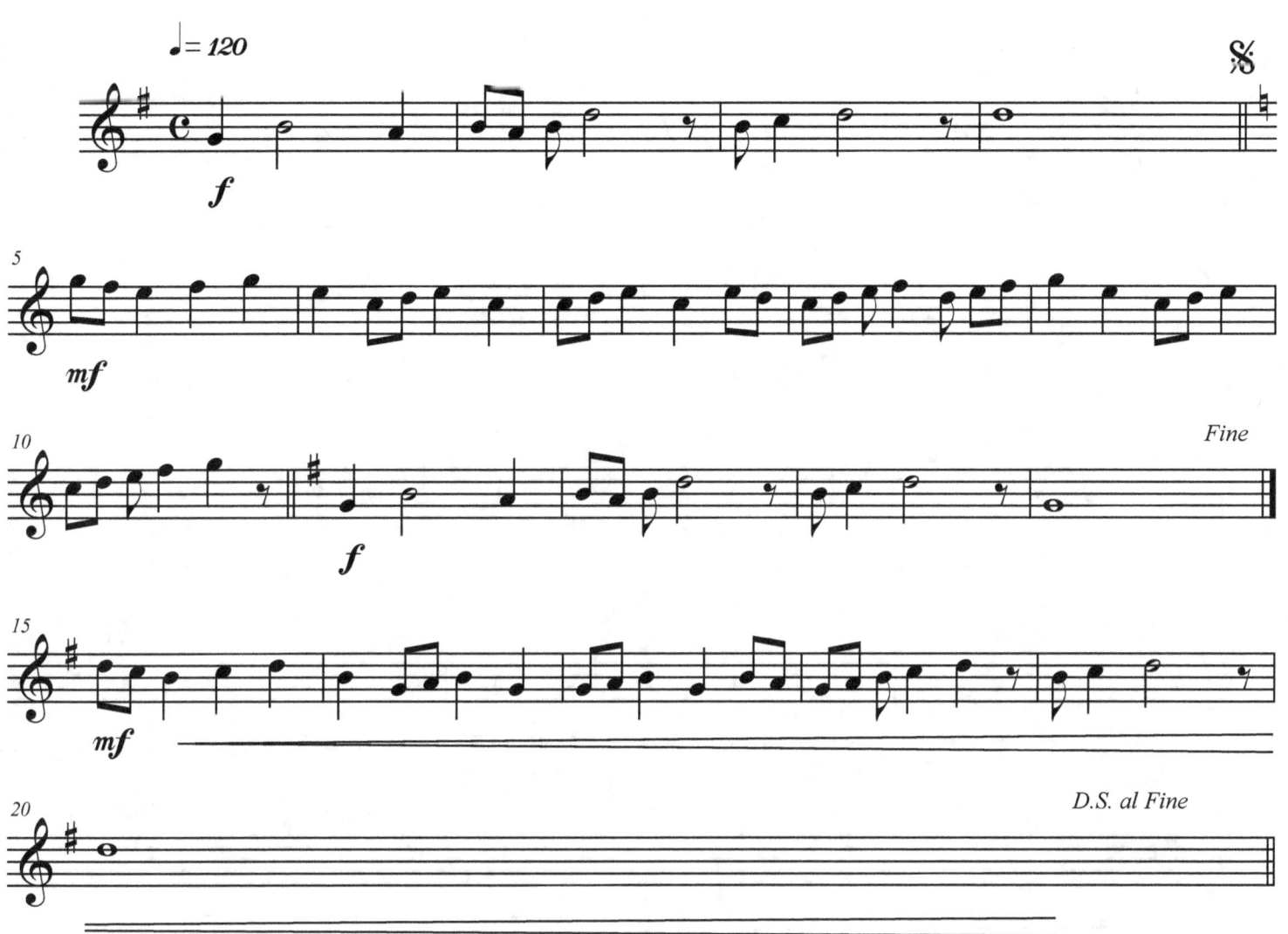

© 2008

Part 2: Bes Trumpet 2 + 3

X

Joost de Groot

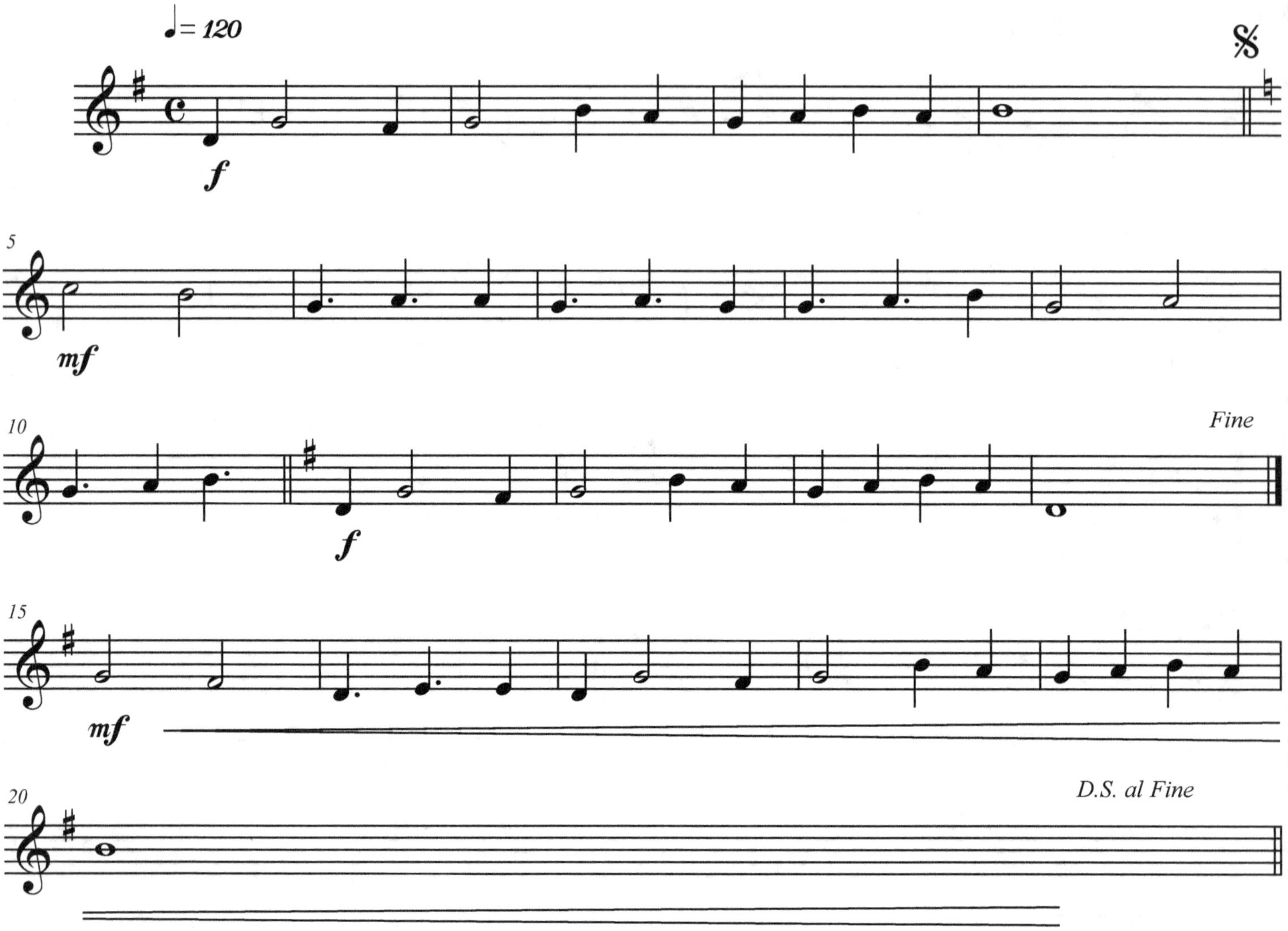

X

Part 2: F Horn 1 + 2

Joost de Groot

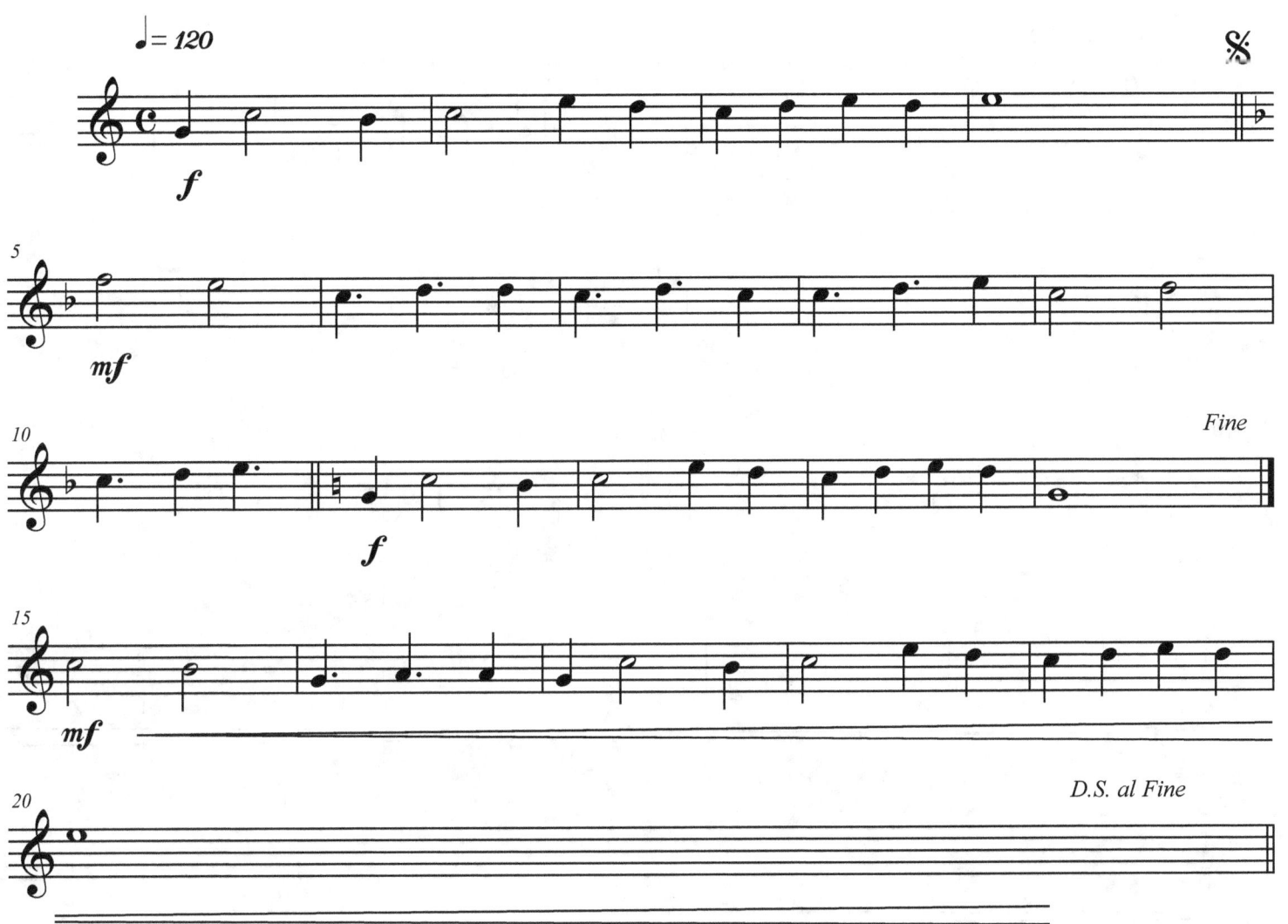

Part 3: F Horn 3 + 4

X

Joost de Groot

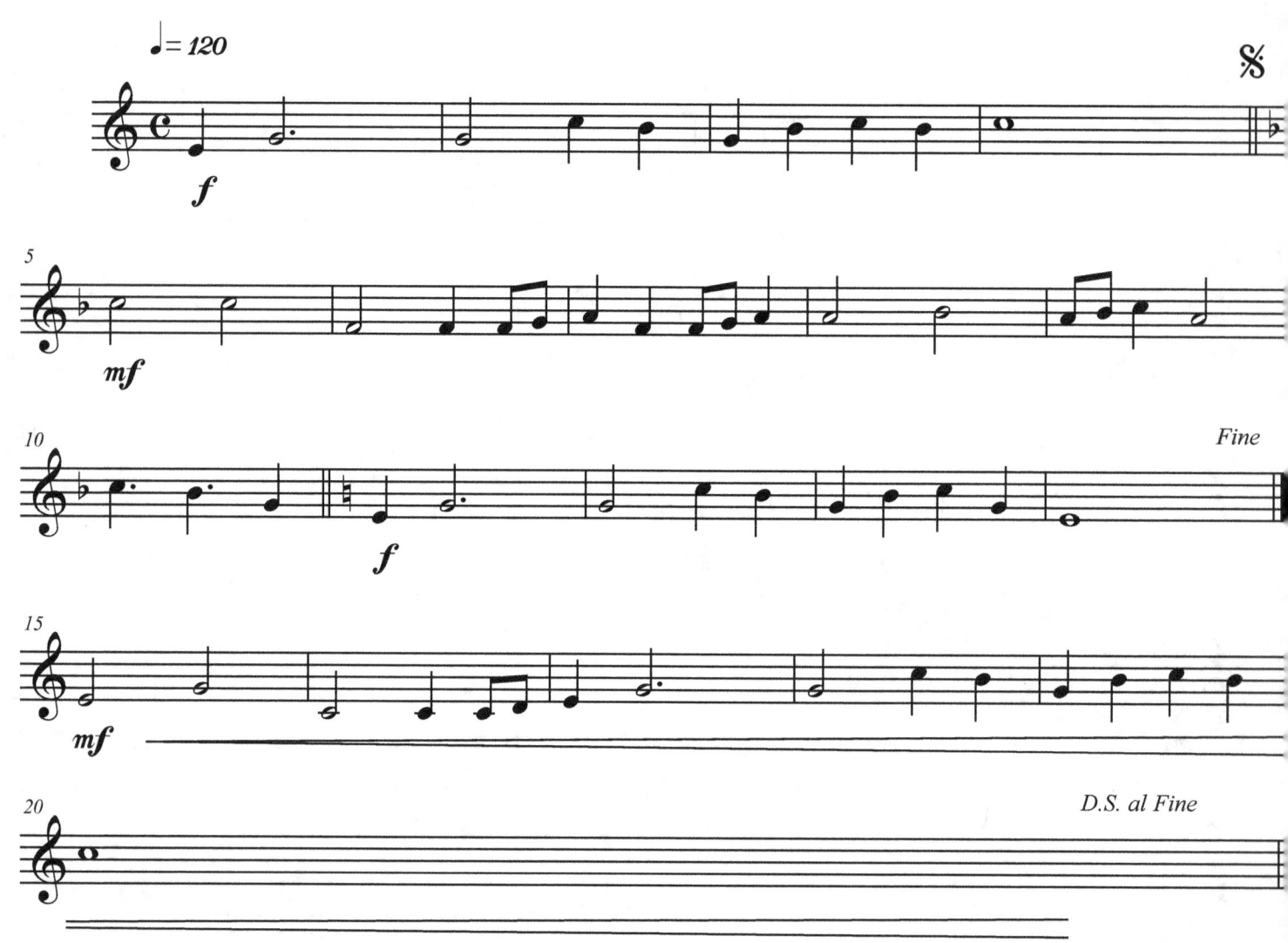

Part 3: C Trombone 1 + 2

X

Joost de Groot

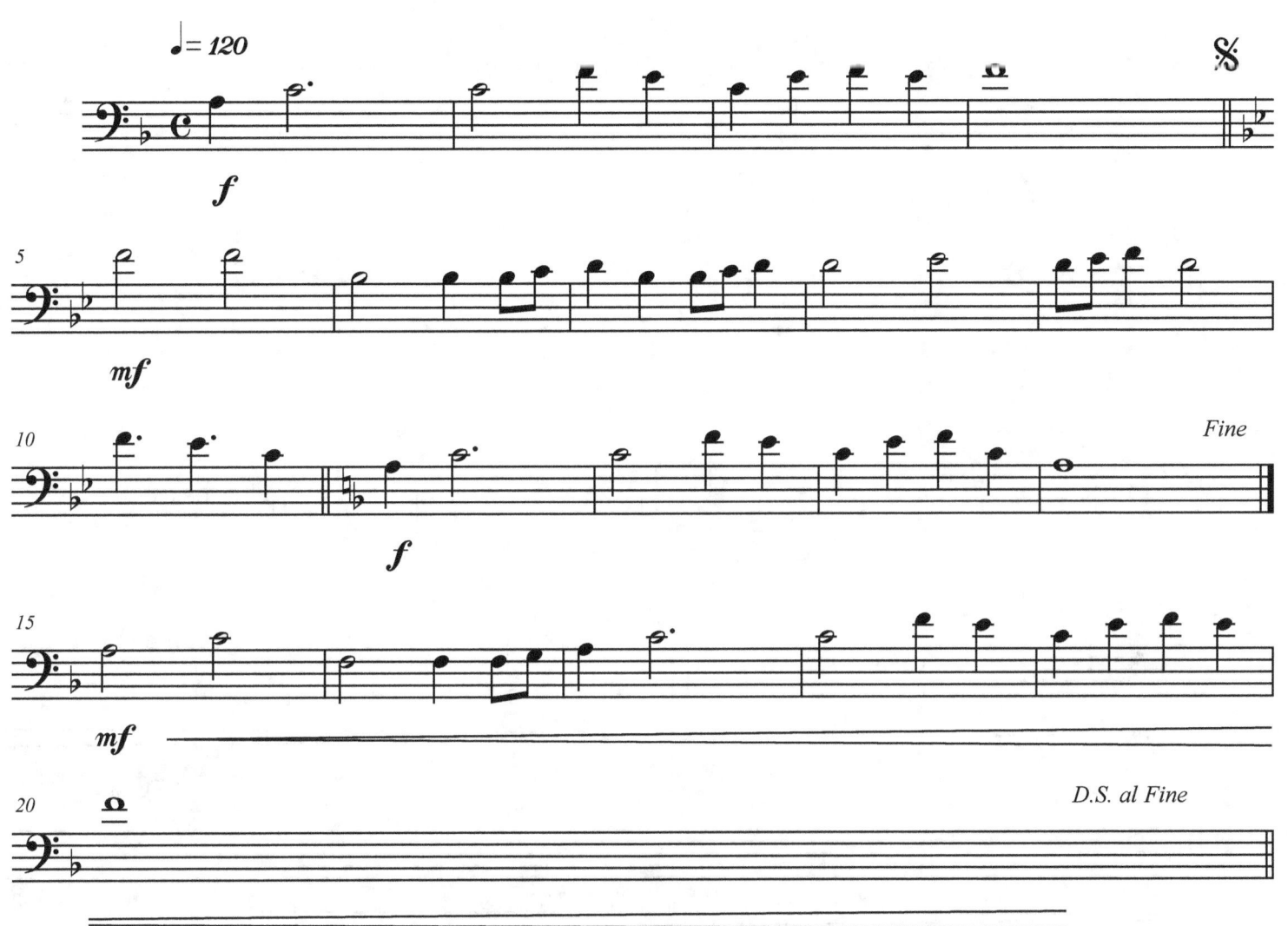

X

Part 4: C Bass Trombone

Joost de Groot

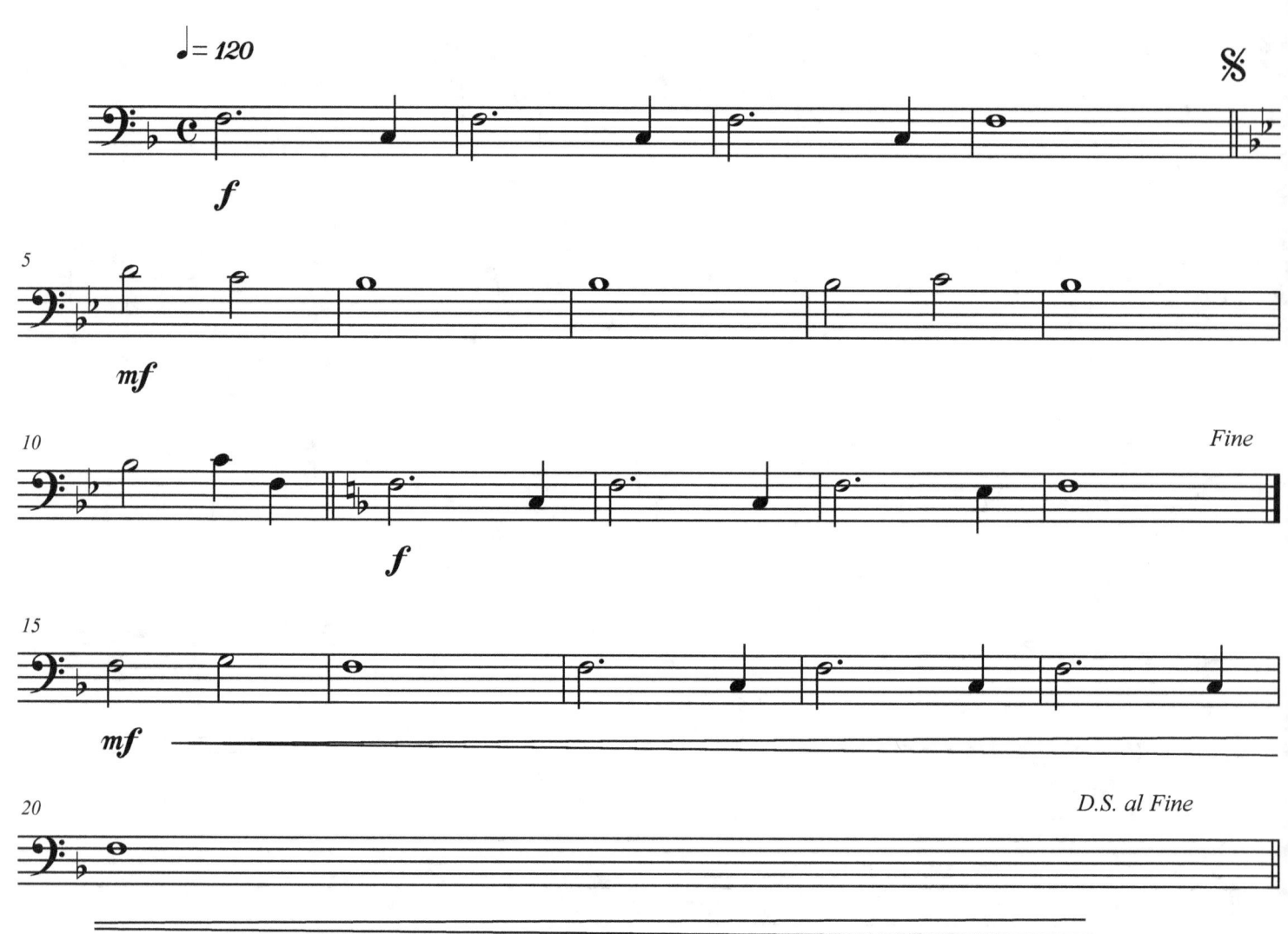

X

Part 3: C Baritone

Joost de Groot

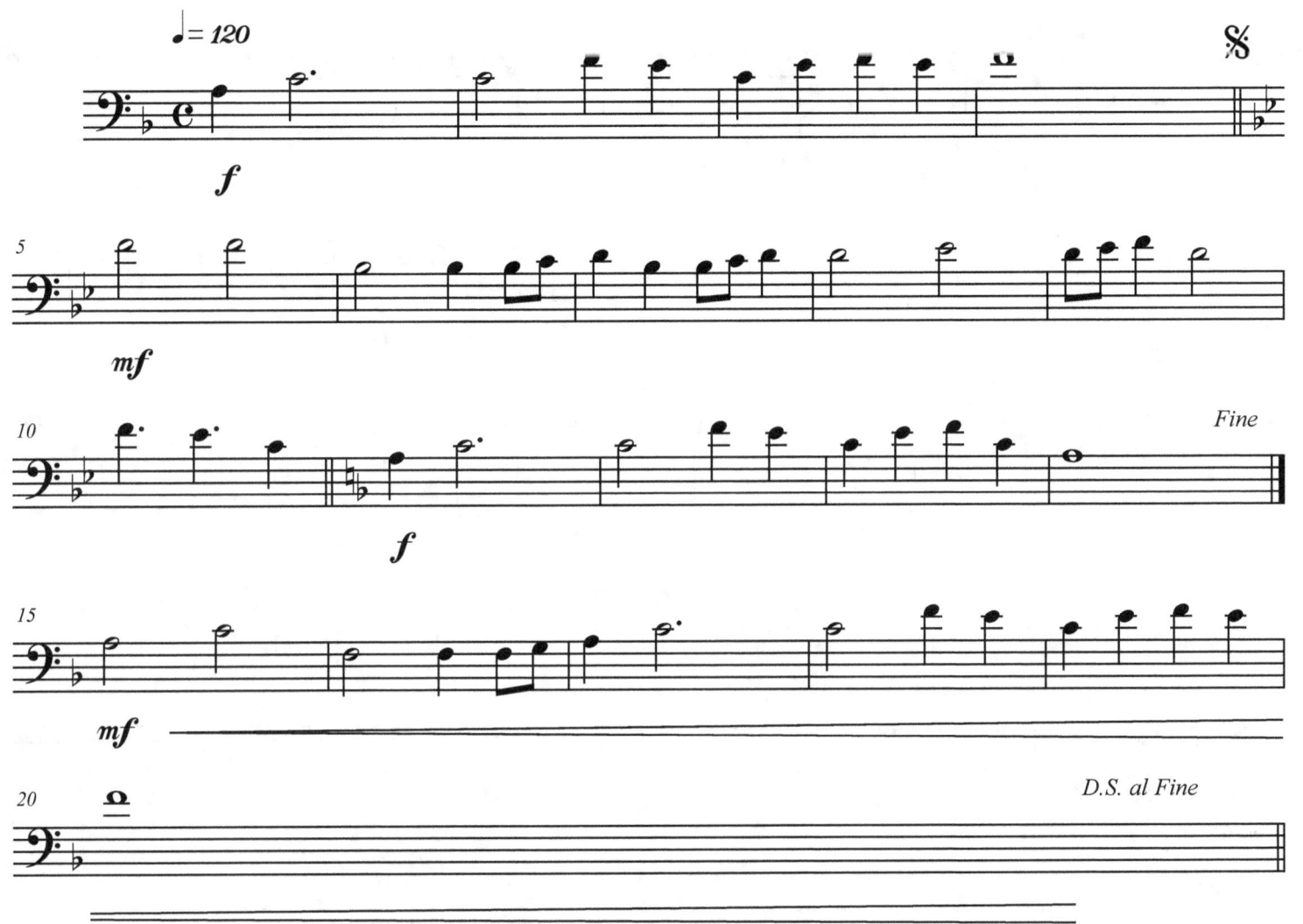

X

Part 3: Bes Baritone

Joost de Groot

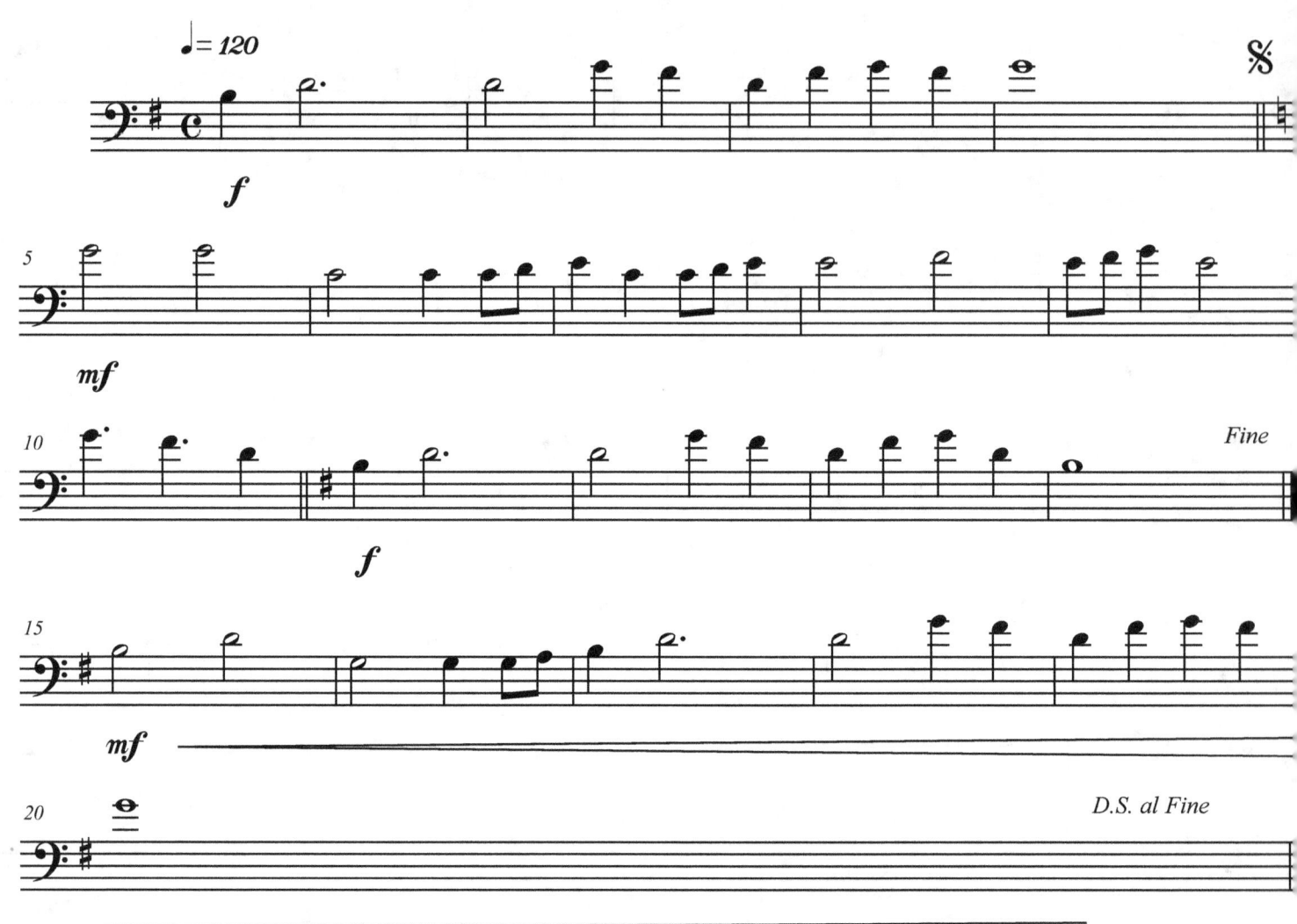

Part 4: Bes Bass Tuba

X

Joost de Groot

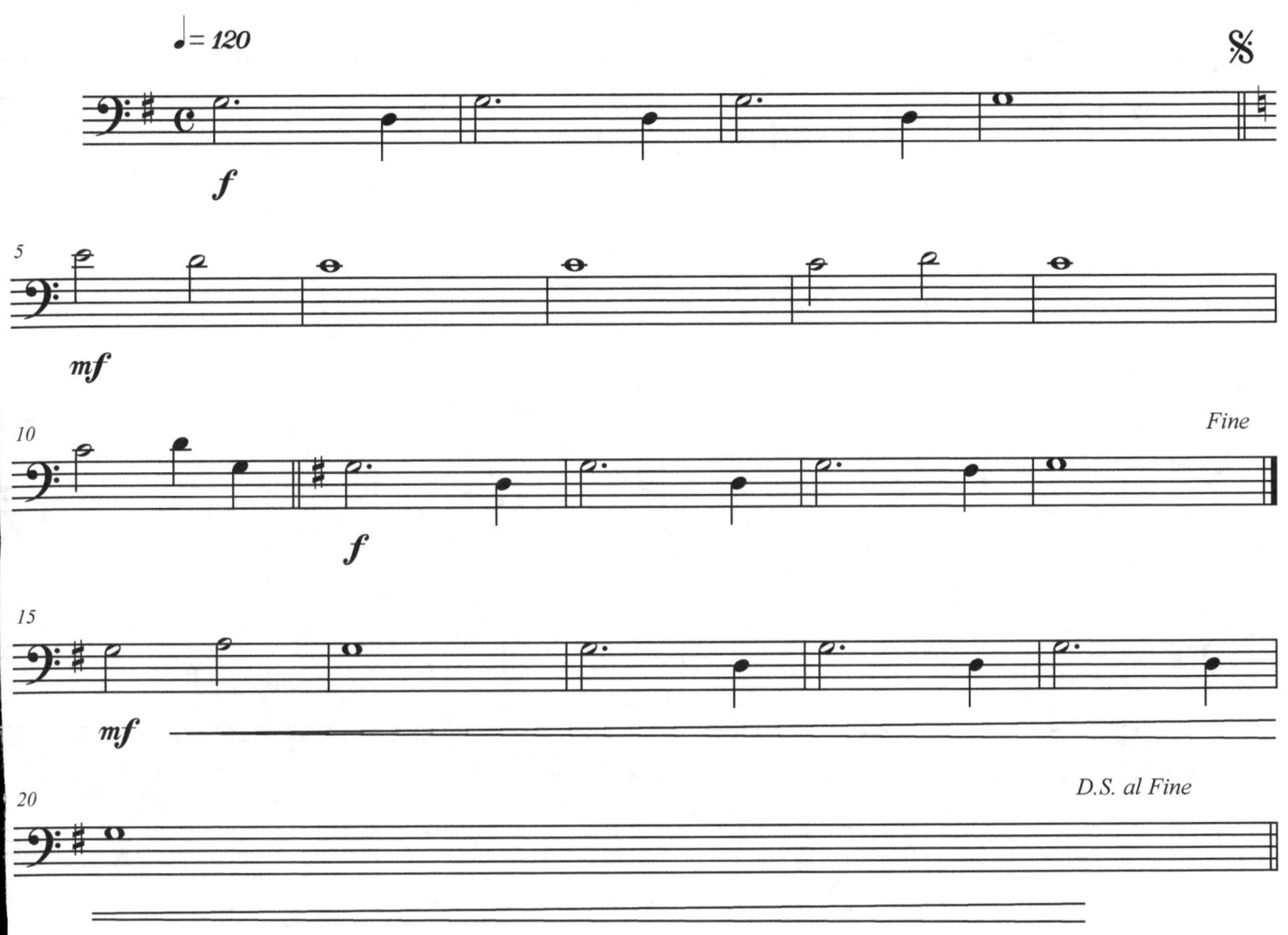

Part 4: Es Bass Tuba

X

Joost de Gr

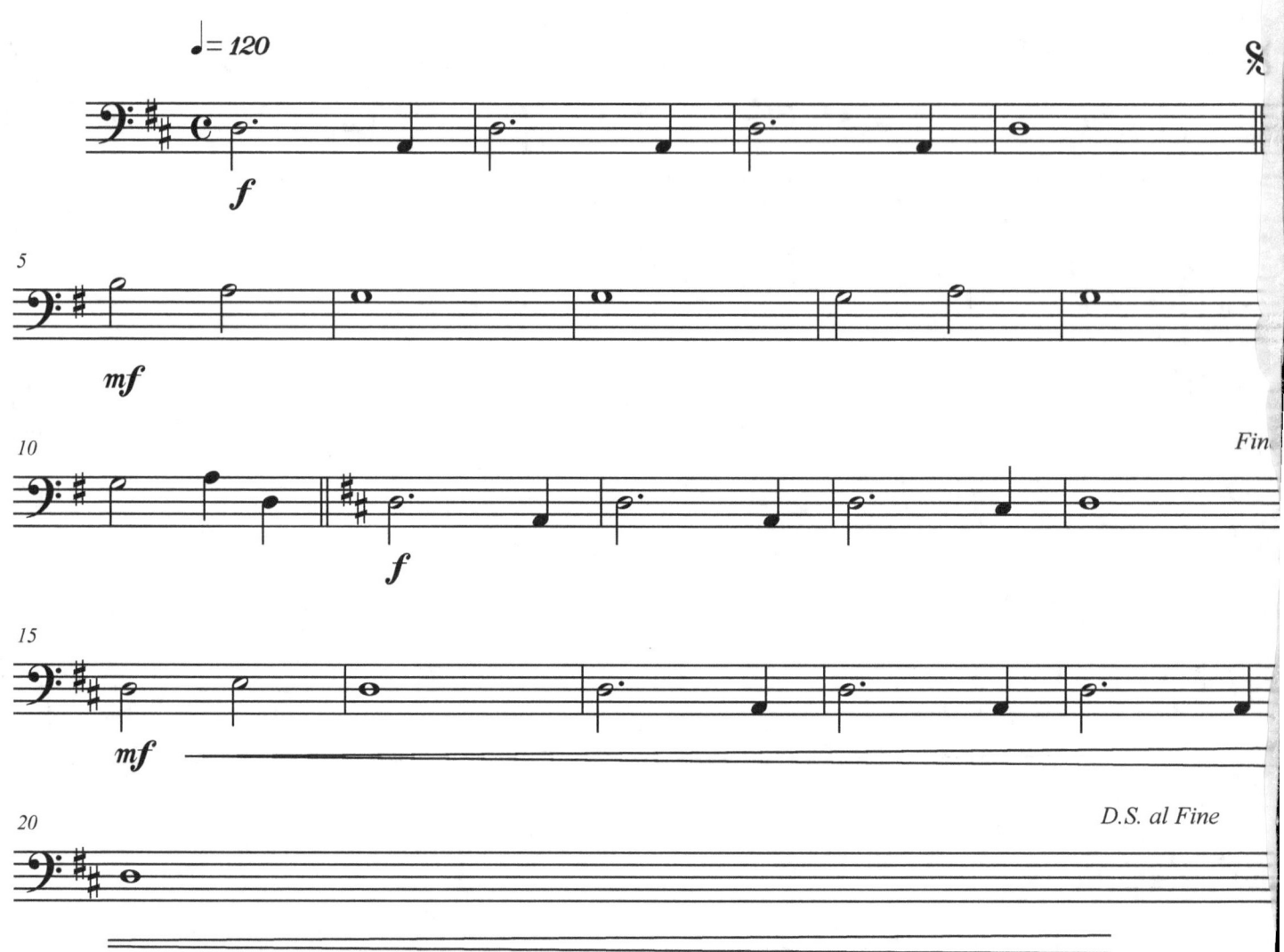

Part 1: Es Alto Sax.

X

Joost de Groot

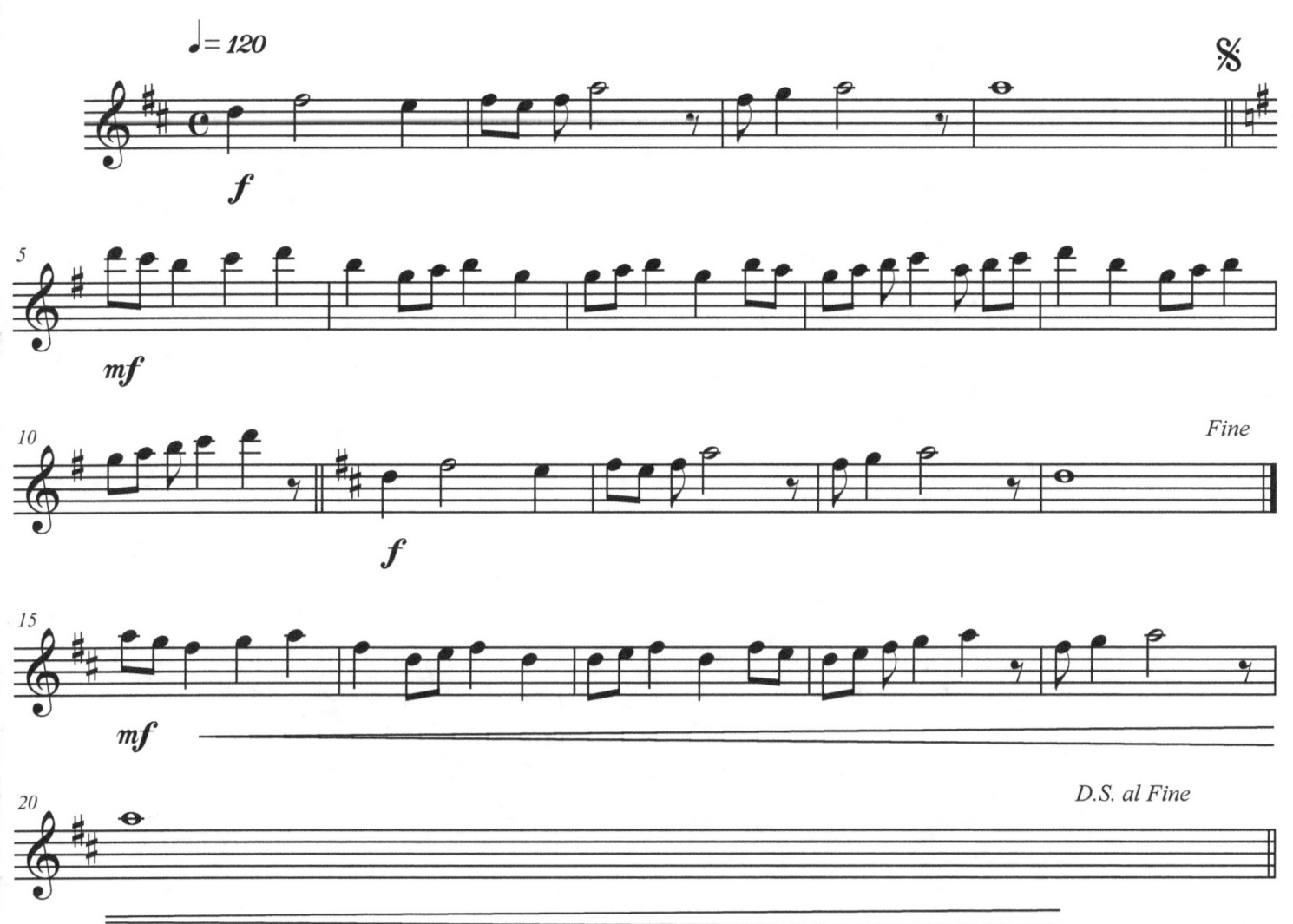

© 2008

www.ingramcontent.com/pod-product-compliance
Lightning Source LLC
Chambersburg PA
CBHW081813220526
45470CB00006B/2306